| 2017 |

中国移动电视
发展报告

中广联合会移动电视宣传委员会
易目唯（北京）文化传播有限公司　著

电子工业出版社
Publishing House of Electronics Industry
北京·BEIJING

内 容 简 介

《中国移动电视发展报告（2017）》是中国移动电视行业最新的权威性综合研究报告。本书深入分析了移动电视在国家信息化发展战略等政策逐步落地、移动互联网全面推进的矛盾环境下的发展方向、路径，剖析了移动电视在广电、交通等行业"十三五"规划下的发展机遇，提出了移动电视基于场景的融合创新、基于平台的生态共赢等全新的发展理念。同时，本书通过对全国三十多家移动电视运营商的调研，基于对数据的统计和分析，全景式地勾勒出移动电视在内容、营销、推广等方面的实际状况，提供了各地移动电视运营商开展经营活动的大量创新案例，具有极高的参考价值和借鉴意义。

本书主要供移动电视行业决策者、专家学者、广告主、业界同仁和广大关心移动电视行业发展的人士参考。

图书在版编目（CIP）数据

中国移动电视发展报告.2017/中广联合会移动电视宣传委员会，易目唯（北京）文化传播有限公司著. —北京：电子工业出版社，2018.1

ISBN 978-7-121-33225-8

Ⅰ.①中… Ⅱ.①中… ②易… Ⅲ.①移动电视—电视事业—产业发展—研究报告—中国—2017 Ⅳ.①G229.2

中国版本图书馆 CIP 数据核字（2017）第 306125 号

策划编辑：徐蔷薇
责任编辑：徐蔷薇　　特约编辑：马晓云
印　　刷：三河市鑫金马印装有限公司
装　　订：三河市鑫金马印装有限公司
出版发行：电子工业出版社
　　　　　北京市海淀区万寿路 173 信箱　邮编　100036
开　　本：720×1000　1/16　印张：18　字数：314 千字
版　　次：2018 年 1 月第 1 版
印　　次：2018 年 1 月第 1 次印刷
定　　价：128.00 元

凡所购买电子工业出版社图书有缺损问题，请向购买书店调换。若书店售缺，请与本社发行部联系，联系及邮购电话：（010）88254888，88258888。

质量投诉请发邮件至 zlts@phei.com.cn，盗版侵权举报请发邮件至 dbqq@phei.com.cn。

本书咨询联系方式：xuqw@phei.com.cn。

编委会名单

编委会主任：

张海涛

编委会常务副主任：

王 求 吕松山

编委会副主任（按姓氏笔画排序）：

王建军 包 冉 皮致远 吕 潋 林瑞松 罗晓军 阎伟力

编委会委员（按姓氏笔画排序）：

邓 劲 李红军 李 学 李 纲 杨金平 张爱华 张 楠

金正华 郑 军 龚振斌

序

　　中国移动电视诞生于广播电视数字化、产业化发展的浪潮中，是广播电视科技创新、体制创新、服务创新的成果。移动电视覆盖广、传输快，兼顾了贴近性和时效性，适应了移动人群的新需求，是广播电视舆论宣传的重要阵地，同时也具有很强的文化产业属性。中国移动电视发展到今天，取得了很多新成绩，实现了很多新突破，无论在内涵还是外延上，都已超越了传统业务的范畴，成为横跨广播电视、传媒娱乐、交通运输、移动互联网和应急广播的综合发展平台，为推进广播电视的数字化、移动化、多元化做了大量卓有成效的探索和努力。

　　《中国移动电视发展报告（2017）》（以下简称报告）每两年发布一次，今年是第三次发布。报告系统总结了过去两年中国移动电视行业的发展变化，深入剖析了移动电视行业面临的机遇与挑战，探讨分析了移动电视的创新发展路径，具有较高的专业性、学术性、权威性。它的出版为我们进一步了解近两年来中国移动电视发展的新态势、新形势，分析移动电视发展中的新进步、新特点，指导移动电视业界未来的新方向、新发展，提供了重要的决策参考和智力支持，对我们的实际工作具有一定的借鉴和指导意义。

　　党的十九大站在"两个一百年"的历史交汇期，以新的思想、新的论断、新的部署，勾勒出未来中国发展的宏伟蓝图，描绘了中华民族伟大复兴的光明前景。新思想照亮新时代、新战略指引新实践、新目标展现新图景。希望广大移动电视工作者深入学习宣传贯彻党的十九大精神和习近平总书记新时代中国特色社会主义思想，牢固树立"四个意识"，不忘初心、坚守使命，紧紧围绕党和国家的重大战略部署，创新发展方式、创新运行模式，积极适应新时代生产方式、生活方式、消费方式的转变，满足人民群众在移动互联领域的美好生活需要，以永不懈怠的精神状态和一往无前的昂扬斗志，推动移动电视行业不断向前发展。

张海涛

中国广播电影电视社会组织联合会会长

2017 年 12 月 1 日

目 录
CONTENTS

第一章　移动电视发展概论

移动电视自 2003 年诞生以来，从来就不是一个孤立的存在，肩负着科技创新、体制创新与服务创新的重大历史使命。

追溯本源，移动电视是广播电视数字化技术创新的一个业务分支，为地面数字电视标准成功试水；考量其行业特质，业已成为交通运输服务业、尤其是客运服务业的重要组成；剖析其业务属性，显然又兼具新闻传媒与信息娱乐业特征，并将成为生活化场景的媒体核心；面对移动互联网与互联网+的大潮，移动电视的车载终端及收视环境，又是天然的 O2O（Online to Offline）重要入口和智慧交通的关键场景之一。

置身于上述四个时空维度，考量移动电视的产业发展与转型，既与融合媒体发展紧密相关，但又非传统的广电范畴所尽能涵盖。

换言之，在"连接一切"的泛在网时代，面对线上与线下业务加速结合的 O2O 风口，拥有来自国家意志的"互联网+"与行业主管部门意志的"智慧广电"等坚定而明确的政策支撑，中国移动电视产业的发展与转型，需要并可能树立起全新的发展格局观。

第一节　"互联网+"与"融合媒体"时代的移动电视

一、移动电视的定义与发展愿景

标准的移动电视基础定义，即"基于数字电视地面传输技术，利用广播电视专用无线频率（470～860MHz），通过安装在公交车、出租车、地铁等移动交通载体或楼宇内的专用接收终端设备，以满足公众在旅途或等待电梯等公共场所，收看电视节目的媒介形式，是具有广电性质的户外公共新媒体。从技术概念上讲，移动电视是地面数字电视技术的特殊应用……与卫星数字电视、有线数字电视共同组成了数字电视传输的完整体系。"（《2013 中国移动电视发展报告》，pp.1-2）

2015 年 3 月，在 CCBN2015 主题报告会上，时任国家新闻出版广电总局副局长聂辰席同志发表重要讲话，明确提出"智慧广电"的行业发展方向——"打造智慧广电，是适应经济发展新常态、满足人民数字生活新期待、顺应信息技术新发展的必然要求，是推动广播影视转型升级的重要引擎……互联网与广播影视领域的深度融合将带来重大发展机遇，推动广播影视全业务、全流程、全网络从数字化向智能化、智慧化创新转变，进而催生'智慧广电'"。

2015 年"两会"期间，李克强总理在政府工作报告中提出制定"互联网+"行动计划，至此"互联网+"战略上升至国家层面。在"互联网+"战略下，"广电+"成为广电媒体"互联网+"的升级与跨越，并逐渐形成了几种新的形态。这些形态是广电媒体在推进自身转型，加快实现融合发展过程中的生动实践。

2017 年 1 月 5 日，中共中央政治局委员、中央书记处书记、中宣部部长刘奇葆出席推进媒体深度融合工作座谈会，强调要深入贯彻落实习近平总书记系列重要讲话精神，坚定不移地推进传统媒体和新兴媒体深度融合，尽快从相"加"阶段迈向相"融"阶段，实现融为一体、合而为一，不断提高新闻舆论传播力、引导力、影响力、公信力。

从智慧广电到"广电+"，再到融合媒体，当广播影视全业务、全流程、全网络都从数字化向智能化、智慧化转变，在技术上从属于数字电视范畴的移动电视业务，其基于与互联网的深度融合，向智能化、智慧化的演进升级自然成为题中之意。

因此，本报告课题组研究认为，移动电视的全新发展愿景应该是——在全业务、全流程、全网络的数字化基础上，与移动互联网深度融合，从拥有单一的数字电视的移动播出"功能"，到具备多元的智慧城市与便捷交通多媒体服务"智能"，成为"互联网+便捷交通"不可或缺的组成部分、成为在移动场景下有效汇聚受众与用户需求的多媒体智慧平台、成为 O2O 服务的重要入口与核心场景。

从上述新的发展愿景和转型思路出发，移动电视的系统构成也将发生增益性变化。标准意义上的移动电视系统，包括前端系统、信源传输系统、无线发射系统和终端接收系统，其核心目的是确保地面数字电视信号覆盖广泛、反应迅速，全面支持移动和固定状态下的视音频接收，并均能保持画面的图像清晰、伴音流畅。

在此基础上，增益性引入云服务与可视化大数据系统、互联网地理信息系统（地图）、O2O服务平台系统、互联网社区与社群系统、车载WiFi接入系统，通过自建或公共互联网标准接口衔接的方式，创造出适用于"互联网+便捷交通"、多媒体智慧平台与O2O服务的立体化服务场景体系。

从以上定义来看，本报告范畴内的移动电视接收终端，已不仅仅局限于车载或楼宇电视，亦包含智能手机、平板电脑、具备车联网功能的私家车中控显示屏等终端，以及运行在这些智能终端之上的各种应用。

二、场景化：移动电视的跨行业发展

从应用场景来看，移动电视横跨广播电视、交通运输服务、新闻传媒与信息娱乐、互联网O2O服务业四个象限，其行业属性和产品特色在不同的象限表现出不同特质。而其在不同场景下的角色，又决定了移动电视不同的发展路径和转型思路（见图1-1和图1-2）。

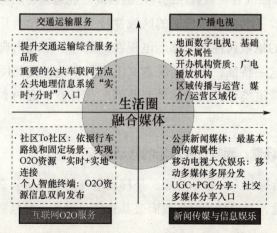

图1-1　移动电视在相关产业象限的属性特征和产品特色

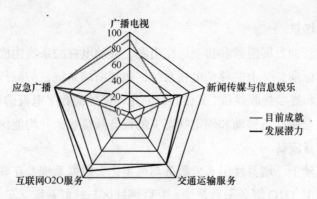

图 1-2　移动电视在相关产业象限的目前成就与发展潜力

（一）基本场景：面向广播电视的移动电视

追根溯源，移动电视的根本属性是广播电视媒介属性，其主要表现在媒介技术实现基础、开办机构资质和区域化的传播与运营。

移动电视的媒介技术实现基础，是运营于专用无线频段的地面数字电视信号播出，这是移动电视运营机构所具有的独家资源。在与公共（移动）互联网、以车联网为代表的下一代互联网展开"互联网+"融合时，具有不可再生的无线频谱资源优势，以及通过融合通道提供全天候覆盖服务的能力优势。

移动电视开办单位的属性是广播电视内容播出机构，只能由当地广播电视播出机构开办，这是广电行业专营权在移动电视领域的直接体现，也使得移动电视的传播权威性和官方影响力不言而喻。目前，移动电视实行准入制，只有取得正式牌照或者实验牌照的广电运营商才能运营移动电视。

由于地面数字电视信号传输的区域性特征，以及作为开办主体的广播电视播出机构的地域属性，使移动电视在运营环节呈现出典型的本地化、区域化特征。这一特征，既与传统意义上主打本地新闻和民生服务的地面开路（电视）频道类似，又与移动互联网时代日益下沉的本地化网络服务需求不谋而合。

（二）应用场景：面向传媒娱乐的移动电视

公共新闻传媒与大众娱乐传媒，是移动电视面向海量公交出行受众的两大基本媒体属性，这也是"服务政府公共管理、服务市民精彩生活"的宗旨体现。

在公共新闻传媒方面，由于移动电视车载终端覆盖的广泛性、内容播出的强制性和城镇公交受众群体的高比例与大流动性，使移动电视的新闻报道成为党和政府舆论喉舌的一线阵地，其权威性和影响力巨大。

在大众传媒方面，面向公共交通的广大乘客提供"路上的娱乐"，亦是移动电视产业兴起之初就具备的基本功能和传媒服务。随着整个产业的不断发展和成熟，各地移动电视公司自办的大众娱乐节目也都形成了相当一批忠实粉丝，建立起各自的传媒品牌影响力，如北广传媒移动电视的《秀逗爱生活》、广州移动电视的《全城 FUN 享》、上海东方明珠移动电视的《财金新干线》等。

随着个人智能终端的普及，以及客厅电视屏幕前的多屏互动习惯养成，在移动车载环境下的多屏互动正成为移动大众娱乐传媒场景的核心组成部分。借助与移动互联网平台的对接，使移动电视超越了传统广播电视的单向播出功能，并克服了公共收视互动场景下的"遥控器问题"。这一改变，无论对互动内容创意生产，还是对受众参与度的本质提升，都是质的提升。

更进一步，众多短视频"拍摄-上传"工具应用，成熟的互联网用户创造内容（User Generated Content，UGC）、专业内容生产方（Professional Generated Content，PGC）视频平台，已在 PC 和手机终端，以社交网络为传播载体，建构起日益繁荣的全民创意与创作生态。在"互联网+"时代，面向移动视音频场景，只有移动电视可以在确保内容播出安全的前提下，实现 UGC 与 PGC 平台的移动电视屏对接，其发展潜力不可小觑。

（三）服务场景：面向交通运输的移动电视

作为城镇公共交通主力的地面公交、地铁，承载了绝大部分本地日常出行运力，而覆盖率超高的移动电视，业已成为交通运输服务业（主要是城市客运行业）的有机组成部分，并成为提升交通运输服务水平的体现之一。

以北京为例，2015 年日均公交出行达 1251 万人次，轨道交通出行超过 1000 万人次，而仅仅在公交车上的移动电视终端覆盖，就包括 470 条公交线路、12000 辆公交车、24000 个终端，覆盖北京所有区域。如果加上 21000 多块地铁电视屏幕终端（含站台站厅），则形成一个对首都每日海量公交出行群体的完整覆盖体系（注：巴士在线及京港地铁等部分的屏幕未统计在内）。

持续移动的车载终端、超高的地理覆盖率、实时的信号传输，意味着移动电视是"互联网+便捷交通"的重要组成。事实上，在"互联网+"政策提出以前，移动电视就已经通过车载屏幕、PC 屏幕（微博、官方网站）、智能手机屏幕（微信公众号、微博）等多种渠道向受众及时提供各类便捷交通信息，包括但不限于公交线路更新、临时线路调整、实时路况指南等。这些可以视作"前互联网+时代"的基础交通服务。

在以云平台、大数据的开放运营为基础，以物联网、移动互联网为主要连接媒介，以数据挖掘和实时交通运输信息服务、运力在线集成的"互联网+"时代，已有效覆盖城市公交/地铁主要线路和车辆终端的移动电视，应该也必须接入建设中的"互联网+便捷交通"平台，成为面向群体的高效率信息推送界面，以及面向个体的车载 WiFi 接入界面；并依据公交线路规划与城镇区域经济发展密切相关的特点，成为公共地理信息系统"实时+实地"的信息与服务入口，这是移动电视涉足移动互联网 O2O 应用领域的机会窗口。

（四）O2O 场景：面向移动互联网的移动电视

本地化、区域化特征，在"互联网+"时代是移动电视产业的一大优势，因为随着移动互联网发展呈现出本地化下沉趋势的明显趋势，O2O 服务天然的本地化基因，使全程全网的移动互联网服务迫切需要建立本地化的垂直平台，而移动电视则是很好的合作方。

免费车载 WiFi 的兴起，在大型公交车辆的车载环境中，为移动电视切入移动互联网 O2O 的产业链条，提供了新的融合网络接入基础环境。目前，北上广深等一线城市均已上马公交 WiFi 项目，但是由于入场费、流量费等成本高企，从实际的运营效果看并不太理想。

首先，公交 WiFi 市场的主要运营商是民营企业，如华视传媒、16WiFi（北京一路热点信息技术有限公司）等，其主要依靠风险投资等进行前期投入，在商业模式并不完全清晰的情况下，很容易受到资本力量的左右。

其次，免费车载 WiFi 需要大量成本投入，而处于同一应用场景的、具备良好的传媒广告变现能力的移动电视，是一个很好的实现转移支付的合作伙伴。两者之间如果能优势互补，可以从入场费、O2O 场景打造、落地等多个方面有效降低成本。

最后，移动电视强大的本地化属性，以及强制性的区域传媒品牌影响力和号召力，恰好能补足大量新创O2O服务商的品牌短板。

但是，实现上述理想化的发展目标，需要移动电视运营商在车载终端的融合网络环境上进行功能和服务升级，主要是基于商用定位实现"线路-内容"运营，并实现媒资体系与O2O服务平台在云端的标准接口对接。

（五）公益场景：面向应急广播的移动电视

当发生重大自然灾害、突发事件、公共卫生与社会安全等突发公共危机时，政府通过应急广播可提供一种迅速、快捷的信息传输通道，在第一时间把灾害消息或灾害可能造成的危害传递到民众手中，让人民群众在第一时间知道发生了什么事情，应该怎么撤离、避险，将生命财产损失降到最低。

应急广播的信道，有音频广播、地面数字电视和电信网络等多重选择。目前，应急广播体系的技术系统是建立在中央和各地的应急广播系统，还有各种传输覆盖手段，包括有线、无线、卫星、移动广播电视等各种手段和终端来构成的，国家应急部门产生的各种应急信息，都通过这个技术系统传递到千家万户。

比较之下，从网络技术机理与发射能力的角度看，在发生重大自然灾情或社会公共危机时，基于地面数字电视信道的传输是应急广播优选方案，其可靠性较电信网络及基于电信网络的公共互联网要高出至少一个数量级；其表现力比单纯的音频广播也高出至少一个数量级。而从终端的公共区域广覆盖、移动化传输确保随时随地收看的角度看，移动电视又是地面数字电视传输中最好的应急广播选择。

移动电视与应急广播，是双生双赢的关系。一方面，移动电视纳入国家应急广播体系，可进一步强化移动电视的权威性和有用性；另一方面，丰富了应急广播的传输形式和表现力，后者对处于紧急状态下的民众更为重要，可有效起到政策宣贯、安抚民众、社会疏导、凝聚士气的作用。

三、移动电视的跨媒介功能平台

在"互联网+"与"智慧广电"的发展语境下，移动电视具备多重跨媒介功能的平台角色——发布平台、发行平台、营销平台和服务平台。

1. 发布平台

移动电视的发布平台功能，主要指移动电视可以实现应急广播信息发布、引导社会公共舆论及其他公共信息发布等。

发布平台的本质特征是公共性，运营特征是公益性，主要代表了党和政府的主流声音，是移动电视作为重要的舆论阵地，宣传社会主义核心价值观，倡导公民良好品德与行为规范的重要窗口。

2. 发行平台

最初意义上的移动电视发行平台功能，主要指音视频内容的发行。包括电视台、影视剧公司等出品的综艺节目、电视剧、电影等内容，通过移动电视有效地进行导视宣传。此时的移动电视，可视为"媒体的媒体""电视的电视"，具有一定的强制性信息传播发行能力。

成为移动互联网的新入口之后，移动电视作为发行平台又被赋予新的潜能，包括但不限于智能终端的应用发行、会员资格发行等。

3. 营销平台

与发行平台类似，移动电视作为营销平台也具备传统视音频营销和移动互联网营销两个阵地。

车载或其他公共场所环境下，移动电视利用视音频媒介形态进行商业广告信息的传播，是目前近乎唯一的可确保端到端质量的移动化视频营销推广手段。与此同时，借助二维码扫码、"摇一摇"等业已普及的多屏交互手段，实现跨屏营销。

未来真正具备颠覆性创新意义的，还在于结合地理信息系统与移动互联网接入（车载 WiFi 或环境 WiFi），借助云端的大数据系统和与 O2O 服务商的平台对接，实现结合用户位置与场景的针对性营销，包括互动、推送、社群等互联网营销方式。

4. 服务平台

在融合网络环境下，移动电视作为服务平台的意义，首先是自营服务的自然延伸，即基于目前已开通的生活服务类频道内容和微信公众号（服务号），以及品牌化的线下用户组织活动，发展会员、提供服务。

但平台化的意义远不止于此。对于真正意义上的平台来说，自营仅仅是其一部分业务形态，通过统一的账户体系和用户信用机制，在可管可控的前提下，将移动电视的传播、分发与接入能力予以开放，才是平台化服务和服务平台的题中之意。

第二节　中国移动电视成长历程

2002 年 8 月，国内首家移动电视公司——上海东方明珠移动电视有限公司注册成立。

2003 年，东方明珠移动电视正式组建地面数字电视单频网系统，包括东方明珠发射塔、虹桥广播大厦、东视大厦和上海教育台大厦四个发射点，范围覆盖整个上海市区。此举标志着移动电视市场在中国正式起步。

从 2003 年至今，移动电视产业与市场已历经 12 年发展，可分为四个发展阶段——探索实验期、跑马圈地期、多元化发展期和"互联网+"机遇与挑战期。

一、探索实验期

2002—2007 年，是中国移动电视产业的探索实验期。在此区间，产业构想的提出、技术标准的实验、运营主体的设立、产业结构的"从 0 到 1"、商业模式的探索，是主要的行业性成果。

如上文所述，继上海率先开启中国移动电视的试运营之后，2003 年 6 月，长沙广电数字移动传媒有限公司正式注册成立；同年 8 月，北京北广传媒移动电视有限公司成立；以此为发端，一个新的市场细分领域的盖头被揭开，广电行业敏锐地捕捉到新的发展机会，各地公交移动电视的试运营次第出现。截至 2004 年年底，近 20 家移动电视运营公司相继成立，2005 年则发展到 30余家、增长超过 50%。

其时，因为地面数字电视国家标准尚未出台，各地试运营多采用欧标（DVB-T）切入，同时积极配合国标科研团队展开相关测试。应该说，地面数字电视欧标技术较为成熟、相关设备成本也较为适宜，能够快速搭建起网络实验环境，在中国移动电视的早期发展中，起到了很好的助力作用；同时，对尽快形成稳定的移动电视商业模式、为日后国标大规模转换提供了良好的产业支撑。

随着开通移动电视试验网络的城市越来越多，吸引了众多技术与设备供应商加入，中国移动电视的产业结构实现了从 0 到 1 的跨越。2004 年 4 月，由南京广播电视台、香港易达数字通讯有限公司（BTL）、意大利 DMT 公司共同主办的"数字移动电视技术研讨会"在南京举行，广电总局领导及广东、浙江、上海、四川、安徽、江苏等 20 多个省市电视台的 100 多名技术人员与会，移动电视完整的产业结构已初见雏形。

2005 年 9 月，由重庆广电移动电视发起并主办的首届全国移动电视协作研讨会在重庆成功举办。来自 27 个省（直辖市、自治区）的移动电视运营机构及产业链伙伴共 61 人参加了此次盛会，就移动电视产业的运营现状和发展前景进行了深入探讨，对移动电视的节目架构、广告经营、体制创新等方面问题开展了广泛交流。可以说，首届移动电视协作研讨会的成功召开，标志着中国移动电视产业结构在逻辑层面的完整自洽——成员、组织、方法、愿景。

基于自洽的产业逻辑，中国移动电视的第一阶段发展框架被清晰地勾勒出来——以公交车屏幕为主要载体、以节目为主要界面、以广告为主要营收、以区域为主要运营环境、以跨区域协作为有效纽带、以全国性广告代理机构为商业助力。

这期间，随着移动电视运营机构和终端覆盖规模的快速增长，广告主逐渐认可移动电视作为一种全新媒介的商业价值。而全国性的广告代理机构相继出现，如 2003 年成立的世通华纳、2005 年成立的华视传媒。

二、跑马圈地期

2006—2009 年，是中国移动电视在快节奏中跑马圈地的阶段，规模式的外延扩张与"大事件"（Big Things）的内在助力，成为这一阶段的发展主旋律。

2006 年 8 月 18 日，中国移动电视产业迎来了第二发展阶段的第一个大事件，即地面数字电视国标的正式颁布。由国家组织的数字电视特别工作组负责起草，全国广播电视标准化技术委员会归口并测试，国家质量检验检疫总局、国家标准化管理委员会批准发布了《数字电视地面广播传输系统帧结构、信道编码和调制》（GB 20600—2006）标准，并定于2007年8月1日起正式强制实施。

国标的出台与标准的统一，是整个产业规模化发展的基石，也消除了大量技术设备商投入的不确定性，更有利于激励产业链企业的进入。

同时，在这一时期，基于应用场景的细分令移动电视有了更大的市场和资本想象力。

在细分市场方面，2007年，北广传媒地铁电视成立，从而将公共交通的车载覆盖从"地上"延伸到"地下"，实现了完整意义上的公交出行人群全覆盖，其商业价值的想象力进一步提升。

在资本想象力方面，2007年，在国际资本的助力下，华数传媒、世通华纳等移动电视广告运营商开始在全国范围内大规模扩张，并实现在美国纳斯达克上市。2008年6月，巴士在线成立，与央视国际旗下的"CCTV移动传媒"实现了从资本到市场的全面合作。

2008年，筹备已久、成功举办的北京奥运会，以及此前突发的汶川大地震，是接踵而至的两个大事件。

在地震发生后，包括四川在内的全国各地移动电视，均在第一时间对地震灾情进行了持续、实时的报道，及时报道救灾信息、传递政策声音、号召社会救助正能量，成为应急广播机制下的有力传播媒介。

北京奥运会则是整个移动电视产业的一大利好，随着国内外品牌商营销费用借奥运商机大规模注入中国市场，移动电视作为营造奥运氛围的重要宣传和传播工作受到广泛关注。随后的深圳大运会、上海世博会，均大力推动了移动电视的发展。

更进一步，政府对移动电视作为重要的城市宣传工具的认识层次不断加深，从而在市政公交建设、户外广告治理等多个领域对移动电视运营商给予更多支持。

在资本市场方面，华视传媒于2009年收购地铁视频媒体运营商数码媒体集团（DMG），标志着此一时期在资本市场推动下，市场开始整合。其后虽然经历资本诉讼，但后于2014年与橡树资本、戈壁投资及献售股东达成和解方案。

三、多元化发展期

2010—2013 年，是中国移动电视整个产业放慢节奏，进入深耕细作的多元化发展阶段。价值回归成为这一阶段的产业发展主轴，而迎接移动互联网时代的产业准备，也在孕育和萌芽。

任何产业的发展都呈现出类似的曲线，移动电视产业也不例外。经历了多年快速发展后，随着各地传输网络基本搭建完毕，广告资源的分配也已形成稳定格局，各地移动电视运营商开始进入深耕细作的多元化发展阶段，整体产业的发展节奏也开始趋于平稳。

稳定的移动电视产业增长，在这一时期主要来自全国大中城市公交、地铁的发展。在"公交都市"优先发展城市公共交通的政策精神号召下，全国各大中城市的公共交通车辆总量有了大幅增加，如广州实施"百线千车"工程，2014年新开公交线路 100 条、新增公交车辆 1000 台；再如哈尔滨新增、更新公交运力 2800 台，公交车标台数量较创建前增长 1 倍。另外，目前中国获批轨道交通建设规划的城市已达 36 个，2014 年我国城市轨道交通投资达到 2200 亿元，比 2013 年增加 400 亿元，这也大大增加了移动电视的终端覆盖市场容量。

在广告运营方面，多模式并存的探索日益丰富。除了将基本广告时段承包给广告代理商以外，移动电视运营商开始尝试自主负责广告运营，电视台统一运营模式、运营商自主运营模式、广告代理商承包模式并存发展，百花齐放。譬如，杭州广电移动电视采用分行业代理的模式，自主把握自身资源丰富的行业品牌商广告运营权，其他行业则通过与代理公司合作；再如，大连移动电视则将全国和本地客户予以划分，全国性广告客户广告交由代理公司运营，本地广告主则自己进行深入开发。

在内容方面，移动电视在此阶段已具备了较为成熟的节目自制和集成能力，培育出一批具备社会影响力和号召力的节目品牌，并成为影视剧发行推广的新兴渠道。同时，随着同一时期以微博为代表的社交网络的兴起，媒体社交化成为大势所趋，移动电视对 UGC 内容的集成也开始崭露头角；而从底层技术到媒资库的数字化建设，使其具备了深度挖掘受众信息需求、跨入大数据运营模式的潜能。

移动互联网的破茧而出，亦是从 2010 年开始发轫。在这个重新定义互联网和深度改变整个社会经济形态的巨大变革窗口期，移动电视产业链企业也在同步布局，譬如利用 3G/4G 信道的车载 WiFi 接入系统、虚拟应用平台、UGC 视频自媒体客户端等技术尝试和商业试运营等。这些都为"互联网+"时代的大机遇、大发展进行了扎实准备。

四、"互联网+"机遇与挑战期

从 2014 年开始，随着中央网络安全与信息化领导小组的成立、"互联网+"政策的提出，整个广电行业开始由数字化向智慧化转型，移动电视产业迎来了机遇与挑战并存的新发展阶段。

如前文所述，"互联网+智慧广电"时代的移动电视，无论在内涵还是外延上，都已经超越了传统地面数字电视乃至广电业务的范畴，而成为横跨广播电视、传媒娱乐、交通运输、移动互联网和应急广播的综合发展体。

在这一时期，最大的利好是国家方针的指引、行业政策的激励，最大的挑战是互联网企业凭借体制、资本和平台方面的灵活优势快速扩张。

一般来说，"互联网+"产业链结构是"四部曲式"的递进语境——"应用/内容→入口→平台→生态"，中国移动电视运营商需要做出符合实际情况的战略取舍，才能有效应对挑战、充分抓住机遇。

从产业实际发展情况看，移动电视产业链的关键企业，包括运营商、跨地域广告运营商等，都不甘心仅仅作为"应用/内容"提供方。它们或充分利用现有的移动互联网平台开展带有明显入口属性的业务，如安徽广电移动电视组建安徽动视电子商务有限责任公司，再如巴士在线推出 Live 移动视频直播，等等，不一而足。

第三节 中国移动电视发展现状

如前所述，随着近两年来城市公共交通与轨道交通的大建设、大发展，以公共交通车载终端为主的移动电视存量市场也相应平稳快速增长。据不完全统计，截至 2016 年年底，全国移动电视终端屏幕已经超过 35 万块，较 2012 年年底增幅近 1 倍（《2013 中国移动电视发展报告》：截至 2012 年年底，全国公交电视终端总量近 20 万块），但是相较 2014 年年底的 40 万块却有所降低，这与中国移动电视市场发展的实际境遇紧密相关。

从技术层面看，在地面数字电视广播技术的支撑下，终端数量的扩容对已组建的数字单频网产生的边际压力几乎为零，除了城市新开偏远公交线路需要补点优化外，广播技术机制的优势充分表现出来。同时，液晶屏幕终端价格快速下滑，使终端成本也大幅降低，这些从一个角度保证了中国移动电视产业规模化发展所必需的低成本、高收益。从市场层面看，由于移动互联网的冲击，移动电视的传统后向广告收费模式正在遭遇严重挑战，在经济效益不断下滑的情况下，各地运营商缺乏对终端改造升级及提升覆盖率的内在动力。而这种纠结与矛盾的心态，也从本次调查结果上有所反映。

一、公共交通与移动电视运营发展规模变化

公交车和地铁是移动电视主要的空间提供方，而出租车、长途客车等也是移动电视重要的展示场所。近几年，随着公共交通的迅速发展、环保出行概念的日益流行，我国各城市公交车数量、地铁及公交线路都在不断增长。

2015 年年底，全国共有城市公共汽电车辆超过 63 万辆，运营线路总长度约 90 万公里；全国快速公交系统运营线路总长度超过 3000 公里，公交专用车道约 8500 公里；全国已有 25 个城市开通了轨道交通线路，运营线路总长度已超过 3200 公里。另据《国务院办公厅关于加快新能源汽车推广应用的指导意见》，交通部明确提出至 2020 年前新能源公交车要达到 20 万辆，这又孕育了相当规模的移动电视终端屏幕换装市场。交通部的数据显示，截至 2016 年年底，全国新能源公交车的总量已经超过了 16 万辆，新能源出租汽车已经达到了 1.8 万辆，新能源的城市物流配送车辆已经达到了 9.4 万辆。

截至 2016 年年底，地铁方面，全国已投入运营地铁线路的城市达 33 个

（含香港地铁、台北捷运、高雄捷运）。其中，中国大陆地区共 30 个城市开通运营城市轨道交通，共计 133 条线路，运营线路总长度达 4152.8 公里。其中，地铁 3168.7 公里，占 76.3%；其他制式城轨交通运营线路长度 984.1 公里，占 23.7%。2016 年累计完成客运量 160.9 亿人次，同比增长 16.6%。拥有 2 条及以上城轨交通运营线路的城市已增加到 21 个。运营线路增多、客流持续增长、系统制式多元化、运营线路网络化的发展趋势更加明显。中国城市轨道交通协会的最新数字显示，共有 58 个城市的城轨线网规划获批（含地方政府批复的 14 个城市），规划线路总长达 7305.3 公里，基本覆盖了主要省会城市、计划单列市和二线经济发达城市。在建、规划线路规模进一步扩大，也是移动电视运营商新增规模的重要支点。

据中国广播电影电视社会组织联合会交通宣传委员会移动电视分会（以下简称中广联合会移动电视分会）对会员的统计信息，截至 2016 年年底，共有 41 个省/市正式运营移动电视（全国 53 个会员单位，含观察员单位），全国移动电视终端屏幕已经超过 35 万块（见表 1-1）。

表 1-1　全国移动电视运营商所属行政区划分级

行政区划	省/市（按拼音字母排序）	数量（个）
直辖市/省	安徽、北京、重庆、甘肃、广东、广西、黑龙江、湖北、湖南、江西、辽宁、上海、山西、陕西、四川、天津、云南	17
省会/首府城市	长沙、成都、福州、广州、杭州、济南、南京、乌鲁木齐、西安、西宁	10
其他城市	大连、汉川、黄石、洛阳、宁波、青岛、苏州、深圳、温州、芜湖、无锡、厦门、烟台、扬州	14
合计	41 个省/市（首府）	

资料来源：《2017 中国移动电视发展报告》企业调研。

参照《第一财经周刊》旗下数据新闻项目"新一线城市研究所"发布的《2016 中国城市商业魅力排行榜》，其对全国 338 个城市综合商业指数排名，以及新的一线、二线、三线等城市层级划分，尤其是对"新一线城市"的界定，目前移动电视在一线城市、二线城市和三四线城市的运营覆盖情况如图 1-3 所示。

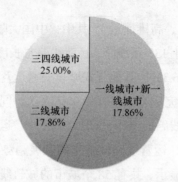

图 1-3　2016 年中国移动电视运营覆盖情况

注：《第一财经周刊》于 2016 年对全国 338 个城市的分级排名中，"新一线城市"包括"成都市、杭州市、武汉市、天津市、南京市、重庆市、西安市、长沙市、青岛市、沈阳市、大连市、厦门市、苏州市、宁波市、无锡市" 15 个。

资料来源：《2017 中国移动电视发展报告》企业调研。

二、移动电视覆盖与受众变化

2013 年年初，国务院发布《关于城市优先发展公共交通的指导意见》，明确要求城市优先发展公共交通。要求增强公共交通竞争力和吸引力，构建以公共交通为主的城市机动化出行系统，同时改善步行、自行车出行条件。得益于此，截至"十二五"末，全国共有城市公共汽电车运营车辆超过 63 万标台，运营线路总长度约 90 万公里，比 2010 年分别增长 38% 和 41%。全国 25 个城市开通了城市轨道交通线路，运营线路总长度超过 3200 公里，比 2010 年增长超过 1 倍。城市快速公共交通系统运营线路总长度超过 3000 公里，比 2010 年增长约 6 倍。全国共设置公交专用车道超过 8500 公里，较 2010 年增长超过 1 倍。据交通部"城市公共交通'十三五'规划"的数据，全国城市公共交通年客运量超过 900 亿人次，比 2010 年增长 25%；全国城市建成区公交站点 500 米覆盖率已达 85%，定制公交、商务快巴、旅游专线、社区巴士等特色公共交通服务遍地开花。而按照规划，公交出行分担率、绿色出行分担率等提出了具体的发展要求，到"十三五"末，全国城市通过公交出行总量将达 1200 亿人次。这无疑给包括公交电视及地铁电视在内的移动电视创造了良好的发展机遇，也给移动电视的市场运营扩大了基础的受众群体。

"十三五"时期各类城市公交发展指标如表 1-2 所示，部分城市公共交通工具拥有状况如表 1-3 所示，北京市历年交通出行方式构成如图 1-4 所示。

表1-2　"十三五"时期各类城市公交发展指标

	常住人口 500 万人以上	常住人口 300 万～500 万人	常住人口 100 万～300 万人	常住人口 100 万人以下
城市公共交通出行分担率（城市公共交通机动化出行分担率）	40%以上（60%左右）	30%以上（60%左右）	30%以上	20%以上
城市交通绿色出行分担率	75%左右	80%左右	80%左右	85%左右
城市公共交通乘客满意度	85%以上	85%以上	85%以上	85%以上
城市公共交通 500 米站点覆盖率	100%	100%	100%	80%以上
城市公共交通 300 米站点覆盖率	80%以上	70%以上	—	—

资料来源：交通部。

表 1-3　部分城市公共交通工具拥有状况

城市	出租车数量（辆）	公交车数量（辆）	运营中地铁线路（条）
北京	66648	28000	19
上海	48900	19900	14
天津	31940	8600	5
广州	21800	8900	10
成都	17587	10800	4
沈阳	17844	5500	2
深圳	15973	15285	8
武汉	16747	7000	5
重庆	14602	8800	4
哈尔滨	16572	7500	2

资料来源：易目唯整理，截至 2016 年。

以北上广为例，根据"十三五"北京交通规划，北京将继续加大轨道的建设力度，轨道运营里程将由现在的 554 公里增加到 900 公里以上，中心城轨道交通站点 750 米覆盖率达到 90%。地面公交将以专用道为突破点，打造地面公交快速通勤系统，到 2020 年力争实现 1000 公里连续成网的公交专用道。同时，从满足百姓差异化的公交出行需求出发，微循环公交、多样化公交服务也将更加丰富。

图 1-4　北京市历年交通出行方式构成

资料来源：北京市交通委。

上海也是大力推进轨道交通网络建设，到 2020 年，总通车里程将达到约 800 公里；在优化调整区域公交线网的同时，力争形成 500 公里公交专用道网络，并强化与轨道交通网络的融合，进一步提高公交线网服务覆盖面，中心城实现轨道交通站点 50 米内有公交站点衔接，中心城公交站点 500 米半径全覆盖。

广州同样争取到"十三五"期末，建成开通地铁里程超过 520 公里、形成"环线+放射线"结构，高峰期间市域范围依托公共交通到达核心区平均出行时间不超过 60 分钟，常规公交吸引力进一步提升、与小汽车的出行时耗比例不超过 1.5，提供便捷、高效、安全的出行服务，进一步满足市民多样化的出行需求。尤其值得关注的是，广州逐步加大节能与新能源公交车推广力度，到"十三五"期末，实现广州市 90% 的公交车为清洁能源车辆；至 2020 年，当年新增和更换的公交车中新能源公交车比重为 90%（其中纯电动公交车占新能源公交车比例的 70%）；中心城区公共交通占机动化出行量的 65%、绿色交通分担率为 75%。

毫无疑问，公交和地铁的发展给移动电视市场的发展提供了良好的外部环境。从 2004 年全国移动电视运营商大力发展终端建设以来，据不完全统计，至 2016 年调研对象的移动电视终端屏幕已经超过 35 万块。以部分城市为例，北广传媒移动电视有限公司仅在北京一地的公交电视终端为 24000 块，覆盖人群达到 1300 万人次；上海东方明珠移动电视有限公司拥有的公交电视屏幕也达到了 16500 块，覆盖人群达到 1800 万人次；广州珠江移动城市电视有限公司的公交电视屏幕达到 11000 多块，覆盖人群达到 2000 万人次（见表 1-4）。

表 1-4　部分移动电视运营商公交电视屏幕数量

移动电视运营商名称	公交电视屏幕数量（块）	覆盖人群（万人次）
北京北广传媒移动电视有限公司	24000	1300
重庆广电移动电视有限责任公司	13000	700
青岛广电无线传媒集团股份有限公司	3500	200
安徽广电移动电视有限公司	4000	400
长沙广电数字移动传媒有限公司	7527	500
广州珠江移动城市电视有限公司	11010	2000
杭州广电公交移动多媒体有限公司	13200	400
辽宁北方新媒体有限公司	4000	200
南京广电移动电视发展有限公司	3000	200
深圳市移动视讯有限公司	11000	600
四川广电星空数字移动电视有限公司	2300	98
厦门广播电视数字传媒有限公司	5500	385
甘肃广电数字移动电视传媒有限责任公司	1000	300
黑龙江龙视数字移动传媒有限责任公司	4141	400
江西传媒移动电视有限公司	1000	—
山西大众移动电视有限公司	3000	250
陕西广电移动电视有限公司	1500	100
天津北方移动传媒有限公司	5695	300
云南无线数字电视文化传媒有限公司	5000	300
大连移动数字电视有限公司	3036	200
福州移动传媒有限公司	7900	350
广西广电移动多媒体传播有限责任公司	4000	180
济南广电移动电视有限公司	4080	—
洛阳广播电视台移动电视频道	1000	200
宁波广电华视移动数字电视有限公司	3168	120
上海东方明珠移动电视有限公司	16500	1800
苏州华视数字移动电视有限公司	2247	170
温州数字移动电视有限公司	1835	120
西安风上移动多媒体有限责任公司	1100	150
扬州电广新媒体传播有限公司	2400	50
芜湖广电交通传播投资有限公司	1900	150

从这次调查的数据来看，全国主要城市的公交路线及地铁线路已经完成了移动电视的覆盖，部分运营商已经开始进军户外大屏、楼宇电视、长途客运等领域，这为做大移动电视的受众群和覆盖面奠定了良好的基础。仅从会员单位提供的数据看，绝大部分城市移动电视的覆盖率都超过了95%，平均覆盖率超过91%；会员单位拥有的公交及地铁电视的屏幕数超过35万块，日覆盖人群超过1.3亿人次。

受众是指传播过程中信息的接收者，是读者、听众和观众的统称，移动电视的目标受众是城市公共交通工具内短暂停留的乘客，不管在哪座城市、哪路公交车上，这一目标群体的共同特点是公共交通工具的乘客，具有很大的流动性，是移动电视内容的服务对象、观众和移动电视广告信息的潜在消费者，也是移动电视的实际买单者。从各地移动电视运营商调研的情况来看，其广告经营效果正在遭遇考验，个别地区甚至举步维艰。其中一个重要原因，就是对移动电视平台播出效果缺乏客观的评估，影响到广告主及公众对移动电视的社会价值与商业价值的认识；同时，移动电视的空间一般情况下不属于运营商，租金等也是相当大的一笔支出。

首先，我们来看受众群体。移动电视可以广泛应用于公交车、出租车、商务车、私家车、地铁、轮渡、机场及各种流动人群集中的场所，使得快生活节奏的现代都市人可以随时享受到移动电视带来的新闻资讯和文化娱乐等电视节目服务。对于现代化的城市来说，数量庞大的移动人群使移动电视的受众"变宽"了，但是正是由于受众的这种快速移动性，也使得移动电视的受众评估变得更加困难。对于公交移动电视来说，其运作模式为"电视节目+广告发布"，也就是说，是以广告发布为主要收入来源，因此收视效果（收视率）的评估至关重要。通过融合媒体的发展，将流动的观众转变为用户固然是最有效的办法，但是这无疑对移动电视运营商提出了更高的转型要求；同时，目前客户在评估移动电视的广告效果时更多的是"凭印象"或者参考传统有线电视的模型和数据，难免有失之偏颇之嫌，建立一套科学、可测量的评估体系，更有助于移动电视运营商解决当前的燃眉之急。

接下来研究移动电视的空间费用问题。从各地反馈的信息看，目前各城市公交地铁公司与移动电视运营商的合作方式主要有两种：一种是支付租赁费，获得移动电视的终端安装与节目播出平台，这是最常见的合作模式；另一种是运营商与公交地铁运营公司通过组建合资公司等方式联合运营，共同参与移动电视的盈利分成（见图 1-5）。

图 1-5 移动电视与公交公司的空间合作模式

资料来源：《2017 中国移动电视发展报告》企业调研。

调查显示，目前移动电视运营商与空间渠道资源方的合用以租赁为主，大部分地区都是以租赁的方式，每年支付给空间资源提供商一定的费用，以获得平台播控权。租赁的价格与所在城市的消费水平成正比。少数地区采取合资的形式，运营商与空间资源提供商按比例分成。

第一种合作形式下，移动电视运营商需要自己购买终端或者由广告代理公司合作出资，并支付空间租赁费用。以一个中等城市为例，搭建 1000 辆车的公交数字移动电视网，接收终端的直接投资费用约为 100 万元，再加上每年的制作与播出费用，约占整体支出的一半；另外一个重头是公交播放平台的租赁费，每年也得 100 万元以上（一般每辆车为 1000～2000 元/年，个别地区的租赁费用低于 1000 元/年或者超过 2500 元/年），此举给移动电视运营商带来了不小的经营压力。

第二种合作形式是运营商与空间资源商共同经营，共同承担风险，分享利润，有时候广告代理公司也会参与其中，这种合作形式能有效地减少移动电视运营商的运营成本压力。在这种模式下，移动电视公司不用直接交纳播放平台的租赁费，维护成本及播出内容成本也比较低。而且双方资源共享，有利于运营商规模化发展，也有利于空间资源的不断扩张。

实际的调查数据也在一定程度支持了上述观点。2016 年尽管部分城市的公交公司略调低了空间租赁费用，但仍有超过 25% 的受调移动电视运营商出现了亏损情况，其基本上都是采用租赁空间的方式或者保底模式，而且个别地区甚至存在个别公交司机给移动电视断电的恶劣现象；而采用分成模式的运营商基本上都维持了盈利状态，尽管这种盈利状态也在不断遭遇挑战。

三、移动电视运营商营收规模与盈亏变化

根据中广联合会移动电视分会对会员单位的调研，2008—2016年，可统计的运营商会员单位年营收汇总情况如表1-5和图1-6所示。可以清楚地看到，2015年在由于增加统计口径的情况下尚能保持"名义"上的增长，但是2016年这种"名义"上的增长亦难以维持。

表1-5　2008—2016年全国移动电视运营商营收汇总情况

单位：亿元

年份	2008	2009	2010	2011	2012	2013	2014	2015	2016
收入合计	3.53	3.89	5.50	6.72	6.84	7.15	7.19	7.37	6.00
统计单位	24家	24家	25家	27家	28家	28家	29家	31家	32家

图1-6　2008—2016年全国移动电视运营商营收汇总情况

资料来源：《2017中国移动电视发展报告》企业调研。

如表1-5和图1-6所示，移动电视面对的市场容量早期固然是在不断扩大，但产业整体营收自2011年之后表现出温和增长，不仅没有再现爆发性成长，

近两年甚至出现明显的下滑态势。造成这一情况的主要原因，一方面是宏观经济景气程度下降，尤其是宏观经济 L 形走势的定调，表明这个走势是一个阶段，不是一两年能过去的；另一方面是产业发展初期在资本市场参与下一度造成市场虚高，进入理性发展阶段后，市场必然有一个"去泡沫化"的盘整阶段；还有一个重要的因素就是智能手机的迅速普及和移动互联网资费的大幅降低，观众对于移动电视的需求度在不断降低，而这对于严重依靠广告这一后向收费模式的移动电视来说无疑有点釜底抽薪的意味。

从调研的数据看，宏观经济的 L 形盘整、移动互联网的替代等因素正在对移动电视整体产业的发展提出新的挑战。2014 年和 2016 年可统计运营单位的盈亏比例可以清晰地佐证这一点，如图 1-7 和图 1-8 所示。

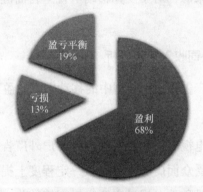

图 1-7　2014 年全国移动电视运营商盈亏比例

资料来源：《2017 中国移动电视发展报告》企业调研。

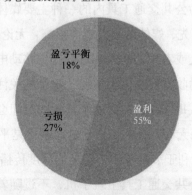

图 1-8　2016 年全国移动电视运营商盈亏比例

资料来源：《2017 中国移动电视发展报告》企业调研。

如图 1-7 与图 1-8 所示，仅仅历经两年，全国移动电视运营商的盈利比例就从 68% 降低到 55%；盈亏平衡比例倒是基本上维持在 18% 左右；亏损比例却从 13% 增长到 27%，增长了 1 倍还要多，呈现出全行业发展形态面临挑战的严峻性。

四、移动电视广告经营与地面活动分析

移动电视广告是指以公交、地铁、出租车等公共交通工具上的移动电视为载体的广告，它是移动电视的主要营收来源；地面活动、增值服务等则是移动电视的辅助收入来源，对于支撑移动电视运营商健康转型将发挥越来越重要的作用。

（一）移动电视公司收入来源分析

与之前单纯依靠广告相比，转型中的移动电视的盈利模式正在多元化。

1. 广告经营收入

众所周知，移动电视不仅具有平面媒体、户外广告的商业价值，而且移动性、收视强制性、受众面广等特点又从一定程度上提升了它的广告价值。目前，广告收益依然是移动电视最主要、最直接的收入来源，也是现阶段较成熟的一种盈利模式。

移动电视媒体作为公共交通工具内的一种主要媒体形式，在广告等方面具有一定的竞争力：首先，媒体的覆盖能力很高，无论是在工作日还是周末，只要乘坐移动电视公交或者地铁的人都可以看到移动电视；而对于很多乘客来说，无论是每次主动收看还是偶尔留意，整个的关注度还是比较高的。其次，平均来说，每个人每天在公共交通工具上的时间会在半小时以上，而北上广深等城市的居民每天花在公共交通上的时间更是平均超过 1 小时，这种较长的"无聊"时间有利于节目及广告信息的深度传播。最后，虽然不少人，尤其是年轻人选择在公共交通工具上玩手机，不过随着舆论对于手机"低头文化"的扬弃及颈椎病等疾病的发病率增加，移动电视的"抬头文化"正在延续着自己的优势。

2. 收视费用

国家新闻出版广电总局对于地面数字电视的政策和定位为：公益的、开源的、不可加密和收费。移动电视作为地面数字电视的一个特殊应用领域，在秉承总局的定位政策之外，除了公共载体上播放的节目属于公益播出之外，对于一些固定接收的用户也在探索采取收费的可能性。调研过程中，我们发现移动电视也可以用来发展固定接收用户，特别是城郊农村用户，移动电视运营商可以从中收取一定的收视费用，如山西等部分地区就有移动电视收取收视费的成功案例，并成功发展了 12 万的家庭用户。这也许是在其他新型增值业务规模化之前，移动电视一个比较稳定、可靠的收入来源，并且拥有一定的发展潜力。另外，随着移动电视的不断发展和影响力的扩大，也可以通过为私家车用户、出租车用户安装移动电视，收取一定的服务费用。在这一领域，深圳、陕西、大连等地的移动电视运营商已经进行了有益的尝试，如深圳市移动视讯有限公司就拥有 1000 个私家车用户，大连、山西、陕西等地的移动电视私家车用户也都有数百户，为其他地区提供了有益的借鉴作用。

3. 增值业务

随着技术的不断完善，移动电视的增值服务一定会得到拓展，如与手机电视的融合、与 IP 技术的对接、双向互动的开发及个人信息服务和互动信息的开发等，未来必将成为移动电视的重要收入来源。目前开展的增值业务包括移动电视电商等已经初现成效，安徽、辽宁、广西、广州、大连、杭州等地的移动电视运营商就通过业务合作、自办商城等方式进行了移动电商的尝试。我们相信如果移动电视能解决好与手机之间的互通对接，增值业务的空间将会打开，势必会重塑移动电视的生态环境与价值链。

4. 活动收入

在互联网蓬勃发展的时代，媒体资源不再稀缺，网络媒体、手机电视等新媒体不断地与电视媒体争夺注意力资源，分流受众的同时也分割广告收入。这种情况下，活动被放在了越来越重要的位置，尤其是面对网络媒体的冲击，过去曾经具有巨大影响力的电视媒体活动也进入一个求变的时代。公交电视的移动性决定了其传播面广，具有与其他媒体形式产生互动的特性，通过加强与有线电视、网络、手机、广播、报纸或杂志等媒体的资源互补，通过不同形式的活动可以达到合力多赢的最佳传播效果。从调查的情况看，接近一半的移动电视运营商都在举办活动方面确实下了一番工夫，并取得了不错的收入。从2017年的统计数据看，活动在开展此项业务的移动电视运营商整体收入中的占比已经超过了13%。

5. 传播费

移动电视的多节目传输能力和它所面对的收视空间的特殊性，必将对传统电视频道产生一定的吸引力。当移动电视发展到一定规模、形成一定影响后，一些看中移动电视商业价值的电视频道、广告公司可能会借助移动电视的传输通道和频道进行媒体宣传，移动数字电视公司可以从中收取一定的传输费用，类似于有线数字电视公司向卫视等收取的落地费。从目前的实际情况看，这块业务虽然看似一块旱涝保收的收入，但是随着OTT、IPTV等渠道的兴起与争夺，移动电视并无真正的竞争优势，尤其是在移动电视运营多为一城一地、条块分割，难以形成规模优势的前提下。

6. 其他业务

除了以移动电视为主业外，移动电视公司也在积极探索和开拓其他业务，例如，户外大屏幕广告、楼宇电视、出租车电视等，且部分运营商已取得了一定的业绩。

（二）收入来源统计

从本次接受调查的移动电视公司来看，广告收入在其整体营收中的平均占比超过75%，亦有部分运营商还是单纯依靠广告收入，占比超过95%（见图1-9）。这也从一定程度上导致移动电视运营商的营收严重受到广告收入的影响，一旦广告主减少在移动电视方面的投入，将会影响整个产业的正常发展。不过与两年前相比，值得欣慰的是，除了依靠广告营收之外，不少移动电视运营商也在积极拓宽营收来源和运营思路，举办各种形式的活动、拓宽增值服务范围及用户收费等模式都在本次调研中得到了体现。在本次调查中，我们发现移动电视运营商在拓宽收入来源方面有了不小的变化，广告收入在其整体收入中的平均占比已经从88%降低到了78%左右，而其他收入的占比却从两年前的16%提升到了27%（见图1-10）。在接受调研的公司中，约有50%的公司积极开展形式各异的线上和线下活动，并初步形成了规模，已开展活动的移动电视运营商在活动方面的收入平均基本上达到了总收入的13%，已经成为重要的收入渠道。

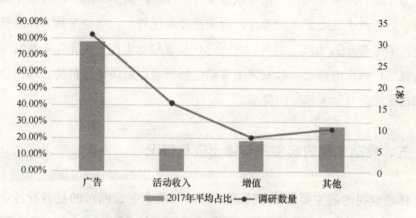

图1-9　受调公司不同营收来源的占比情况

资料来源：《2017中国移动电视发展报告》企业调研。

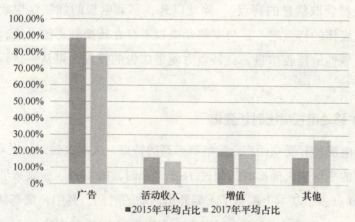

图1-10　受调公司不同营收来源的占比变化情况

资料来源：《2017中国移动电视发展报告》企业调研。

增值业务一直是很多移动电视运营商试图开拓的领域，但是从实际情况看，这一领域的开拓尚需投入更多的资源和努力，与两年前不到10%的运营商在增值业务方面产生了实际收入相比，此次调查中有超过 25%的运营商在增值业务方面有了实际收入。值得一提的是云南无线数字电视文化传媒有限公司，其营收规模与北上广等一线城市移动运营商的规模不相上下，远超很多二线城市的移动电视运营商。其中，广告收入在其 2016 年公司营收中的比例仅为 32%，而依靠用户开拓等增值服务的收入达到了 36%，两者几乎旗鼓相当，另外由于其毗邻东南亚这一得天独厚的优势，在海外工程方面的营收也超过了总营收的 30%。另外，北京北广传媒移动电视、黑龙江龙视数字移动传媒、广西广电移动、西安风上移动、扬州电广新媒体等机构在增值业务方面也比之前有了大幅度的进步。

五、移动电视内容生产与播出变化情况

移动电视的最主要特点在于其"移动"两个字，面对的是各行各业的不同人群，变传统电视的固定接收方式为移动接收方式。"吸引受众闲置的注意力资源，将受众的闲散时间化零为整，及时提供信息与娱乐，弥补了外出人群获取信息的盲点。"除此以外，移动电视的强制性也成为其区别于传统媒体的特点之一。公交移动电视不存在转换频道的可能，于是乘客要被强制性地接收信息，此特点方便了广告的投放，可从一定程度上提高经济效益。

（一）移动电视播出时长变化

移动电视具有受众面广、接触频率高的特点，从本次受调数据看，全国移动电视的平均全天播出时长超过 16.5 个小时，播出时间一般从早上 5 点到晚上 10 点多，基本上覆盖了人们外出活动的时间。其中，最高播出时长为 24 个小时，大多在 16 个小时以上，占比超过 80%（见图 1-11）；当然也有最低播出时长不足 10 个小时的。由于移动电视面对的是流动人群，每台移动电视终端在一天的播出时间段内都是不间断循环播出节目（机房检修时间除外），因此其收视周期长，收视率高，在传播效果与广告效果上具有很大的发展潜力。

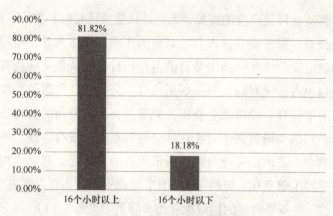

图 1-11 移动电视日播时长分布

资料来源:《2017 中国移动电视发展报告》企业调研。

从 2015 年受调单位移动电视播出时长与 2017 年播出时长的变化来看,受调单位的移动电视平均播出时长增长了近 0.5 个小时,其中平均非广告时长增长了 1 个多小时,而平均广告时长却减少了 0.5 个多小时(见图 1-12)。这一数据在某种程度上反映了各地移动电视运营商的实际经营状况,广告主越来越挑剔,而用户对于内容的选择也越来越多元化,如何在既吸引用户的同时,又满足广告主的期望,值得每位运营者深思。

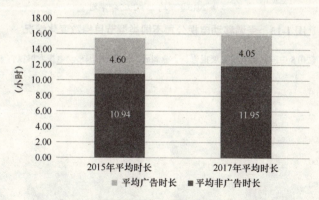

图 1-12 2017 年与 2015 年受调移动电视日均播出节目与广告时长对比

资料来源:《2015 中国移动电视发展报告》企业调研,《2017 中国移动电视发展报告》企业调研。

(二)移动电视节目时长变化

从本次调研情况看,各主要移动电视公司在节目内容编排和播出方面充分考虑到了移动电视受众群的需要，无论是从数量还是时长方面，新闻资讯、娱乐内容及公益、服务类节目占有相对高的比例。具体来看，新闻资讯几乎仍然是各移动电视公司实际播出节目的主打栏目，而从最受观众喜爱的栏目看，新闻栏目也占据绝对的优势；娱乐内容、公益和各种服务类节目基本上平分秋色。对于体育、动画及企业服务类节目，不同公司的处理方式略有不同，有部分公司的调研数据中对于这部分内容基本上没有体现。不过，从整体上看，随着观众需求的变化及获取资讯途径的多元化，移动电视的主打内容依然在悄然发生着变化。与两年前相比，新闻资讯的占比其实在逐步降低，而娱乐、公益、服务等内容的档数也在逐步降低（见图 1-13）。部分移动电视公司不同来源节目的档数情况如图 1-14 所示。

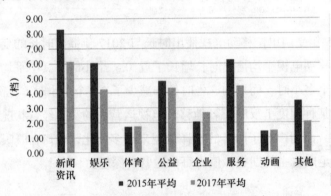

图 1-13　受调移动电视公司不同类型节目档数变化情况

资料来源：《2015 中国移动电视发展报告》企业调研，《2017 中国移动电视发展报告》企业调研。

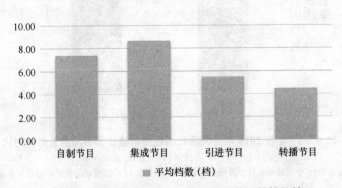

图 1-14　部分移动电视公司不同来源节目的档数情况

资料来源：《2017 中国移动电视发展报告》企业调研。

考虑到移动电视节目内容不断增加的实际情况，各类节目数量也在不断增加。从这些节目的来源看，自制节目无论是数量和时长的比例都超过 25%，而集成节目的数量和时长的比例基本上在 33% 左右；转播节目的占比相对固定一些，约在 15%，主要集中在新闻联播及各省市新闻方面，偶尔也有一些体育赛事的转播。随着自制及集成内容的增加，引进内容的数量略有下降（见图 1-15 和图 1-16 ）。

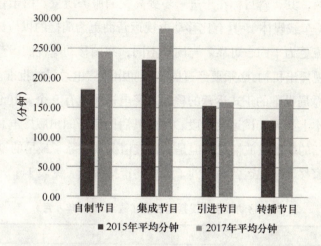

图 1-15　受调移动电视公司不同来源节目的时长变化情况对比

资料来源：《2015 中国移动电视发展报告》企业调研，《2017 中国移动电视发展报告》企业调研。

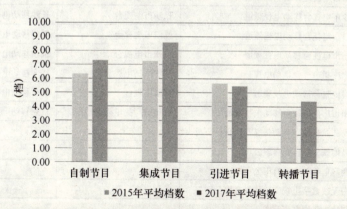

图 1-16　受调移动电视公司不同来源节目的档数变化情况对比

资料来源：《2015 中国移动电视发展报告》企业调研，《2017 中国移动电视发展报告》企业调研。

六、移动电视传统产业链结构分析

（一）中国移动电视运营现状

中国移动电视的运营模式最早借鉴了新加坡的新巴士（SBS）和伦敦地铁。综观伦敦地铁、新巴士等国外移动电视业务经营模式，运营主体均是公共交通服务商，其运营目标在于进一步提高交通服务质量。由于它们本身就是广告载体（车载媒体），具有比移动电视运营商更为简捷的供应链，使业务内容与现金流更为牢固、可靠。与国外不同，我国移动电视的运营主体为各地的移动电视播出机构，必须要经过国家新闻出版广电总局的批准。截至2015年4月，经总局批准的正式运营的移动数字电视频道有9个，其他移动数字电视频道基本上都属于试运营阶段。虽然其后国家新闻出版广电总局没有正式对外公布新的牌照发放情况，但是从调查情况看，除了最早的9家外，这两年又有8家移动电视运营商拿到了总局的审批牌照（见表1-6）。

表1-6　移动数字电视频道名录（截至2017年4月）

序号	频道名称	开办单位	频道呼号
1	重庆电视台移动电视频道	重庆电视台	重庆移动电视
2	江西广播电视台移动电视频道	江西广播电视台	江西移动电视
3	青岛市电视台移动电视频道	青岛市电视台	青岛移动电视
4	长沙市电视台移动电视频道	长沙市电视台	长沙移动电视
5	厦门市电视台移动电视频道	厦门市电视台	厦门移动电视
6	福州市电视台移动电视频道	福州市电视台	福州移动电视
7	辽宁广播电视台移动电视频道	辽宁广播电视台	辽宁移动电视
8	甘肃电视台移动电视频道	甘肃电视台	甘肃移动电视
9	杭州市广播电视台移动电视频道	杭州市广播电视台	杭州移动电视
10	黑龙江龙视数字移动传媒有限责任公司		
11	青岛地铁文化传媒有限公司		
12	陕西广电移动电视有限公司		
13	云南无线数字电视文化传媒有限公司		
14	福州移动传媒有限公司		
15	济南广电移动电视有限公司		
16	上海东方明珠移动电视有限公司		
17	西安风上移动多媒体有限责任公司		

目前，从国内的管理归属及运营模式上看，移动电视仍然属于电视媒体范畴，也因此继承了电视媒体以广告收入为主的创收模式，虽然在北京、上海、广州等一些大城市及大多数中大型城市，相应的移动电视运营商及各相关企业从中实现了盈利，但对于部分中小城市及个别大城市，由于前期投入大、近两年的经营环境恶化、移动互联网等新媒体冲击等因素，尚处于亏损状态。这种贫富不均的状态一方面取决于当地的公共交通基础建设和城市的经济水平和城市规模等客观条件；另一方面更取决于移动电视相对单一的创收模式，广告收入独挑大梁的局面也迫使各地区的移动电视公司必须寻求更好的发展模式，进一步扩大传播范围，提高有效收视率，以更好地吸引广告商的注意力。尤其是随着移动电视营收规模的缩减，转型之战迫在眉睫。

从调查数据看，现阶段各重点城市的移动电视的终端数量增长趋势明显放缓，主要原因是主流城市终端布局基本饱和，未开发空间很小，即使存在新能源公交的迭代，但是实际安装终端数量并未有效增加；当然，来自三四线城市的公交移动电视系统和一二线城市的地铁移动电视系统建设尚有较大的增长空间，这无疑给转型中的移动电视运营商提供了喘息之机。从近两年的调查数据看，移动电视市场目前整体上处于平稳增长期，这就意味着移动电视产业链面临着产业升级与商业模式的转型，能否转型成功无疑是对每个运营商的考验。

（二）移动电视产业链简析

作为户外媒体的重要组成部分，移动电视的产业链与户外媒体有着高度的相似性，大致可分为设备供应商、内容运营商、网络运营商、内容提供商、空间提供商、移动电视广告运营商、用户等环节。

1. 设备供应商

设备供应商为移动电视业务提供实现的设备，主要分为提供通用设备的设备商以及系统和终端设备提供商两大类。通用设备提供商主要包括非线性编辑系统、演播室系统等设备提供商。其中，非线性编辑系统已经基本国产化，以中科大洋、上海索贝、新奥特、SDI 等高清非线性编辑系统为代表的国内厂家占据了国内 90% 以上的市场份额。从接受调查的运营商来看，中科大洋、上海索贝、新奥特等品牌的非线性编辑系统在移动电视运营商中占有率较高（见图 1-17）。

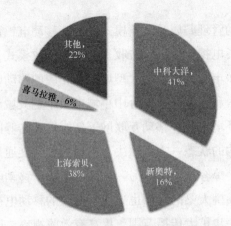

图 1-17　不同品牌非线性编辑系统的使用情况

资料来源：《2017 中国移动电视发展报告》企业调研。

注：有的运营商使用不止一套系统，因此本图数据总和不是 100%。

　　系统设备商不仅提供移动电视的系统设备，还向运营商提供实现移动电视业务的整体解决方案。系统中传输网络上接单频网适配器，下连单频网同步系统，其主要由发送网络适配、网络分配、接收网络适配等部分组成。发射系统主要设备和软件包括单频网规划和设计、单频网调试、城市覆盖测量、数字发射机、调制器、单频网适配器、数字邻频双工器、GPS 同步钟源、隙缝发射天线等。相应地，接收系统主要设备和软件包括移动接收天线、移动接收机、移动接收控制软件、移动存储软件、显示屏等。不同品牌发射机的使用情况如图 1-18 所示。

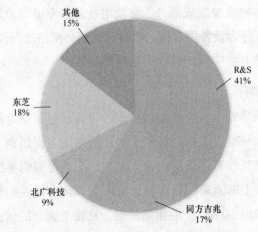

图 1-18　不同品牌发射机的使用情况

资料来源：《2017 中国移动电视发展报告》企业调研。

终端设备供应商主要提供移动电视机顶盒、终端显示屏等终端设备。

2. 内容运营商

内容运营商负责移动电视平台中所有节目源的组织、播出、监看及统一对外内容合作签约，并通过内容集成运营平台直接向移动电视终端提供节目导视 EPG 和收视内容，并对所有视听节目内容的安全负责。需要注意的是，由于目前不少移动电视频道只是试验运行，只有一个频道进行传输内容，因此只有少数移动电视具有 EPG 功能。其实，内容运营商主要针对市场需要，将不同来源的内容根据用户观看需求进行集成，并对集成内容负责，最重要的是必须满足政府监管的相关要求，如集成内容的合法性、健康性，并随时接受政府的监控和管制。内容运营商的内容来源可以是向其他内容提供商购买的内容，也可以是自己制作的内容。

从目前各移动电视运营商的内容来源来看，集成节目、自制占有一定的优势；同时，大部分移动电视运营商脱胎于当地的广播电视台，再加上移动电视的公益性要求，因此在转播节目方面具有相当的基础。需要注意的是，随着市场的变化，移动电视内容运营商也在自制内容方面投入了更多的精力，与两年前相比节目数量和时长都有所增加，但是这种自制内容方面的努力与视频网站等发力自制内容的力度根本无法相提并论，最多只能算是小打小闹（见图 1-19）。

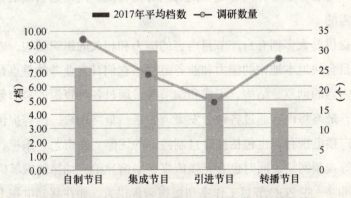

图 1-19　受调移动电视运营商不同来源节目的档数情况

资料来源：《2017 中国移动电视发展报告》企业调研。

3. 网络运营商

网络运营商提供承载网络、接入网络、业务平台、用户和网络的管理等资源。因此，移动电视产业链与有线电视基本雷同，内容运营商与网络运营商基本上重合，即运营商既负责内容的集成运营，同时又是各城市移动电视网络的实际运营者，因此可以把移动电视内容运营商和网络运营商统一称为移动电视运营商。

由于移动电视传播特性和网络建设的局限，目前国内的移动电视运营商多局限在单一城市内，而且即使在同一城市内还经常由于公共交通工具的属性不同划分为公交电视运营商和地铁电视运营商等，与城市电视台的性质有些许相似之处。这种条块分割的割据局面，在很大程度上限制了移动电视运营商的做大做强，使得移动电视运营商在与大型广告主博弈时处于不利位置，也催生了分众传媒、华视传媒、巴士在线、世通华纳等跨区域、跨平台的移动电视广告运营商。这几家广告代理巨头的兴衰荣辱可以说在一定程度上代表了移动电视市场的走向。

4. 内容提供商

内容提供商就是具有独立的内容制作能力、拥有内容版权或者特定区域发行权的组织或个体，它提供丰富的视听的和非视听的节目内容资源在移动电视平台上播放，并希望在版权得到保护的情况下获得收益。发展移动电视这类新型户外媒体业务，内容提供商与内容运营商、网络运营商的合作是必然也是必需的。

内容提供商大多拥有自产节目内容的能力和相关的组织结构，或者拥有将境外节目合法地本地化的能力和业务范围。它们日常业务的重点是如何规划新节目内容的创意、结构、组成和细节等，通过各种资源的努力创造新的节目内容，最终将内容通过各种分发渠道发送给最终用户。内容提供商既包括各地的广播电视台，也包括拥有自制内容的优酷、爱奇艺、乐视、腾讯、搜狐视频等视频网站，同时也有光线传媒、华谊兄弟、灿星传媒等影视节目提供商，同时一些 PGC 节目工作室和短视频提供方，如在移动电视上收视率颇高的《绿豆蛙》的出品方上海蓝色天空数码科技有限公司、二更视频、秒拍等。

内容提供商的收入主要依靠广告、节目交易来实现。前者受该节目内容的覆盖范围、质量程度和收视率高低所影响；后者则要取决于内容提供商与内容运营商关于内容买卖的商务谈判价格。

5. 空间提供商

空间提供商就是为移动电视终端提供安装和展示空间的公共交通工具所有者，主要是指公共汽车、地铁、出租车等公共交通工具的运营者。

目前各城市公交地铁公司与移动电视运营商的合作方式主要有两种：一种是支付租赁费，获得移动电视的终端安装与节目播出平台，这是最常见的合作模式，调查数据显示，75%以上的移动电视均采用合作模式；另一种是运营商与公交、地铁运营公司通过组建合资公司等方式联合运营，共同参与移动电视的盈利分成，采用这种方式的有北京、杭州、温州、芜湖等城市。除此之外，还有一种是移动电视运营商与空间提供商之间存在一定的隶属关系，如青岛地铁文化传媒有限公司即是青岛地铁公司的子公司。

6. 移动电视广告运营商

如前所述，由于移动电视运营商的地域性所限，催生了依托各地移动电视联播网平台的移动电视广告运营商，也有人将其称为移动电视媒体运营商。目前，国内比较著名的移动电视媒体运营商有华视传媒、分众传媒、巴士在线、世通华纳、东方明珠等。值得关注的是，这些实力雄厚的运营商除了立足移动电视媒体资源的运营外，也开始涉足内容的生产和相关的增值服务。

7. 用户

从互联网的角度上讲，移动电视之前并没有真正的用户，更没有统一的用户账户管理体系，有的只是观众。幸运的是，随着官方微博、微信公众号及公交 WiFi 等社交媒体平台的流行，移动电视运营商在用户运营方面开始发力。

2009 年，新浪微博的上线，被视为中国互联网与传媒行业进入社交网络时代的开始；2012 年，微信公众平台（最早曾命名为"官号平台"和"媒体平台"）功能正式推出，标志着社交网络自媒体开启了新纪元。

　　根据中广联合会移动电视分会对会员单位的调研，多家运营单位已开通官方微博和官方微信公众号，通过移动互联网与智能手机的广泛覆盖，为移动电视受众提供全方位的信息交互服务，并凝聚了一批忠诚粉丝。

　　调研数据显示，截至 2017 年 3 月，全国移动电视运营商共开通官方微博和官方网站的比例基本上超过 50%，而官方微信公众号开通比例为 85%，即绝大部分接受调查的移动电视运营商均开通了微信公众号（见图 1-20）。不过，各运营商在运用新媒体传播方面存在明显的不均状态，如广州珠江移动城市电视有限公司、厦门广播电视数字传媒公司、甘肃广电数字移动电视传媒有限责任公司、黑龙江龙视数字移动传媒有限责任公司、山西大众移动电视有限公司、青岛地铁文化传媒有限公司等，目前除了利用官网、微信公众号进行宣传推广外，还开发了 APP。同时，尚有一些运营单位，并未利用微信公众号平台提供用户交互服务。在已有内容的碎片化传播方面，囿于引进内容的版权保护及自制内容的水平限制等因素，运营商在官网、微信公众号、视频网站分发方面有了一定范围的尝试，但是在视频网站分发乃至版权输出方面还有很长的路要走（见图 1-21）。如何结合二维码、微博、微信、网站等多种互联网、移动互联网终端进行传播，从出行人群，到互联网网民，再到移动互联端的个体用户，节目的传播和活动的互动实现全方位、无障碍结合，围绕节目及活动进行全媒体营销，这是目前所有移动电视运营商转型时需要思考的课题。

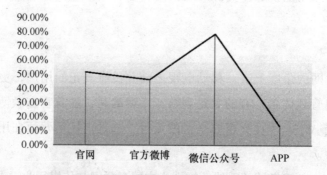

图 1-20　受调移动电视运营商各类社交媒体开展情况

资料来源：《2017 中国移动电视发展报告》企业调研。

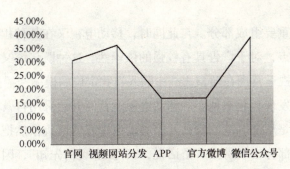

图 1-21 受调移动电视运营商内容碎片化分发情况

资料来源：《2017 中国移动电视发展报告》企业调研。

七、移动电视媒体公司营收规模与市场变化

我们判断一个行业的发展态势，与国民生产总值的增长速度（见图 1-22）相比应该算是一个相对合理的参照物。按照官方定义，网络视听服务是指制作、编辑、集成并通过互联网、通信网、广电双向网络等向公众提供视音频节目，以及为他人提供上传传播视听节目服务的活动。因此，我们可以将包括移动电视在内的网络视听服务作为现代服务产业的一个特殊分支，是构成

图 1-22 2010—2016 年中国国民生产总值变化情况

资料来源：国家统计局。

信息服务业的重要组成部分。与此同时，移动电视又在某种程度上具有传统电视传播的特点，对于广告具有较强的依赖性。这种既传统又现代的矛盾往往会让移动电视运营商在转型之战中陷入自我定位的模糊和摇摆困境。

从调查中发现，越来越多的移动电视运营商开始采用自营广告、互动传播等举措，但是从全国范围看，几家移动电视媒体巨头依然把持着移动电视广告市场的大部分市场份额。俗话说，"春江水暖鸭先知"，因此研究和分析移动电视媒体公司的发展轨迹，也能在一定程度上摸清移动电视广告市场的发展脉络。

（一）营收变化与资源情况

据媒体报道，2016 年中国户外广告投放总额达到 1174 亿元，同比增长 9%，实际增长 7%，户外广告净值同比下降 2%。其中，地铁、候车亭和火车站媒体户外广告投放花费净值呈正增长态势；而视频媒体、单一媒体、公交车身和网络媒体户外广告投放花费净值均呈负增长态势；机场媒体发展平稳。从区域市场来看，一级市场户外广告 2016 年投放比例缩减 1%，二级市场比例扩大，三级市场基本保持不变。如果仔细分析一些典型企业近年来的发展轨迹，我们可以看出包括移动电视媒体在内的中国户外广告市场的变化路径。例如，华视传媒在经历了 2008—2011 年的快速增长后，从 2012 年开始出现负增长，除了资本市场等方面的因素外，来自智能手机等移动终端市场的冲击不容忽视；而主攻机场、飞机及加油站等媒体的航美传媒从 2013 年开始也遭遇负增长（见表 1-7）。部分企业资源状况如表 1-8 所示。

表 1-7   2008—2016 年部分企业营业总收入及增长率

企业	营收及增长率	2010 年	2011 年	2012 年	2013 年	2014 年	2015 年	2016 年
航美传媒	总营收（亿美元）	2.37	2.78	2.93	2.77	2.56	1.67	1.44
	营收增长率（%）	54.90	17.30	5.40	−5.63	−7.45	−35	−14
巴士在线	总营收（亿元）	—	—	—	2.01	2.32	1.83	6.58
	增长率（%）	—	—	—	—	15.4	−21	259
分众传媒	总营收	5.16 亿美元	7.926 亿美元	9.275 亿美元	66.75 亿元	67.23 亿元	86.27 亿元	102 亿元
	增长率（%）	48.3	53.6	18	8.2	12.3	28.3	18.4

资料来源：根据公司年度财报发布数据整理。

表 1-8 部分企业资源状况

企业类别	企业名称	资源状况
室内固定场所类	分众传媒	电梯电视，120 个城市，总数量为 18 万块
		电梯海报，46 个城市，110 万块
		晶视影院，300 个城市，2000 家影院，银幕 12000 块
		卖场终端，150 个城市，1800 家卖场，电视屏 60000 块
公共交通类	巴士在线	全国 124 个城市，20 万辆公交车；19 个城市，1949 辆地铁列车；32 万块屏幕
	航美传媒	机场电视，全国 21 家机场，约 104 块台 LED 巨幕
		数码刷屏，24 个城市，25 家机场，1400 多台
	触动传媒	全国 5 万块屏幕，7 个城市，月覆盖 7000 万人
户外大屏幕类	郁金香传媒	户外大屏幕，近 90 个城市，200 多块屏幕

资料来源：根据相关公司官网以及财报等数据整理。

从调研的样本企业提供的数据来看，移动电视市场虽然从 2003 年就开始起步，但是真正获得突破性发展还是在 2008 年之后，尤其是 2009—2011 年几乎是中国移动电视市场的黄金时期，每年营收增幅都在 20%以上；而自从 2012 年开始随着智能手机等移动终端市场的繁荣，主要依靠广告营收的移动电视市场开始遭遇发展瓶颈，市场规模停滞不前，以公交、地铁移动电视广告为主要业务的华视传媒的营收变化基本反映了移动电视市场的变迁；而广告代理业务的变化最终会传导到移动电视运营商的身上，从调研数据看就是近两年样本企业的营收规模增速明显放缓，不少运营商呈现出总收入的负增长，并导致超过 20%的运营单位出现了亏损。

（二）移动互联网的冲击与机遇

由于移动电视运营商具有明显的地域局限，因此我们在研究移动电视生态时，选取覆盖面更广的移动电视媒体运营商作为参考样本。如果我们仔细研究样本企业营收规模的变化与中国智能手机出货量之间的变化趋势，就可以发现一个很有意思的现象——以智能手机为代表的移动互联网正在对移动电视的运营模式和生态系统形成冲击，这股移动新媒体大潮的涌动，正在日益侵蚀着移动电视的发展空间（见图 1-23）。

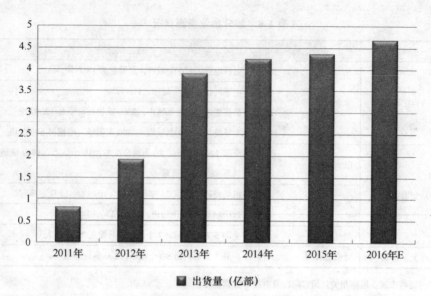

图 1-23　中国智能手机出货量情况

资料来源：工信部、IDC。

随着 4G、4K 和大屏智能手机的发展，视频正在成为人们获取信息和分享信息的主流方式。预计未来的 3~5 年里，基于视频的各种应用将全面爆发，到 2020 年，视频业务的流量占比将达到 90%。这一切表明，视频将成为基础通信业务，视频消费时代已经到来。思科 2014 年发布的年度互联网流量预测报告显示，5 年之后，人们使用互联网所产生的流量，将会是当今流量的 2 倍，而且其中绝大多数都将来自观看在线视频。思科表示，到 2018 年，美国互联网总流量中，将有 84% 来自在线视频，相比于现在的 78% 将上涨 6 个百分点；75% 的互联网流量将来自无线网络，其中 64% 为 WiFi 网络；18% 的互联网流量将来自平板电脑设备，2013 年这一数字仅为 4%。

在这股视频消费的浪潮中，手机视频用户的飞跃式发展无疑更值得关注。据中国互联网信息中心（CNNIC）的数据，截至 2016 年 12 月，我国手机视频用户规模接近 5 亿，与 2015 年年底相比增长了接近 1 亿人，增长率超过 20%，在网络视频用户中的占比为 91.7%，相比 2015 年年底增长了 11.4 个百分点（见图 1-24）。随着 4G 网络的进一步完善及通信资费的下调，网民在微信、微博等主流 APP 上观看短视频的行为将变得更为普遍。手机视频用户的增长，一部分来自新用户的加入，另一部分则来自 PC 端用户的转移。首先，随着移动互联网用户的快速增长，无线网络环境不断升级，4G 网络日趋普及，家用 WiFi 环境日益完善和普及，再加上智能手机厂商的强力营销和不断降价，为手机视频的发展创造了基础条件。据统计，2016 年，4G 用户数呈爆发式增长，全年新增 3.4 亿户，总数达到 7.7 亿户，在移动电话用户中的渗透率达到 58.2%。

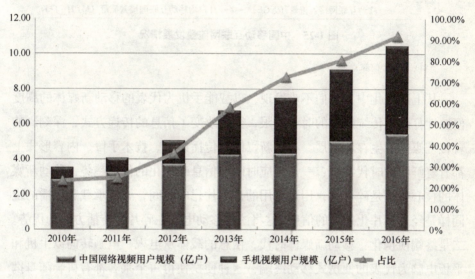

图 1-24　中国网络视频与手机视频用户变化情况

资料来源：CNNIC。

另据工信部数据显示，2009 年中国移动互联网流量仅为 1.2 亿 GB，到 2016 年年底此数据已增长到 93.6 亿 GB，中国移动互联网接入流量已连续 3 年以超过 50% 的增长率持续飞速发展。2016 年，在 4G 移动电话用户大幅增长、移动互联网应用加快普及的带动下，移动互联网接入流量消费达 93.6 亿 GB，同比增长更是达到 123.7%，比 2015 年提高 20.7 个百分点。2016 年月户均移动互联网接入流量达到 772MB，同比增长 98.3%（见图 1-25）。其中，通过手机上网的流量达到 84.2 亿 GB，同比增长 124.1%，在总流量中的比重达到 90.0%。

图 1-25　中国移动互联网流量发展情况

资料来源：工信部。

从上述变化中，我们不难发现，以智能手机为代表的移动新媒体的高度便捷性打破了传统媒体的时空局限，彻底改变了信息的传递方式，深刻影响着传统媒体的生存和发展。移动新媒体在传播渠道、技术手段、内容形式上都有着鲜明的时代特征：一是顺应时间与信息碎片化的传播趋势：移动新媒体的核心特征是碎片化，用户利用的是碎片化的时间，媒体承载和传播的也同样是经过碎片化处理的信息，这将淡化移动电视在碎片化传播方面的优势。二是终端便携化：移动新媒体时代，信息的载体从电视、电脑转向以手机和平板电脑为代表的便携式移动终端，这种便携使得每个乘客都有机会随身携带着自己的多媒体系统——智能手机，此举将在每个公共交通工具内形成"1+N"个屏幕共存的态势，使得移动电视屏幕的影响力和传播效果大打折扣。三是信息内容社会化：移动新媒体时代，信息内容的主宰者由传统媒体逐渐向个人偏移，社会化媒体生成了大量的 UGC 内容，自媒体呈爆炸式增长，微博和微信公众号已经成为很多用户获取信息的来源。四是技术全面创新：云计算、大数据、VR/AR、4G 乃至 5G、LBS、车联网等技术的推广，使移动新媒体的技术全面发展，各种创新应用应运而生，谁抓住技术创新的机会谁就可以在新一轮的市场竞争中获得先发优势，由这些技术创新带来的永远在线、立体互动和个性化内容供给将是未来媒体竞争的核心所在。五是用户参与主动化：移动新媒体平台为用户提供了随时、随地、开放、互动的全新体验，使用户从电视广播的被动接受走向新媒体时代的主动参与，得用户者得天下，在这一方面移动电视运营商在微信公众号、微博、内容的新媒体分发等领域虽然在尝试，但是还不够。六是移动社交商业化：移动社交迅速崛起，随时调用移动终端的 LBS、重力感应、摄像头、话筒等功能，伴随产生了大量基于社交的商业应用，不仅可以产生各种 UGC 的内容，更可以激发各种基于车联网、O2O 等方面的创新应用。七是消费行为随时化：移动新媒体不仅重新定义用户获得信息的方式，更改变用户的消费行为，尤其是冲动消费变得更容易，从获取信息到产生实际购买之间的阻碍基本不在，随时在线的状态、O2O 的便捷、NFC 及手机支付等让随时消费成为可能，而如何抓住其中的商机迫在眉睫。

面对移动互联网的强力冲击，视而不见、埋头蛮干都不是最佳选择。事实上，通过主动拥抱新媒体，用互联网思维对移动电视内容和产业机制进行更符合时代潮流的改造，走"融媒体"发展之道，移动电视产业仍有广阔天地。因此，要在战略上把握政策动态、在内容上融合创新、在合作上开放共赢、在运营上学习互联网思维、在心态上摆正位置，对移动电视的内容生产、传播方式及内容运营模式进行升级改造，以此寻求生存发展的新路径。

第二章　移动电视政策解析

2015 年是中国"互联网+"元年，也是中国"智慧广电"元年。

2016 年，国家提出"信息化驱动现代化"的新方针，信息化与工业化成为经济发展的"双引擎"。

在接踵而至的两个里程碑式的年份，将移动电视放在视听行业乃至整个文化传媒产业的高度，考察政策层面与政策环境方面的变化，来自中央政府最高决策层的互联网顶层设计，无疑是核心之"纲"——纲举目张之下，包括视听在内的所有互联网垂直行业，都迎来了全新的发展契机。这对视听业与泛广电行业的影响巨大，改革与创新红利意义深远。

2016 年互联网发生的大事中，超越互联网量级而达到中国经济量级乃至中国量级的大事，当属自 1949 年中华人民共和国成立以来中国经济第一次更换发动机，信息化成为中国现代化的新发动机，新经济成为中国经济新的发动机。

2016 年 7 月 28 日，中共中央办公厅、国务院办公厅印发的《国家信息化发展战略纲要》提出"信息化驱动现代化"的新方针。自 1949 年以来，中国现代化一直以工业化为发动机。更替发动机的决策源于十八大关于到 2020 年，工业化基本实现这一重要判断。按照"没有信息化就没有现代化"的认识，以信息化为新发动机，同工业化一起，将构成驱动中国经济发展的双发动机动力机制。

"驱动""引擎"都是指发动机，比喻动力机制。关于双发动机的正式表述，见于 2016 年 3 月 5 日，第十二届全国人大第四次会议上，李克强总理关于"双引擎"的如下论述：经济发展必然会有新旧动能迭代更替的过程，当传统动能由强变弱时，需要新动能异军突起和传统动能转型，形成新的"双引擎"，才能推动经济持续增长、跃上新台阶。

当前我国发展正处于这样一个关键时期，必须培育壮大新动能，加快发展新经济。要推动新技术、新产业、新业态加快成长，以体制机制创新促进分享经济发展，建设共享平台，做大高技术产业、现代服务业等新兴产业集群，打造动力强劲的新引擎。运用信息网络等现代技术，推动生产、管理和营销模式变革，重塑产业链、供应链、价值链，改造提升传统动能，使之焕发新的生机与活力。

自毛泽东确立"工业为主导"，以工业化为核心的现代化方针取得成功以来，中国在更高起点上将开始跃上习近平确立的"信息化驱动现代化"，由工业化与信息化"双引擎"推动经济发展的现代化新台阶。

为此，十八届三中全会在关于国民经济和社会发展第十三个五年规划纲要中，确立了网络强国的战略格局，并提出构建网络空间命运共同体的目标。以宽带中国、物联网应用推广、云计算创新发展、"互联网+"行动、大数据应用、国家政务信息化、电子商务和网络安全八项信息化重大工程，推进网络强国战略。同时，《网络安全法》获通过，标志着中国正在形成发展与安全并重的网信事业、网信经济新格局。对广电行业及移动电视产业来说，政策趋势影响巨大，改革与创新红利意义深远。

第一节 国家政策：《国家信息化发展战略纲要》 与网信安全新架构

一、顶层设计线

- 2015年3月，《政府工作报告》明确提出"互联网+"战略；李克强总理积极推动"互联网+"行动计划；7月4日，国务院正式发布《积极推进"互联网+"行动的指导意见》。

> ● 2016 年 7 月，中共中央办公厅、国务院办公厅印发的《国家信息化发展战略纲要》提出"信息化驱动现代化"的新方针。

（1）2015 年 3 月 5 日，李克强总理在第十二届全国人大第二次会议上作《政府工作报告》，明确提出"互联网+"战略；7 月 4 日，国务院正式发布《积极推进"互联网＋"行动的指导意见》——这是国民经济向互联网时代的融合经济转型的正式开始，亦为中国网络视听行业打开了广阔的经济与民生对接空间。

根据《政府工作报告》的表述，"制定'互联网+'行动计划，推动移动互联网、云计算、大数据、物联网等与现代制造业结合，促进电子商务、工业互联网和互联网金融健康发展，引导互联网企业拓展国际市场。"同时，明确提出推动制定互联网+行动指导意见。

纲举目张，在 2015 年中出台的"意见"中，就"互联网+"的总体思路、基本原则、发展目标均予以规范，并在十一大领域提出了具体的行动计划（见表 2-1）。

表 2-1　"互联网+"相关领域行动重点

重点领域	行动重点	负责部门
"互联网+"创业创新	● 强化创业创新支撑：大型互联网企业与基础电信运营商通过开放平台向小微企业提供大数据与云计算能力 ● 积极发展众创空间：包括创新工场、创客空间、社会实验室、智慧小企业创业基地 ● 发展开放式创新：为创业团队和个人开发者提供绿色通道服务，加快发展创业服务业，积极推广众包、用户参与设计、云设计等新型研发组织模式	发改委、科技部、工信部、社保部、商务部
"互联网+"协同制造	● 智能制造：云计算、物联网、智能工业机器人、增材制造（3D 打印） ● 大规模个性化定制：网络化采集用户个性化需求，推进各环节柔性化改造 ● 网络化协同制造水平：生产、质量控制和运营管理系统全面互联，众包设计研发和网络化制造 ● 制造业服务化转型：整合产品全生命周期数据，从制造走向"制造+服务"	工信部、发改委、科技部

续表

重点领域	行动重点	负责部门
"互联网+"现代农业	<ul><li>新型农业生产经营体系：网络农业服务平台，从生产导向走向消费导向</li><li>精准化生产方式：天地一体农业物联网实现精准化作业</li><li>提升网络化服务水平：通过移动互联网实现信息进村入户，基于大数据的农业信息监测体系</li><li>农副产品质量安全追溯体系：物联网信息识别技术的全环节覆盖，保障舌尖上的安全</li></ul>	农业部、发改委、科技部、商务部、质检总局、食品药品监管总局、林业局
"互联网+"智慧能源	<ul><li>能源生产智能化：大数据促进协同发电</li><li>建设分布式能源网络：分布式发电、储能、智能微网、主动配电网</li><li>能源消费新模式：智能电网+电商交易+分布式共享能源网络</li></ul>	能源局、发改委、工信部
"互联网+"普惠金融	<ul><li>互联网金融云服务平台：通过金融服务云提供多样化、个性化、精准化的金融产品，支持银证保实施系统架构转型，信用、认证、接口等公共服务</li><li>鼓励金融机构利用互联网拓宽服务覆盖面：便利的存贷款、支付结算、信用中介平台等金融服务，网络借贷、网络证券、网络保险、互联网基金销售，扩大专业互联网保险公司试点，推动金融集成电路卡（IC卡）全面应用，移动金融创新应用与规模化应用</li><li>积极拓展互联网金融服务创新的深度和广度</li></ul>	人民银行、银监会、证监会、保监会、发改委、工信部、网信办
"互联网+"益民服务	<ul><li>公共数据资源开放：公众一体化在线公共服务体系</li><li>便民服务新业态：体验经济，社区经济，共享经济，移动互联网的城市服务入口</li><li>在线医疗卫生：医疗信息共享服务平台、跨医院共享数据标准，网络远程医疗，利用大数据提高重大疾病和突发公共卫生事件防控能力</li></ul>	发改委、教育部、工信部、民政部、社保部、商务部、卫生计生委、质检总局、食品药品监管总局、林业局、旅游局、网信办、信访局

续表

重点领域	行动重点	负责部门
"互联网+"益民服务	• 智慧健康养老产业：社区养老信息服务网络平台，大数据平台与长期跟踪、预测预警的个性化健康管理服务 • 新型教育服务供给：网络化教育服务，基础教育/职业教育网络化，学历教育在线课程资源共享，网络公开课学习模式	发改委、教育部、工信部、民政部、社保部、商务部、卫生计生委、质检总局、食品药品监管总局、林业局、旅游局、网信办、信访局
"互联网+"高效物流	• 物流信息共享互通体系：构建互通省际、下达市县、兼顾乡村 • 深度感知智能仓储系统：仓储设施与货物的实时跟踪、网络化管理及库存信息高度共享 • 智能物流配送调配体系：车联网与物流园区、仓储设施、配送网点等信息互联	发改委、商务部、交通运输部、网信办
"互联网+"电子商务	• 农村电子商务：农副产品、物流标准化、冷链仓库建设，农产品个性化定制服务，生鲜农产品和农业生产资料电商试点，农产品大宗商品电商 • 行业电子商务：能源、化工、钢铁、电子、轻纺、医药等 • 电子商务应用创新：大数据、云平台、社交电商/粉丝经济	发改委、商务部、工信部、交通运输部、农业部、海关总署、税务总局、质检总局、网信办
"互联网+"便捷交通	• 提升交通运输服务品质 • 推进交通运输资源在线集成 • 增强交通运输科学治理能力	发改委、交通运输部
"互联网+"绿色生态	• 智慧环保：污染物监测及信息发布、资源环境动态监测 • 数据共享：生态环境数据互联互通和开放共享 • 互联网逆向物流回收体系	发改委、环境保护部、商务部、林业局
"互联网+"人工智能	• 智能家居、智能终端、智能汽车、机器人 • 超大规模深度学习的新型计算集群 • 高端移动智能终端产品（含可穿戴设备）和服务	发改委、科技部、工信部、网信办

（2）2016年7月，中共中央办公厅、国务院办公厅印发《国家信息化发展战略纲要》（以下简称《战略纲要》）。

十八大以来，党中央、国务院高度重视网络安全和信息化工作，成立了中央网络安全和信息化领导小组。习近平总书记在领导小组第一次会议上指出"没有网络安全就没有国家安全，没有信息化就没有现代化"，强调要从国际国内大势出发，制定实施网络安全和信息化发展战略、宏观规划和重大政策，总体布局，统筹各方，创新发展，努力把我国建设成为网络强国。网络安全和信息化事关国家安全和国家发展、事关广大人民群众工作生活，需要立足全局、面向未来、统筹规划。根据领导小组的决策部署，中央网信办会同国家发展改革委、工业和信息化部等部门经过深入调研，广泛听取各方意见，历时两年时间，制定完成《战略纲要》。

《战略纲要》提出，要围绕"五位一体"总体布局和"四个全面"战略布局，以信息化驱动现代化为主线，以建设网络强国为目标，着力增强国家信息化发展能力，着力提高信息化应用水平，着力优化信息化发展环境，要求网信事业努力在践行新发展理念上先行一步，强调要让信息化造福社会、造福人民。为此，《战略纲要》提出了网络强国"三步走"的战略目标：到2020年，核心关键技术部分领域达到国际先进水平，信息产业国际竞争力大幅提升，信息化成为驱动现代化建设的先导力量；到2025年，建成国际领先的移动通信网络，根本改变核心关键技术受制于人的局面，实现技术先进、产业发达、应用领先、网络安全坚不可摧的战略目标，涌现一批具有强大国际竞争力的大型跨国网信企业；到本世纪中叶，信息化全面支撑富强民主文明和谐的社会主义现代化国家建设，网络强国地位日益巩固，在引领全球信息化发展方面有更大作为。可以毫不夸张地说，《战略纲要》勾画了信息化造福社会、造福人民的美好蓝图，具有里程碑的意义。

移动电视作为广电行业的重要组成部分，无论是从技术层面还是传媒管理角度，都与《战略纲要》有着密切关联。例如，《战略纲要》明确提出，"加快下一代互联网大规模部署和商用，推进公众通信网、广播电视网和下一代互联网融合发展。"在广电网、通信网与下一代互联网融合发展方面，移动电视无疑有着可以想象的发展空间，无论是在公交车还是地铁等交通工具内，移动电视单频网、公交 WiFi 及 4G 等网络复杂交汇，给网络融合发展创造了良好的实践基础。从 5G 技术研发和产业化布局的角度看，强化频率统筹已经成为共识，并"依托 ITU 加强沟通和协调，力争形成更多 5G 统一频段"，这是否会对既有的单频网形成冲击尚需在未来的发展中予以观察，同时，5G要促进融合发展，加强 5G 与垂直行业的融合创新研究，并把工业互联网、车联网等重点行业应用为突破口，这对于移动电视的发展也将会带来更多的机遇。

从融合媒体发展的角度看，《战略纲要》明确指出，"推动传统媒体和新兴媒体融合发展，有效整合各种媒介资源和生产要素。"作为社会主义文化阵地建设的阵地之一，移动电视是"坚持社会主义先进文化前进方向，坚持正确舆论导向，遵循网络传播规律，弘扬主旋律，激发正能量，大力培育和践行社会主义核心价值观，讲好中国故事"的重要载体，要顺应"加快党报党刊、通讯社、电台电视台数字化改造和技术升级"的趋势，参与到多元网络文化产业投融资体系中去，努力成为具有国际影响力的新型文化集团、媒体集团的重要组成部分。

二、网络安全线

- 2015 年 3 月 25 日，时任国家新闻出版广电总局副总局长聂辰席在 CCBN2015 主题报告中提出，"互联网+广电"的新型业态，就是"智慧广电"这一全行业转型升级的战略目标；而确保广电融合网络安全可靠，是"智慧广电"发展的前提和基础。
- 2016 年 11 月，《中华人民共和国网络安全法》由中华人民共和国第十二届全国人民代表大会常务委员会第二十四次会议通过，自 2017 年 6 月 1 日起施行。

（1）2015 年 3 月 25 日，CCBN2015 主题报告会 3 月 25 日在北京国际会议中心举行，纵览聂辰席代表总局所作的主题报告——对时代背景的清醒认知、对契合新时代需求的广电转型目标、对全行业战略转型的本质理解、对转型所需要的技术和基础设施资源支撑、对"互联网+"时代安全底线的坚守原则——给出一条脉络分明的广电行业发展主线。

尤其值得关注的是，当"智慧广电"重申了泛在网的覆盖目标，即"加强顶层设计，统筹有线、无线、卫星、互联网等网络传输资源……实现任何时间、任何地点、任何终端为受众提供便捷、高速、智能的接入广播电视服务，为广大人民群众泛在化的内容获取提供渠道支撑。"那么，"实现网络间的互联互通、无缝切换和可管可控"就成为重中之重，"坚持安全为基、创新驱动，以法制思维和法治方式，不断提升监管的智能化水平"就成为不可逾越的底线。

（2）2016年11月，《中华人民共和国网络安全法》由中华人民共和国第十二届全国人民代表大会常务委员会第二十四次会议通过，自2017年6月1日起施行。这标志着网络安全正式纳入我国法制建设的主流层面。

《中华人民共和国网络安全法》（以下简称《网络安全法》）是国家安全法律制度体系中的一部重要法律，是网络安全领域的基本大法，与之前出台的《国家安全法》《反恐怖主义法》等属同一位阶。《网络安全法》对于确立国家网络安全基本管理制度具有里程碑式的重要意义。《网络安全法》共七章，包括"总则，网络安全战略、规划与促进，网络运行安全，网络信息安全，监测预警与应急处置，法律责任，附则"等部分。

纵览《网络安全法》，既是过去多个部门、多个时期提出的网络安全与信息化发展政策、规章之集大成，又有诸多高屋建瓴的全新顶层设计表述。

首先，明确提出"网络空间主权"的概念。在《网络安全法》第一章总则的第一条，即明确提出了制定本法的核心宗旨——"为了保障网络安全，维护网络空间主权和国家安全、社会公共利益，保护公民、法人和其他组织的合法权益，促进经济社会信息化健康发展，制定本法。"

应该说，自2003年中办23号文《国家信息化领导小组关于加强信息安全保障工作的意见》提出"抓紧研究起草《信息安全法》以来，整个网络与信息安全环境发生了重大变化，原先分属于不同传输介质与标准的专有网络（如电信专网、广电专网、电力专网、采用TCP/IP互联协议的计算机网络即互联网、采用其他互联协议的计算机网络……），都从技术基础、标准统一和应用互通等不同层面上，向互联网靠拢、演进与迁移。

在这个基础上，原先顶层设计中的《信息安全法》变身《网络安全法》，就必须符合这一重大趋势，即以互联网为主、涵盖其他类型网络的安全范畴。而互联网天然的国际通达性，使这样一个"虚拟-现实"空间中的主权定义和主权维护成为全球各国都关注的焦点，也是国家意志的强有力体现。

其次，明确提出"关键信息基础设施保护"，并在立法层面予以高度关切。

《网络安全法》第三章"网络运行安全"的第二节，即为"关键信息基础设施的运行安全"。

所谓关键信息基础设施，《网络安全法》在第二十五条进行了如是表述——"国家对提供公共通信、广播电视传输等服务的基础信息网络，能源、交通、水利、金融等重要行业和供电、供水、供气、医疗卫生、社会保障等公共服务领域的重要信息系统，军事网络，设区的市级以上国家机关等政务网络，用户数量众多的网络服务提供者所有或者管理的网络和系统（以下称关键信息基础设施），实行重点保护。关键信息基础设施安全保护办法由国务院制定。"

从如上表述中可以明确看出，关键信息基础设施包括四个层面：其一是基础信息网络，包括公共通信和广播电视传输服务；其二是设计多个民生行业的重要信息网络；其三是性质特殊的军事网络；其四是公共政务和其他网络——对关键信息基础设施的保护，绝不仅仅限于物理网络和相关设备，更包括基于这些网络的应用所产生的大量信息与数据。

那么，对于中国的移动电视行业来说，其属性已被归入广播电视网络及服务部类，与狭义的有线电视、地面电视和卫星电视等广播电视网络及服务同属一个范畴，理应归入相关的安全管理。具体的管理办法，根据"网安法"表述，由国务院制定、相关部委监督实施。

最后，高度重视"网络信息安全"。《网络安全法》的第四章，即"网络信息安全"，该章涉及第三十四条至第四十三条，主要针对用户个人信息、隐私和商业秘密的信息保护。

在今天这样一个"大数据"广泛应用的时代，与用户及其行为密切相关的各类数据，已经被充分收集和挖掘，并构成很多网络服务/平台运营者的核心价值。但是，各种用户信息尤其是隐私信息的泄露，使之成为愈演愈烈的网络公害。

此次"网安法"明确规定：

- 网络运营者收集、使用个人信息，应当遵循合法、正当、必要的原则，公开收集、使用规则，明示收集、使用信息的目的、方式和范围，并经被收集者同意。网络运营者不得收集与其提供的服务无关的公民个人信息，不得违反法律、行政法规的规定和双方的约定收

集、使用公民个人信息，并应当依照法律、行政法规的规定或者与
用户的约定，处理其保存的公民个人信息。

- 网络运营者不得泄露、篡改、毁损其收集的个人信息；未经被收集
  者同意，不得向他人提供个人信息。

三、媒体融合发展的新变化

2014 年 8 月 18 日，中央全面深化改革领导小组第四次会议审议通过了
《关于推动传统媒体和新兴媒体融合发展的指导意见》（以下简称《意见》）等
重要政策文件，为以视频化、移动化和社交化为主要特征的媒体融合之路，
打开了加速发展的快车道。

《意见》的出台，是为深入贯彻落实党的十八届三中全会精神和中央关于
推动传统媒体和新兴媒体融合发展的战略部署，充分运用新技术新应用创新
媒体传播方式，占领信息传播制高点，巩固壮大宣传思想文化阵地，进一步
提高主流媒体传播力、公信力、影响力和舆论引导能力。

政治局委员、中央宣传部部长刘奇葆同志，在《人民日报》撰文《加快
推动传统媒体和新兴媒体融合发展》指出，"推动媒体融合发展是一项紧迫的
战略任务"，因为"从意识形态领域看，互联网已经成为舆论斗争的主战场，
直接关系我国意识形态安全和政权安全。可以说，传统媒体已经到了一个革
新图存的重要关口。面对这种严峻形势，推动传统媒体和新兴媒体融合发展
刻不容缓，必须跟上时代发展步伐，加快融合发展进程，这是我们应当肩负
起的历史责任。"

2016 年 7 月，国家新闻出版广电总局公布《关于进一步加快广播电视媒
体与新兴媒体融合发展的意见》，提出力争两年内，广播电视媒体与新兴媒体
融合发展在局部区域取得突破性进展，形成几种基本模式。广播电视媒体与
新兴媒体产业融合，已成为当前媒体深度融合的重要组成部分。在重点任务
方面，《意见》提出以深度融合思维统领广播电视发展顶层设计和媒介资源配
置，推动广播电视媒体与新兴媒体融为一体、合而为一。抢占网络信息技术
制高点，开展云计算、大数据、智能技术等关键技术研发和应用，完善以云
平台、大数据等先进技术为核心的广播电视融合技术支撑体系。通过整合和

升级广播电视台内网资源、利用公有云服务等方式，建设广播电视制播云平台，推动全国性融合媒体制播云平台建设。推动智能电视操作系统 TVOS 在广播电视智能终端应用，促进广播电视媒体终端智能化、标准化。

移动电视，作为基于地面数字电视技术创新衍生出的移动视频新媒体，与《意见》提出的各项原则与要求契合度很高：

（1）坚持正确导向。始终坚持党管媒体，把正确导向贯穿于媒体融合发展各环节、全过程，从内容、流程、渠道、技术等各方面把好关，确保媒体融合发展始终沿着正确方向推进，把正确舆论导向要求贯穿到广播电视媒体融合发展各环节、全过程。确保文化安全与意识形态安全，有效抵御和防范敌对势力渗透，维护社会主义核心价值体系。着力壮大广播电视主业，始终把社会效益放在首位，实现社会效益和经济效益相统一。

（2）坚持因地制宜，统筹发展。移动电视可以发挥广播电视媒体的品牌优势、区位优势、资源优势和公信力优势，找准与新兴媒体深度融合的切入点和着力点，通过重大项目驱动战略实施，通过局部突破带动整体融合，通过特色服务打造竞争优势。把握分众化、差异化传播趋势，在构建舆论引导新格局中发挥主导作用。在积极探索媒体融合特色之路时，要树立一体化发展理念，促进报网融合、台网融合，实现各种媒介资源、生产要素的有效整合，实现信息内容、技术应用、平台终端、人才队伍的共享融通，形成一体化的组织结构、传播体系和管理体制，通过科学融合更好地发挥主流媒体作用。

（3）坚持内容创新与技术融合。推动广播电视媒体和新兴媒体融合发展，要通过双向驱动、并行并重、资源共享、此长彼长，同时加强信息传播技术应用研发，将技术建设和内容建设相互融合，创新新闻传播业态和采编流程，以新技术、新应用拓展主流舆论传播途径和范围，打造现代传播体系，实现广播电视媒体与互联网从简单相"加"迈向深度相"融"的根本性转变。

（4）坚持互联网思维。顺应互联网传播移动化、社交化、视频化、互动化趋势，努力把先进实用的技术纳入媒体融合的项目设计，共同构成媒体核心竞争力。树立用户理念，增强服务意识，准确掌握受众多样化、个性化需求，加强信息互动，切实提高新闻传播的实效性和用户满意度。

对于移动电视来说，如何在既有技术创新基础上，瞄准和利用最新技术推动融合发展，是借力《意见》和总局政策东风的关键之处。这里的最新技术和应用，正如刘奇葆同志在《人民日报》署名文章中所明确指出的：

一是利用大数据和云计算技术推进新闻生产和用户运营。运用大数据和云计算技术，首先要掌握海量的数据资源。经过几十年的发展，新闻媒体积累了丰富的数据资源，这是我们的宝贵财富。通过整合和升级广播电视台内网资源、利用公有云服务等方式，建设广播电视制播云，推动全国性融合媒体制播云平台建设。利用云技术、云服务完善 IPTV 集成播控平台、手机电视集成播控平台、互联网电视集成平台等广播电视新媒体平台。要加强数据新闻生产，充分挖掘大数据背后潜藏的新闻价值，拓宽新闻来源、丰富新闻内容，为用户提供高质量的新闻信息产品。建立用户大数据平台，深入分析用户的群体分布特征和多样化个性化需求，以用户数据、用户画像作为节目创新和服务创新的重要参考，做到精准生产、精准传播、精准服务。健全运营支撑系统，增强广播电视媒体直接面向用户提供服务的能力。

二是利用移动互联技术实现弯道超车和融合传播。总体来说，在移动互联网领域大家起步的时间、相互的差距并不大，很可能实现弯道超车。从目前来看，客户端是访问移动互联网的主要入口，也是比较成熟的技术应用，很多媒体都开发了移动客户端，要办出特色、办出影响。要加强手机网站建设，丰富信息内容，完善服务功能，着力打造移动互联网上的新闻门户。同时，积极利用移动通信技术平台，办好手机报，促进其规范有序发展。商业网站在移动客户端、手机浏览器、应用商店等方面技术比较成熟，要积极关注、善加利用，借助它们的技术和平台，扩大在移动终端的覆盖面和影响力。

同时，要统筹广播电视网、电信网、互联网等多种信息网络，构建泛在、互动、智能并具有信息安全保障的节目传播覆盖体系。充分利用有线、卫星、无线等广播电视网络资源，建设广播电视网络协同传播平台。例如，可以以广电为主导，建设几个大型视频平台、音频平台和新闻资讯平台，大幅度提升广电在新兴媒体领域的影响力，为打造新型主流媒体和新型媒体集团奠定基础。

三是利用微博微信技术拓宽社会化传播渠道。互联网社交类应用日益普及，社交网站已成为互联网新业务的服务入口和用户来源。推动媒体融合发展，要密切关注并有选择地发展社交类应用和技术，促进社交平台与新闻传播平台有效对接，增强平台黏性，集聚更多的忠实用户。要借助商业网站的微博、微信等技术平台，建好法人账号，"以我为主"发展融合新业态，提升传播效果。推进节目制播与社交网络平台对接互动，利用社群吸引用户参与节目制作和传播，丰富用户体验，增强平台黏性。

四是加快融合型节目建设和制播体系建设。坚持内容为王，必须增强广播电视台的节目原创能力和节目集成能力，构建面向多渠道、多终端传播的节目资源体系。强化"新闻立台"，改进新闻采编，进一步提高新闻发布的及时性和节目内容的权威性，把握舆论引导主动权。树立精品意识，实施品牌战略，提升节目品质，加大对影视剧、综艺、文化益智、生活服务、社会公益等各类节目内容创作生产的投入。鼓励采取自主原创、联合制作、联合开发、委托制作等方式，创新节目模式和内容，积聚种类多元的优质节目内容版权资源，做大做强节目库。开发节目版权的不同表现形态和呈现方式，为节目版权价值最大化奠定基础。同时，要以制播云平台为核心建设融合型的节目制作与播控体系。整合升级现有制播平台的计算、存储和网络资源，统筹各类采编渠道和各种播出方式，构建集采编、制作、存储、发布、安全管控、运营于一体的广播电视制播云平台。根据制播安全需要，建设广播电视制播公有云、私有云、混合云和专属云，并通过规范性接口、网络安全设备、通信策略等明确制播云平台体系安全边界，确保信息传输和系统安全。提升制播云平台业务基础、运营支撑、公共能力、资源适配、平台开发接口等服务能力，优化平台内容生产、内容汇聚、内容管理、内容开发、协同管理、数据分析等功能，适应节目内容多渠道采集、多方式呈现、多平台发布、多业务融合发展需要。

五是加快融合型服务体系建设和运营体系创新。发挥广播电视媒体公信力优势和广播电视节目表现形态优势，大力开展综合信息服务，积极融入现代服务业。努力寻求广播电视与政务、商务、教育、医疗、旅游、金融、农业、环保等相关行业合作与融合的有效路径，积极参与智慧城市、智慧乡村、智慧社区和智慧家庭建设。加快建立跨区域融合服务平台，推动全行业融合型服务业务协同共进。在运营方面要树立一体化营销理念，把增强广播电视媒体整体实力作为主要经营目标，推动各类经营性业务协同发展。依托优质内容和创新平台，开发付费服务市场。创新广告经营模式，在融合发展领域培育新的广告经营增长点。面向市场深度挖掘版权内容价值，延伸版权内容产业链，实现长尾效应。借助社交网络的交融混合传播力，着力经营节目和产品的粉丝圈，深耕不同粉丝社群的潜在价值，延伸服务空间和产业价值。依托广播电视节目丰富的信息承载能力，开发从线上到线下的各类新型业务，力争从信息服务、电子商务、实体经济等多个领域获取收益。

六是加快融合型运行机制建设。把握新闻传播规律和互联网发展规律，按照媒体融合发展需要，重构广播电视业务流程和运行机制。以广播电视新闻制播为基础，打造新闻信息的"中央厨房"，做到一次性采集、多媒体呈现、多渠道发布。以融合性业务为核心，整合广播电视资源，做大做强广播电视主业。建立融合协调机制，统一协调融合发展中的资源调度、流程对接等工作。发挥市场在资源配置中的积极作用，探索以资本为纽带加快融合发展，参与控股或参股互联网企业、科技企业，开展对互联网企业有关特许经营业务实行特殊管理股制度试点。探索跨区域资源整合和资源共享的运行方式，实现新媒体业务的集约化、规模化发展。借助社会力量加强融合项目的技术研发和市场开拓。同时，要坚持政治家办台办网，在关键岗位、核心岗位配备政治坚定、业务精湛、作风优良的专业人才，并推动人才在广播电视媒体与新媒体平台之间合理流动，激发人才创新活力。

第二节　广电行业：新背景下的产业政策与监管

一、智慧广电：行业发展时代主线

2015 年 3 月 25 日，CCBN2015 主题报告会在北京国际会议中心举行，聂辰席副局长代表总局作主题报告，明确提出新一轮信息技术革命正在向智能化方向发展，大数据、云计算、物联网、移动互联和人工智能技术引发的"智慧浪潮"，深刻改变人们的生产生活方式，构建起数字生活的美好图景，这是广电全行业必须直面的时代潮流与发展背景。由此，加快构建"智慧广电"成为广电行业转型升级的重要目标！

"智慧广电"不仅仅将广播影视行业囿于传统的"内容被动消费"领域，而是充分把握"互联网+"带来的跨越式机会，"广播影视不但是信息的生产者、传播者，更应成为新的生活方式发起者、组织者、提供者，成为社会生活的中心枢纽之一。"

"智慧广电"不是空中楼阁，需要坚实的技术与基础网络设施做基础。可以说，智慧广电是广播影视数字化、网络化、智能化发展的水到渠成，标志着广播影视行业将在数字生活服务与民生信息服务两个领域的融合发展——为达到上述目标，"广播影视要从广电专网向互联互通的 IT 架构转变"，这既是基于 2003 年以来广电网络数字化、电视台/电台数字化改造的进一步升级，又是广电全行业第一次明确提出互联网化的基础架构迁移。

"智慧广电"再次重申了泛在网的覆盖目标，即"加强顶层设计，统筹有线、无线、卫星、互联网等网络传输资源……实现任何时间、任何地点、任何终端为受众提供便捷、高速、智能的接入广播电视服务，为广大人民群众泛在化的内容获取提供渠道支撑。"

聂辰席同志指出，"实现网络间的互联互通、无缝切换和可管可控"就成为重中之重，"坚持安全为基、创新驱动，以法制思维和法治方式，不断提升监管的智能化水平"就成为不可逾越的底线。

维护"安全"这一绝对的行业融合发展底线，明确地划分为三个层次。

首先是业务层。"加强融合业务管理……广播影视要明确融合业务的安全边界，健全完善安全保障体系，加强对融合业务的安全审核、智能终端的安全管理，切实增强广播影视服务的安全防护能力，保障群众安全、可靠地享受多元化的数字生活服务。"

其次是网络层。"确保广电融合网络安全可靠，将安全作为智慧广电融合网络发展的前提和基础，加强网络监测监管、安全防护等方面关键技术和系统的研发应用，切实保障数据安全、技术安全、渠道安全、应用安全"。

再次是体制层。"完善现代监管体系，建立集制度规范、运行机制、技术标准、研判分析、及时处置于一体的智慧广电监测监管平台；加强监管部门之间的协同配合，建立完善智能化的监管网络和信息数据库，实现先进的监管技术、有效的监管信息和重要的技术成果共享应用，促进广播影视治理体系和治理能力现代化。"

二、广电"十三五"科技发展规划的机遇

融合媒体发展和"智慧广电"都对于广电行业的科技发展提出了明确的要求，大数据、云计算、VR/AR 等已经成为广电行业发展的技术基础。正如广电"十三五"科技发展规划总体思路中所提到的，"广播影视技术与新一代信息技术加速融合，使广电发展面临新机遇与新挑战。节目制作、网络传输、终端服务都向智能化、跨屏互动演进，广电全媒体发展成为主流趋势。"

传统媒体与新媒体的加速融合发展，使广电行业面临全面战略转型。中央全面深化改革领导小组审议通过的《关于推动传统媒体和新兴媒体融合发展的指导意见》，是对传统媒体与新兴媒体融合发展的战略部署和顶层设计，广电传播模式、运营模式、服务模式亟待全面转型，广电网络的"互联网+"演进发展态势明显。公众文化信息需求的多元化，对包括移动电视在内的广电制播和传输覆盖能力提出了更高的要求。改变过去媒体单向传播、受众被动接收的方式，把"受众"变为"用户"，实现任何时候、任何地点、任何终端，为用户提供精准化内容、满足个性化需求成为必然要求。

从广电科技发展的"十三五"规划思路来看，"地面电视全面实现数字传输覆盖，关闭模拟电视信号"已经成为基本要求，"完善融合媒体集成服务云平台技术架构，推动各广播电视融合媒体集成服务云平台的互联互通"日趋常规化，实现融合媒体制播云与广电融合媒体服务云的协同联动融合创新已经成为共识。

值得关注的是，根据大幅提升广播电视公共服务水平的目标——"基本建立覆盖城乡、便捷高效的广播电视现代公共文化服务体系和长效机制；基本完成直播卫星户户通工程，实现卫星直播广播电视对飞机、高铁、轮船等移动人群的覆盖，开展多种增值业务；在全国基本建成上下贯通、可管可控、多种手段综合覆盖的应急广播系统，应急广播能力大幅增强、体制机制日趋完善。"移动电视在其中应该大有作为，如对于高铁等移动人群的覆盖、应急广播等方面具有一定的优势，同时可以考虑积极介入智慧广电建设，推动广电智慧家庭、智慧社区及数字家庭服务新业态的发展。

三、《关于规范发展移动数字电视的意见》的通知

2014 年 3 月，国家新闻出版广电总局印发《关于规范发展移动数字电视的意见》的通知（2014 年 60 号文，以下简称 60 号文），同时 2006 年 11 号文《广电总局关于加强移动数字电视试验管理有关问题的通知》废止。

60 号文指出，自 2002 年起，原国家广电总局批准 14 家广播电视机构开展移动数字电视试验工作，2006 年又专门下发文件，对试验工作提出进一步的管理要求。2012 年，总局对试验工作进行了总结，从试验情况看，移动数字电视不但为乘坐公交车、地铁等公共交通工具的人群提供了获取新闻资讯的重要渠道，而且为广播电视开辟了新的宣传阵地、拓展了新的产业发展领域，但同时也存在开办主体不够规范、节目内容和播出质量有待提高等问题。

60 号文对规范移动数字电视提出 10 条意见，其中核心内容包括——其一是重申移动数字电视的应用场景和意义，其二是规范移动数字电视开办主体，其三是规范移动数字电视运营主体与社会资本的合作方式，其四是规范移动数字电视的播出技术规范。

1. 重申移动数字电视的应用场景和意义

60 号文指出，"开展移动数字电视业务，就是广播电视播出机构利用地面数字电视技术手段开办电视频道，在公交车、地铁、轻轨、出租车及国家广播影视行政部门认定的其他公共交通工具上向流动人群提供电视节目服务。"

基于上述应用场景，"移动数字电视频道是引导和加强舆论宣传的重要阵地，是党委、政府发布公共应急信息的重要渠道，也是广大人民群众获取生活资讯和文化娱乐服务的新平台。规范移动数字电视的发展，对加强广播电视公共服务体系建设，促进广播电视事业产业发展，具有重要意义。"

如上所述，60 号文明确指出了移动数字电视的政治性、平台性、公共服务性和事业性、产业性。

2. 规范移动数字电视的开办主体

60 号文指出，移动数字电视由地市级以上广播电视播出机构开办，并应

具备以下条件：

（1）符合国家新闻出版广电总局确定的移动数字电视总体规划和布局；

（2）开办城市具有较高的经济社会发展水平，公交车总量不低于 2000 辆或已开通地铁、轻轨等城市轨道交通系统；

（3）具备与业务规模相适应的自有资金、设备、场所和必要的专业人员；

（4）具有健全的节目审查、播出和监控制度；

（5）拥有与业务规模相适应并符合国家规定的广播电视节目资源；

（6）技术系统应当符合国家规定的行业规范和技术标准；

（7）进行传输的集成发射平台具有广播电视节目传送业务经营许可资源并能纳入国家新闻出版广电总局统一监管。

60 号文进一步明确要求，"申请开办移动数字电视频道，须按照《广播电台电视台审批管理办法》（广电总局令第 37 号）和本《意见》要求，向所在地同级广播影视行政部门提出申请，逐级审核同意后，报国家新闻出版广电总局审批。未经批准，任何组织或个人不得开办移动数字电视。"

3．规范移动数字电视运营主体与社会资本的合作方式

60 号文提出，广播电视播出机构在严格掌控移动数字电视频道所有权和节目策划、编排、审查、播出权的前提下，可与符合要求的国有或民营机构组建由播出机构绝对控股的运营公司，负责移动数字电视频道的广告经营、设备安装、市场服务等经营性业务，也可以合同方式委托具有相关资质的专业机构进行广告经营、设备安装、市场服务等业务，外资不得参股运营公司。

广播电视播出机构在社会合作中，不得以移动电视频道资源作价入股，不得以收取节目审查费、播出费和频道占用费等名义，变相出租、转让频道。

如上所引，60 号文再次明确强调了广播电视播出机构对移动数字电视的控制权和绝对运营主体的责任。

4．规范移动数字电视的播出技术体系

60 号文要求，移动数字电视的频率使用要符合《地面数字电视广播覆盖网发展规范》，严格按照批准的技术参数播出。一套移动数字电视节目只能占用所指配频道（8MHz 带宽）中的一个复用码流，不得擅自改变、不得加密播出。

移动数字电视集成发射平台须经国家新闻出版广电总局批准建立，应当符合《广播电视安全播出管理规定》（广电总局令第 62 号）的要求，其信道传输技术特性应符合《数字电视地面广播传输系统帧结构、信道编码和调制》（GB 20600—2006，即地面数字电视国标）的要求，鼓励使用国家新闻出版广电总局推荐的 7 种工作模式，并承诺对各开办移动数字电视的播出机构开放。省、市开办移动数字电视的播出机构应当优先考虑在同一城市使用一个移动数字电视集成发射平台传输节目。

另外，移动数字电视如使用单频网扩大覆盖，应当按程序报国家新闻出版广电总局批准。

移动数字电视播出前端须与监管技术平台系统建立连接，真实地向监管部门传送移动数字电视的节目内容，确保安全播出。

5. 规范移动数字电视的内容和广告质量

60 号文要求，移动数字电视频道播出的节目应严格遵照国家新闻出版广电总局的节目管理规定，坚持正确导向，内容积极健康，传播核心价值。要根据移动数字电视播出的便捷性、及时性和受众的群体性、流动性特点，合理设置节目内容；遇有重大活动和重要新闻事件时，应当按要求及时转播；特殊情况下，须按省、自治区、直辖市以上广播影视行政部门的要求播出特定内容的节目。要完善审查把关制度，切实履行节目审查职责，确保节目质量。

移动电视频道要严格遵守《广告法》《广播电视管理条例》（国务院令第228 号）等法律法规和《广播电视广告播出管理办法》（广电总局令第 61 号）等相关规定要求，切实加强对广告内容的审查把关，并严格规范广告编排、时长、形式和次数等播出行为。

同时，60 号文还要求，广播电视播出机构应当确保开办的移动数字电视具备健全的服务质量管理制度，向社会公布客服电话，便于群众咨询和投诉，保证运营车辆上的移动数字电视终端正常运行，发现问题及时维修，播出广告时音量不得高于节目音量，以尊重和保障受众的合法权益。

鼓励移动数字电视行业组织制定行业规范，加强行业自律，不断提高移动数字电视的公信力和影响力。

6. 关于违规处罚

60号文指出，广播影视行政部门要切实加强对移动数字电视工作的管理，强化各项管理制度，落实各项管理措施，不断提高科学管理、综合管理、依法管理水平；要切实履行管理职责，加强日常监管，发现问题及时纠正。对违规情节严重的播出机构，广播影视行政部门应当依据《广播电视管理条例》和《广播电视播出机构违规处理办法（试行）》（广发〔2009〕30号）给予相应处罚、处理。

四、广电总局关于广告的相关政策要求

目前，广电总局出台的有关广告管理的相关政策主要为《广播电视广告播出管理办法》（广电总局令第61号）和其补充规定（广电总局令第66号）。

2006年9月1日，广电总局出台《广播电视广告播出管理办法》（广电总局令第61号），即俗称的"限广令"，针对电视广告播出的时长和广告播出的类型作出了明确规定。

61号令规定，电视播出机构每套节目每小时商业广告播出时长不得超过12分钟，19点至21点广告插播时间总长不超过18分钟；电视剧插播广告每次时长不得超过1分30秒，卫视在每天18点至24点时段内，不得播出电视购物广告。2010年1月1日起，61号令正式实施。

2011年11月25日，国家广电总局发布《广播电视广告播出管理办法补充规定》（广电总局令第66号）。

66号令指出，播出电视剧时，不得在每集（以45分钟计）中间以任何形式插播广告。比较61号令，非黄金时间每集电视剧中可以插播2次商业广告，每次时长不得超过1分30秒，黄金时间（19点至21点）每集电视剧中可以插播1次商业广告，时长不得超过1分钟。

显然，在61号令和66号令出台以后，对卫视及地面频道的广告影响还是很大的，这也倒逼一部分电视广告份额从传统电视频道市场剥离出来，为包括移动电视在内的其他投放渠道提供了一定的机遇。

第三节　交通行业："互联网+智能交通"相关政策

一、从"互联网+"到智能交通

2015 年 4 月 16 日，交通运输部召开 2015 年度第二次例行新闻发布会，交通部发言人徐成光表示，最近"互联网+"成为社会各方面关注的热点话题，我们理解的"互联网+交通"就是指借助移动互联网、云计算、大数据、物联网等先进技术和理念，将互联网产业与传统交通运输业进行有效渗透与融合，形成具有"线上资源合理分配，线下高效优质运行"的新业态和新模式，满足公众更便捷出行、更人性服务和行业更科学决策的需求，加快推进交通运输由传统产业向现代服务业转型升级。如果这算是交通运输部门在互联网+便捷交通方面的初步规划，而接下来的《实施方案》无疑更具有实际的指导意义。

2016 年 7 月 30 日，在国务院的统一部署下，国家发展改革委和交通运输部联合发布了《推进"互联网+"便捷交通 促进智能交通发展的实施方案》（以下简称《实施方案》），对促进交通与互联网深度融合、推动交通智能化发展提出了总体要求和具体任务。《实施方案》明确，实施"互联网+"便捷交通重点示范项目 27 项。《实施方案》的推出将促进交通与互联网深度融合，推动交通智能化发展，全面提升质量效率。

《实施方案》从构建智能运行管理系统、加强智能交通基础设施支撑、全面强化标准和技术支撑、实施"互联网+"便捷交通重点示范项目四个维度全面阐述了汽车产业转型升级的重要方向，提出了车联网与自动驾驶的技术创新发展趋势和应用推广路径，并明确了相应的引导政策和示范项目。例如，《实施方案》要求推广北斗卫星导航系统，推动各种全球卫星导航系统在交通运输行业兼容与互操作，并拓宽在列车运行控制、车辆监管、船舶监管等方面的应用，等等。

《实施方案》突出强调了智能交通是我国交通运输发展新阶段的战略重点，要实现从量到质的突破。经过 30 多年的大规模建设，我国交通运输基础设施网络初步形成，高速公路、高速铁路总里程位居世界第一，拥有一批吞吐量位于世界前列的大型港口和航空枢纽，服务能力已总体适应了经济社会发展需要。随着铁、公、水、航等交通基础设施的逐步完善，我国交通运输正在进入综合协调、优化发展的新阶段。在这个新的发展阶段，如何提高综合交通运输体系的运行效率和管理效率、如何为公众提供更优质的运输服务、如何与经济发展相结合培育新的增长点等，成为交通运输发展的关键问题。近年来，大数据、物联网、云计算、互联网特别是移动互联网技术的快速发展，为交通运输提质增效升级提供了更好的条件。交通与互联网融合发展，产生了新业态，为公众出行等提供了更加便利、多元化的运输服务。例如，目前越来越多的人都在使用的网约出租车、或者叫专车就是在互联网概念下运输模式和服务模式的创新，还有依托于超高速无线网络的车路协同、船岸协同和空地协同等。

《实施方案》准确把握了"互联网+"便捷交通与智能交通之间既有所侧重、又密切相通的内在关系。"互联网+"便捷交通是指通过互联网的创新成果与交通运输行业深度融合，实现供需双方信息高效精准对接，形成以互联网为信息基础设施和创新要素的交通运输服务，更多的是指新业态，为公众带来全方位的出行便利和高效的客货组织，强调的是多元化的服务和优质服务的获得感。而智能交通侧重于实现先进技术方法在交通系统中的全面应用，旨在优化综合交通运输体系的系统和管理，推动效率提升和组织变革，支撑安全和绿色发展，从而提高全要素生产率。虽然两者侧重点有所不同，但也要看到，"互联网+"便捷交通的大部分内容，如实时信息服务与智能移动支付等，也属于智能交通的范畴。此外，互联网新业态的市场主体也可能朝着更广泛的智能交通领域拓展，如百度公司依托自主开发的高精度电子地图和计算平台，正大力推进自动驾驶车辆的研发。另外，国际上的工业互联网和工业 4.0 也有类似的内容，最典型的如自动驾驶系统、自动驾驶列车、自动驾驶船舶、自动驾驶汽车等。

《实施方案》确立以"互联网+"便捷交通为切入点，推动智能交通发展，进而实现交通现代化的发展路径。当前，移动互联网等新技术快速融入交通运输领域，网络约租车、互联网巴士、互联网停车、互联网汽车维修等新业态得到了快速兴起和发展，能够为人们提供更加多样化、定制化、高质量的出行服务。互联网化交通正处于发展的风口浪尖，应很好地利用该发展机遇，加以推动、因势利导。同时，基于"互联网+"便捷交通与智能交通的相通性，新业态的市场主体也在朝着智能交通领域不断推进，如谷歌、百度等公司都在研发推广无人驾驶车辆等，本身就是智能交通的内容。因此，《实施方案》提出以"互联网+"便捷交通为切入点、推动智能交通发展的思路是可行、合理的，是本着立足当前、着眼长远、因势利导的原则，从与老百姓切身利益息息相关的交通运输服务抓起，为"互联网+"便捷交通新业态发展营造良好环境，并在此基础上进一步全面推动智能交通系统的发展，抢占国际制高点，最终实现我国交通运输在基础设施、技术装备、运营服务等各领域的现代化。此举既考虑了当前百姓出行和行业管理的急需，又兼顾了前沿技术的发展。

《实施方案》探讨提出了新时期"三系统、两支撑"的智能交通体系框架。面对互联网和移动互联网蓬勃发展的形势要求以及智能交通日趋普及的现实，《实施方案》提出了逐步构建"三系统、两支撑、一环境"的体系框架。"三系统"包括从用户和提高服务质量角度提出的"完善智能运输服务系统"，从企业和提高运行效率角度提出的"构建智能运行管理系统"，从政府和提升决策监管水平角度提出的"健全智能决策支持系统"；"两支撑"是指侧重硬件的"加强智能交通基础设施支撑"和侧重软件的"全面强化标准和技术支撑"；另外，还包括为新业态、新模式"营造宽松有序发展环境"。该智能交通体系框架是新时期我国发展智能交通的有益探索和尝试，是基于现阶段的技术发展和认识水平提出的，仍需要在实践中不断接受检验和调整完善。

总之，《实施方案》的发布，综合考虑了智能交通领域的应用需求，将积极推动交通与互联网的深度融合，为汽车的智能化和网联化发展创造新的历史机遇。

二、"十三五"现代综合交通运输体系发展规划

2017 年 2 月 3 日，国务院印发了《"十三五"现代综合交通运输体系发展规划》（以下简称《规划》），这是"十三五"期间 22 个国家级重点专项规划之一。《规划》提出要打造"三张网"，一是构建高品质的快速交通网，也就是以高铁、高速公路、民航等为主体，构建品质高、运行速度快的骨干网

络；二是强化高效率的普通干线网，也就是以普通高等级公路、普速铁路、内河航道等为主体，形成普通干线网络；三是拓展广覆盖的基础服务网，也就是以农村公路、支线铁路等为主体的服务网络。

尤其值得关注的是，《规划》第五部分对于如何提升交通发展智能化水平进行了专门阐述，包括促进交通产业智能化变革、推动智能化运输服务升级、优化交通运行和管理控制、健全智能决策支持与监管、加强交通发展智能化建设等诸多方面。

1. 促进交通产业智能化变革

1）实施"互联网+"便捷交通、高效物流行动计划

将信息化智能化发展贯穿于交通建设、运行、服务、监管等全链条各环节，推动云计算、大数据、物联网、移动互联网、智能控制等技术与交通运输深度融合，实现基础设施和载运工具数字化、网络化，运营运行智能化。利用信息平台集聚要素，驱动生产组织和管理方式转变，全面提升运输效率和服务品质。

2）培育壮大智能交通产业

以创新驱动发展为导向，针对发展短板，着眼市场需求，大力推动智能交通等新兴前沿领域创新和产业化。鼓励交通运输科技创新和新技术应用，加快建立技术、市场和资本共同推动的智能交通产业发展模式。

2. 推动智能化运输服务升级

1）推行信息服务"畅行中国"

推进交通空间移动互联网化，建设形成旅客出行与公务商务、购物消费、休闲娱乐相互渗透的"交通移动空间"。支持互联网企业与交通运输企业、行业协会等整合完善各类交通信息平台，提供综合出行信息服务。完善危险路段与事故区域的实时状态感知和信息告警推送服务。推进交通一卡通跨区（市）域、跨运输方式互通。

2）发展"一站式""一单制"运输组织

推动运营管理系统信息化改造，推进智能协同调度。研究铁路客票系统开放接入条件，与其他运输方式形成面向全国的"一站式"票务系统，加快移动支付在交通运输领域应用。推动使用货运电子运单，建立包含基本信息

的电子标签，形成唯一赋码与电子身份，推动全流程互认和可追溯，加快发展多式联运"一单制"。

3. 优化交通运行和管理控制

1）建立高效运转的管理控制系统

建设综合交通运输运行协调与应急调度指挥中心，推进部门间、运输方式间的交通管理联网联控在线协同和应急联动。全面提升铁路全路网列车调度指挥和运输管理智能化水平。开展新一代国家交通控制网、智慧公路建设试点，推动路网管理、车路协同和出行信息服务的智能化。建设智慧港航和智慧海事，提高港口管理水平和服务效率，提升内河高等级航道运行状态在线监测能力。发展新一代空管系统，加强航空公司运行控制体系建设。推广应用城市轨道交通自主化全自动运行系统、基于无线通信的列车控制系统等，促进不同线路和设备之间相互联通。优化城市交通需求管理，提升城市交通智能化管理水平。

2）提升装备和载运工具智能化自动化水平

拓展铁路计算机联锁、编组站系统自动化应用，推进全自动集装箱码头系统建设，有序发展无人机自动物流配送。示范推广车路协同技术，推广应用智能车载设备，推进全自动驾驶车辆研发，研究使用汽车电子标识。建设智能路侧设施，提供网络接入、行驶引导和安全告警等服务。

4. 健全智能决策支持与监管

1）完善交通决策支持系统

增强交通规划、投资、建设、价格等领域信息化综合支撑能力，建设综合交通运输统计信息资源共享平台。充分利用政府和企业的数据信息资源，挖掘分析人口迁徙、公众出行、枢纽客货流、车辆船舶行驶等特征和规律，加强对交通发展的决策支撑。

2）提高交通行政管理信息化水平

推动在线行政许可"一站式"服务，推进交通运输许可证件（书）数字化，促进跨区域、跨部门行政许可信息和服务监督信息互通共享。加强全国治超联网管理信息系统建设，加快推动交通运输行政执法电子化，推进非现场执法系统试点建设，实现异地交换共享和联防联控。加强交通运输信用信息、安全生产等信息系统与国家相关平台的对接。

5. 加强交通发展智能化建设

1）打造泛在的交通运输物联网

推动运行监测设备与交通基础设施同步建设。强化全面覆盖交通网络基础设施风险状况、运行状态、移动装置走行情况、运行组织调度信息的数据采集系统，形成动态感知、全面覆盖、泛在互联的交通运输运行监控体系。

2）构建新一代交通信息基础网络

加快车联网、船联网等建设。在民航、高铁等载运工具及重要交通线路、客运枢纽站点提供高速无线接入互联网公共服务。建设铁路下一代移动通信系统，布局基于下一代互联网和专用短程通信的道路无线通信网。研究规划分配智能交通专用频谱。

3）推进云计算与大数据应用

增强国家交通运输物流公共信息平台服务功能。强化交通运输信息采集、挖掘和应用，促进交通各领域数据资源综合开发利用和跨部门共享共用。推动交通旅游服务等大数据应用示范。鼓励开展交通大数据产业化应用，推进交通运输电子政务云平台建设。

4）保障交通网络信息安全

构建行业网络安全信任体系，基本实现重要信息系统和关键基础设施的安全可控，提升抗毁性和容灾恢复能力。加强大数据环境下防攻击、防泄露、防窃取的网络安全监测预警和应急处置能力建设。加强交通运输数据保护，防止侵犯个人隐私和滥用用户信息等行为。

可以看出，《规划》最为突出的特点就是智能交通的发展导向，即利用现代的信息手段去构建服务、管理和决策支撑三个系统，加强交通信息基础设施和交通先进科技、技术标准等方面的支撑，使我们能够在先进的基础设施和载运工具上实现数字化和网络化，以优化资源配置、降低运营成本。同时，《规划》提出构建智慧公路、智慧港口、智慧航道。以智能运营管理去助力先进的设施设备，能够在部分地区、部分领域率先基本实现交通运输的现代化，也是此次《规划》提出的一个目标。

据前瞻产业研究院提供的《2016—2021年中国智能交通行业市场前瞻

与投资战略规划分析报告》显示，2016 年我国智能交通市场规模达到 145 亿元。各地政府对智能交通系统的建设日益重视，部分城市的智能交通管理已达到较高水平，ETC 收费、停车场资源引导、道路信息发布、路况信息推送等基于智能交通系统的服务已基本实现。《规划》将直接驱动市场对视频、安防、监控、收费等设备的需求。未来的智能交通还将会迈入"大数据"时代。虽然智能交通系统在中国的发展尚不完善，未来还有众多领域有待于开发，但市场前景广阔，在较长一段时间内都将呈现高速增长的态势。

三、《城市公共交通"十三五"发展纲要》与《城市公共汽车和电车客运管理规定》的新要求

2016 年 7 月 18 日，交通运输部印发了《城市公共交通"十三五"发展纲要》（以下简称《纲要》），这是"十三五"期推进城市公共交通优先发展的指导性文件。《纲要》在总结"十二五"期城市公共交通的发展成绩和主要问题的基础上，分析了"十三五"期面临的新形势和新要求，明确了城市公共交通发展的总体思路、发展目标和主要任务，是"十三五"期间推进城市公共交通优先发展的指导性文件。《纲要》描绘了"十三五"期间我国城市公共交通发展的愿景，即全面建成适应经济社会发展和公众出行需要、与我国城市功能和城市形象相匹配的现代化城市公共交通体系，主要体现在群众出行满意、行业发展可持续两个方面。到 2020 年，初步建成适应全面建成小康社会需求的现代化城市公共交通体系。在具体目标上，《纲要》根据不同人口规模对城市进行分类，按照"数据可采集、同类可比较、群众可感知"原则，分别提出了"十三五"期各类城市的公交发展指标。

《纲要》提出了"十三五"期我国城市公共交通发展的五大任务。

一是全面推进"公交都市"建设。建立城市公交引导城市发展新机制，总结推广"公交都市"建设工作经验，丰富"公交都市"内涵。"十三五"时期，交通运输部将在地市级以上城市全面推进"公交都市"建设专项行动，并对各"公交都市"建设城市内符合条件的综合客运枢纽建设给予支持。大力推进新能源城市公交车的推广应用。

二是深化城市公交行业体制机制改革。推进城市公交管理体制改革和城市公交企业改革，建立政府购买城市公交服务机制、票制票价制定和调节机制，健全公共交通用地综合开发政策落实机制。

三是全面提升城市公交服务品质。扩大公交服务广度和深度，完善多元化公交服务网络，提升公交出行的快捷性、便利性、舒适性和安全性。

四是建设与移动互联网深度融合的智能公交系统。到2020年，城区常住人口100万人以上城市全面建成城市公共交通运营调度管理系统、安全监控系统、应急处置系统。推进"互联网+城市公交"发展，推进多元化公交服务网络建设。

五是缓解城市交通拥堵。通过合理选择交通疏导、改善慢行交通出行环境、加强城市静态交通管理、落实城市建设项目交通影响评价制度等多项举措，引导城市建立差异化交通拥堵治理措施。

从《纲要》中可以看出，交通运输部将积极推进城市公共交通与移动互联网深度融合，深化城市公交智能化应用示范工程，加快建设城市公交智能化应用系统；大力推进大数据、云计算、移动互联网技术在城市公交出行信息服务领域的应用，推动具有城市公交便捷出行引导的智慧型综合出行信息服务系统建设，提升城市公共交通智能化发展能力。

2017年3月7日，交通运输部又颁布了新版的《城市公共汽车和电车客运管理规定》（以下简称《规定》），并从2017年5月1日开始实施。《规定》依据《国务院关于城市优先发展公共交通的指导意见》（国发〔2012〕64号）精神，按照国家推进简政放权、放管结合、优化服务改革及推进供给侧结构性改革的总体部署，对城市公共汽电车规划与建设、运营管理、运营服务、运营安全、监督检查等各环节做出了制度安排和规范。

毫无疑问，城市公共汽电车客运作为为社会公众提供的最基本出行方式之一，是关乎社会公众切身利益的普遍服务和民生工程。截至2016年年底，全国共有城市公共汽电车60余万台，运营企业近4000家，从业人员130余万人，年完成客运量700多亿人次，是城市公共交通的重要组成部分，为社会公众日常出行提供了基础运输服务保障。在此基础上，通过移动电视、车载WiFi等增值服务吸引更多的乘客选择公交出行也是有效提升公共交通效率、缓解城市交通压力的手段之一。

四、"互联网+便捷交通"的重点方向与移动电视产业机遇

1. 提升交通运输服务品质

从"互联网+交通"到交通运输"十三五"规划，从《城市公共交通"十三五"发展纲要》到出台新的《城市公共汽车和电车客运管理规定》，提升交通运输服务品质成为核心命题。首先是政企合作推动交通数据开放，创新综合交通出行信息服务。推动交通运输主管部门和企业将服务性数据资源向社会开放，促进出行服务信息的相互开放与共享，鼓励互联网平台为社会公众提供实时交通运行状态查询、出行路线规划、网上购票、智能停车等服务，推进基于互联网平台的多种出行方式信息服务对接和"一站式"服务。在城市公交运营管理方面，《规定》也明确，运营企业应当及时向城市公共交通主管部门上报相关信息和数据，主要包括运营企业人员、资产等信息，场站、车辆等设施设备相关数据，运营线路、客运量及乘客出行特征、运营成本等相关数据，公共汽电车调查数据，企业政策与制度信息等。其次是加快完善交通服务车辆健康档案、维修诊断和服务质量信息服务平台建设。汽车维修业关系到道路交通安全，关系到大气污染防治，关系到社会公众生活质量，关系到汽车产业健康、可持续发展。建立实施汽车维修技术信息公开制度，保障所有维修企业平等享有获取汽车生产企业汽车维修技术信息的权利，促进汽车维修市场公平竞争。

在提升交通运输服务品质方面，移动电视拥有的公共交通车载的唯一可实时播出多媒体内容并进行广告运营的屏幕，其重要性不言而喻，是具备完整多媒体能力的信息交互界面，也是确保面向出行用户的"百分百"信息覆盖率和到达率的近乎唯一保证。

2. 推进交通要素资源在线化

一是利用物联网、移动互联网等技术，进一步加大对交通网络关键设施运行状态与通行信息的采集。在城市智能交通、铁路运输网、民航网络、内河航道网、集装箱铁水联运、远洋运输等领域，推进开展了国家物联网应用示范工作。目前这项工作已经在公交优先保障、船舶便捷过闸、跨运输方式和跨地域信息互通等方面取得了积极成效。二是推动跨地域、跨类型交通信

息的互联互通，推广船联网、车联网等智能化技术应用。未来要大力推动公路、铁路、航运、水运等多种运输工具的互联互通，推动各地方跨区域交通信息的开放共享，形成更为完善的交通运输感知体系，提高基础设施、运载工具、运行信息等要素资源的在线化率，全面支撑故障预警、运行维护及调度智能化。在城市公共交通方面，地铁公交换乘收费系统、公交到站监测系统等可以给居民带来实惠及缩短等车时间。

3. 增强交通运输科学治理能力

一是积极发展交通大数据，为交通设施规划、建设、运维、管理等提供决策支撑。大力推动面向交通领域的大数据分析应用，鼓励交通管理部门、交通运输企业与互联网企业合作，构建交通大数据共享和挖掘平台，利用大数据平台挖掘分析人口迁徙规律、公众出行需求、枢纽客流规模、车辆船舶行驶特征等，为优化交通设施规划与建设、安全运行控制、运输管理决策提供支撑。二是充分利用互联网等信息技术手段，加强对交通运输违章违规行为的智能化监管，构建全天候智能化的交通监控网络，不断提升交通治理能力。例如，百度迁徙数据、高德地图数据等可以得出不同城市的相互联系强度、城市流动人口来源等，指导城市对外交通建设；共享单车的数据、咕咚、悦动圈等步行数据，可以帮助公交运营企业分析站点的布局盲点，实现便捷交通。

无论是提升公共交通服务质量、推进交通要素资源的在线化，还是增强交通运输的科学治理能力，需要有一个对公众的良好可视化展示窗口和落地平台，而移动电视恰恰是这个可视化展示窗口的良好载体。目前，这些智能交通的数据更多的是通过智能手机等予以碎片化地展现，如移动电视运营商能够抓住这一机遇，与交通运输部门及相关产业链广泛展开合作，整合交通服务过程中的在线资源与数据信息，予以挖掘和利用，必将给面临转型之痛的移动电视产业带来新的生机。

第四节　其他法律法规

在移动电视产业链中，除了与广电和交通这两个主管行业紧密联系外，由于涉及广告等因素，与工商管理部门及市政管理部门也有一定的联系。

例如，之前由中华人民共和国国家工商行政管理总局公布的《户外广告登记管理规定》就有诸多涉及户外广告的内容，将利用户外场所、空间、设施等发布的广告统一定义为户外广告，包括在地下铁道设施，城市轨道交通设施，地下通道，以及车站、码头、机场候机楼内外设置的广告予以了相应的管理办法。不过，随着国务院简政放权相关规定的推进，该规定依《国家工商行政管理总局关于废止和修改部分工商行政管理规章的决定》（国家工商行政管理总局令第 86 号）于 2016 年 4 月 29 日废止。

当然，不是工商管理总局关于户外广告的规定废止后，户外广告就可以自行其是了，在 2017 年 3 月修订后的《城市市容和环境卫生管理条例》亦对户外广告的设置、内容等予以了明确的规定。修订后的《城市市容和环境卫生管理条例》第十一条就规定："在城市中设置户外广告、标语牌、画廊、橱窗等，应当内容健康、外形美观，并定期维修、油饰或者拆除。"并且"大型户外广告的设置必须征得城市人民政府市容环境卫生行政主管部门同意后，按照有关规定办理审批手续。"第十七条进一步明确，"单位和个人在城市建筑物、设施上张挂、张贴宣传品等，须经城市人民政府市容环境卫生行政主管部门或者其他有关部门批准。"

另外，对于楼宇电视等，还涉及住房和城乡建设部的有关规定、电梯等特种设备管理规定等，在此不再一一赘述。

第三章 移动电视的技术演进

20世纪90年代中后期，欧美等发达国家开始推出地面数字电视业务，经过几十年的实践，它们在技术研究、标准制定、覆盖网建设、业务推广和运营等方面积累了丰富的经验。从全球范围看，各国普遍先都采用公共服务的方式免费收看，政府还给予了政策和经济支持。与此同时，少数国家在普遍开展免费业务的基础上，还探索性地开展地面数字电视收费电视业务。例如，非洲和东南亚的许多国家基础设施相对薄弱，铺设有线电视网络难度很大，而发射电视卫星造价高昂，故发展地面数字电视成为这些国家组建电视网络和参与数字化转换进程的首要选择。

随着地面数字电视技术的进步，移动电视开始朝着实时、高速、稳定的方向发展，技术体系也随着应用的推进逐步发展和完善，除了移动电视传输与安全播出这一核心技术外，车载终端与相关硬件、车联网复合传输与应用、硬件终端与软件客户端等也相关技术开始蓬勃发展，并随着科学技术的变化不断演进。

第一节 标准层：全球移动电视传输技术标准的演进

移动电视技术系统，基本上可以细分为头端系统、发射系统、传输系统、CA系统、终端系统及节目采编系统，本节重点介绍一下地面数字电视的传输技术及手持类移动电视的技术标准演进。

一、地面数字电视广播技术

（一）DVB-T

1. 发展综述

1993年，欧洲成立了国际数字视频广播（Digital Video Broadcasting，DVB）组织。"DVB Project"是一个由 300 多个成员组成的工业组织，它是由欧洲电信标准化组织（European Telecommunications Standards Institute，ETSI）、欧洲电子标准化组织（European Committee for Electrotechnical Standardization，CENELEC）和欧洲广播联盟（European Broadcasting Union，EBU）联合组成的"联合专家组"（Joint Technical Committee，JTC）发起的。DVB 组织创建了一系列国际承认的数字电视公开标准，主要适用于卫星直播、有线数字电视广播和地面电视广播的普通电视和高清晰度电视的广播与传输，即 DVB 卫星电视广播标准 DVB-S、数字有线广播系统标准 DVB-C 和数字地面广播系统标准 DVB-T。经过 20 年的发展，欧洲 DVB 组织的成员数已发展到了200 多家，其中包括上百个非欧洲国家的公司和组织，而采用 DVB 标准的设备销售数量也已超过 10 亿。DVB 标准的开放性、灵活性、互操作性等特性，使得广播电台、网络运营商、制造商，以及收看收听广播电视的公众都从中受益，推动了整个国际广播电视技术的发展。

DVB 标准提供了一套完整的、适用于不同媒介的数字电视系统规范。DVB组织成立后，于 1994 年发布了 DVB-C 和 DVB-S，1995 年发布了 DVB-T，即第一代 DVB 标准。经过 10 年的发展，为了能够传输更高质量的音视频，满足市场的发展需求，DVB 组织于 2004 年发布了 DVB-S2，随后在 2008 年、2009 年相继发布了 DVB-T2、DVB-C2，组成第二代 DVB 标准。其中，DVB-S/S2标准是针对 DTH（Direct to Home）的标准，即通过数字卫星电视传输方式，将数字电视信号直接传送到用户家中，在全球应用广泛。DVB-C 标准针对的是有线电视广播系统，它规定了从基带数字信号到 CATV 信道之间的适配方法，即 QAM 调制和信道编码，DVB-C 已被欧洲、澳大利亚、北美、南美等一些国家和地区所接受。DVB-T/T2 标准用于地面数字电视传输，主要被用于非洲、亚洲和欧洲。

　　随着数字电视广播行业的发展，DVB 标准也在不断向前演进。例如，在 2004 年，DVB-S2 发布的时候，该组织以为对于数字广播电视卫星传输标准的工作已经做完了，但是随后几年里，数字卫星电视广播行业发生了很大的变化，特别是市场对于超高清电视卫星直播到户的需求、基于广播电视卫星开展全业务的需求等，因此，其又对 DVB-S2 标准进行了研究和扩展，于 2014 年发布了 DVB-S2X。S2X 提供基于 DVB-S2 核心应用的更高技术性能和特征，相比 DVB-S2，DVB-S2X 具有更高的技术性能和特征，其中包括对于移动性能的扩展。目前，DVB 组织已经推出或者拟定中的标准，除了上述几种，还包括 DVB-IPTV、DVB-3DTV、DVB-H、DVB-SH、DVB-CS、DVB-MDS，等等。

　　DVB 标准现如今被应用于世界上大部分的国家和地区。其中，用于卫星数字电视广播的 DVB-S 标准已为全球所认同；用于有线数字电视广播的 DVB-C 标准为欧洲、澳大利亚、北美、南美等一些国家和地区接受；而数字电视地面广播 DVB-T 标准已在欧洲、澳大利亚、新加坡等国家和地区得到认可。不同标准的采用国家和地区分布如表 3-1 所示。

表 3-1　不同标准的采用国家和地区分布

标准	采用国家（地区）
DVB-T	● 欧洲：德国、法国、西班牙、波兰、挪威、葡萄牙、爱尔兰…… ● 亚太：土耳其、沙特、伊朗、哈萨克斯坦、乌兹别克斯坦、缅甸、越南、澳大利亚…… ● 非洲：北非大部分国家 ● 美洲：巴拿马、百慕大、格陵兰、海地、特立尼达和多巴哥……
DVB-T2	● 欧洲：意大利、捷克、斯洛伐克、德国、俄罗斯、瑞典、英国、芬兰…… ● 亚洲：印度、印度尼西亚、泰国…… ● 美洲：哥伦比亚
ISDB-T	● 美洲：巴西、阿根廷、智利、委内瑞拉、厄瓜多尔、巴拉圭、哥斯达黎加、玻利维亚、尼加拉瓜、乌拉圭、洪都拉斯、危地马拉、伯利兹…… ● 亚洲：日本、菲律宾、马尔代夫、斯里兰卡…… ● 非洲：博茨瓦纳……
ATSC	● 美洲：美国、加拿大、墨西哥、多米尼加…… ● 亚洲：韩国、关岛……
DTMB	● 亚洲：中国、巴基斯坦…… ● 美洲：古巴

目前，国内绝大部分城市的移动电视采用国标，极少数采用 DVB-T 或者 DVB-T2 技术标准的城市正在向国标迁移。本次调查显示，随着甘肃、山西、杭州等移动电视向国标的转换，目前超过 95% 的移动电视运营商采用了国标，而采用欧标以及国标和欧标混用的比例不足 5%，即使这 5% 也预计在 2017 年年底之前完成标准迁移（见图 3-1）。国内地面数字电视标准近两年变化情况如图 3-2 所示。

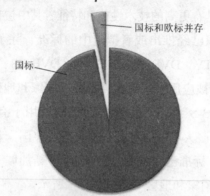

图 3-1　国内地面数字电视标准采用情况

资料来源：《2017 中国移动电视发展报告》企业调研。

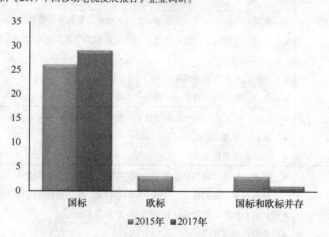

图 3-2　国内地面数字电视标准近两年变化情况

资料来源：《2015 中国移动电视发展报告》企业调研，《2017 中国移动电视发展报告》企业调研。

DVB-T 是 Digital Video Broadcasting-Terrestrial 的简写，是指利用开路地面传输媒介进行 MPEG-2 数字电视的传输的标准，是欧洲通用的地面数字电视标准。此系统的标准是 1998 年通过的，采用编码正交频分复用（COFDM）调制方式，8MHz 带宽内能传送 4 套电视节目，而且传输质量高。它采用 MPEG-2 数字视频、音频压缩编码技术。地面数字发射的传输容量，在理论上大致与有线电视系统相当，本地区覆盖好。DVB-T 标准中主要规范的是发送端的系统结构和信号处理方式，对接收端则是开放的，各厂商可以开发各自的 DVB-T 接收设备，只要该设备能够正确接收和处理发射信号，并满足 DVB-T 中所规定的性能指标。

2. 系统结构与运作方式

DVB-T 目前主要用于地面数字广播电视的传输。考虑到地面广播传输的特点——地形复杂、存在时变衰落和存在多径干扰、信噪比较低，因此 DVB-T 标准采用前向纠错（FEC，包括内码交织、内码 Viterbi 编码、外码交织、外码 RS 编码等，见图 3-3）和能有效消除多径干扰的正交频分复用调制（COFDM，也称反向快速傅里叶变换）和格雷码映射 4/16/64QAM 调制等进行信道处理，然后在原来用于模拟的 6MHz、7MHz 和 8MHz 的频带内发送数字电视节目。DVB-T 发送的比特率是可变的。例如，在 6MHz 频带可在 3.7～23.8Mbit/s 比特率之间进行选择；在 8MHz 频带可在 4.9～31.7Mbit/s 比特率之间进行选择，以适应不同的接收环境，如移动接收应适当降低发送的码率。

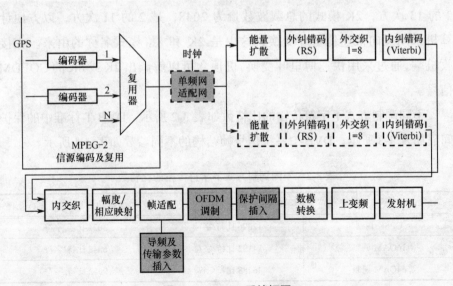

图 3-3 DVB-T 系统框图

3. 核心技术

与 DVB-S 系统的 QPSK 调制和 DVB-C 系统的 QAM 单载波调制不同，DVB-T 系统采用 COFDM 的多载波调制方式。从频率轴来看，DVB-T 的信号是由许多载波构成的多载波信号，载波数量分 2K 和 8K 两种模式；从时间轴来看，这些多载波构成的字符具有一定的传输时间，为了防止电波的多路反射，在每个字符的传输时间后面加入保护间隔。

由于地面电视传输的特殊环境，经过多年的研究论证，参与 DVB 组织的专家们选定 COFDM 码分正交频分复用的信道调制技术，同时伴随着强大的纠错码，达到频谱利用效率与传输可靠性的平衡。COFDM 信道调制编码技术提供两种子载波数量（2K 和 8K 模式），3 种调制方式，4 种保持间隔，支持小范围和大范围的单频网运行（SFN）。同样一路数字电视节目，可以通过多个发射机的同一频率同时接收，以提高接收效果。系统可以支持目前部分地区仍然在使用的模拟电视系统的 8MHz 带宽，以及 7MHz 和 6MHz 带宽。为了防止反射干扰及接收来自多个同频发射机的信号，引入了保护间隔的概念；为了适应不同环境的传输，系统支持等级调制。

在有效载波数的基础上，通常会加入一些虚拟载波使其载波总数达到 2 的 n 次方，例如，加入虚拟载波以后 8K 模式的总载波数量为 8192，是 2 的 13 次方，2K 模式的总载波数量为 2048，是 2 的 11 次方，以方便计算机采用反向快速傅里叶变换，这也是 2K 和 8K 模式名称的由来。在接收机端，通过采用快速傅里叶变换，机顶盒可以解调出 2K 或 8K 的 COFDM 信号。

不同调制方式下字符传输的比特数如表 3-2 所示，DVB-T 标准中的保护间隔如表 3-3 所示，DVB-T 系统信号帧结构的不同参数如表 3-4 所示。

表 3-2　不同调制方式下字符传输的比特数

	8K（6048 有效载波）	2K（1512 有效载波）
QPSK 调制	12096 比特/字符	3024 比特/字符
16QAM 调制	24192 比特/字符	6048 比特/字符
64QAM 调制	36288 比特/字符	9072 比特/字符

表 3-3 DVB-T 标准中的保护间隔

模　　式	8K				2K			
保护间隔	1/4	1/8	1/16	1/32	1/4	1/8	1/16	1/32
字符长度（μs）	896				224			
间隔长度（μs）	224	112	56	28	56	28	24	7
总长度（μs）	1120	1008	952	924	280	252	238	231

表 3-4 DVB-T 系统信号帧结构的不同参数

参　　数	8K 模式	2K 模式
载波数量	6817	1705
最小载波序号	0	0
最大载波序号	6816	1704
有效字符长度 TU（μs）	896	224
载波间距 1/TU（Hz）	1116	4464
载波带宽（MHz）	7.61	7.61

由于 DVB-T 系统使用的是多载波的 COFDM 调制，每一个载波可以支持 QPSK、16QAM 和 64QAM 三种调制方式，因此每个载波的调制方式可以在上面三种调制中任选，其调制星座图如图 3-4 所示。

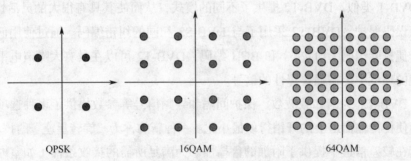

图 3-4 QPSK、16QAM、64QAM 调制星座图

4．主要技术特点

对于基于大量小功率、工作在同一频道的众多发射机，每一个均覆盖一个较小的区域的这样一种单频网络来说，DVB 是一种最佳选择。这种概念类似于 GSM 蜂窝覆盖图，每个发射机通过卫星传送参考信号进行同步。在 COFDM 调制系统中，有 1705～6817 个带有保护间隔的载波信号及误码校正处理，用以提供多径选择性来选择可接收到的几个信号中最强的信号。同时，

采用 COFDM 也提供了良好的移动接收性能。

当然，这种优良的抗多径能力会有一些代价：其载/噪比低于 8-VBS，并且限制了信号的有效传输距离；COFDM 对来自电机，如真空吸尘器和电扇的脉冲干扰较敏感；另外，数千的载波导致较高的峰/均值比，并且需要较高功率的发射机；保护间隔降低了频谱效率，并明显减少带宽的比特/赫兹率。

（二）DVB-T2

1. 发展综述

DVB-T2 是由 DVB 组织在 DVB-T 之后制定的新一代数字地面传输系统标准，可以看成 DVB-T 的升级版。它通过采用最新的调制和编码技术，高效地利用了地面频谱，从而为固定、便携及移动接收设备提供视音频和数据服务。DVB-T2 在 8MHz 频谱带宽内所支持的最高 TS 流传输速率约 50.1Mbit/s（如包括可能去除的空包，最高 TS 流传输速率可达 100Mbit/s），这显然远远高于 DVB-T 的 31.67Mbit/s 的最高传输速率，DTMB 的 32.4864Mbit/s，以及 ISDB-T 的 23.234Mbit/s（6M 带宽）。

DVB-T2 使用 OFDM 调制，通过大量的子载波传输具有强鲁棒性的信号。与 DVB-T 类似，DVB-T2 提供了不同的模式，从而使其具有很大的灵活性。对于误码保护，DVB-T2 采用了与 DVB-S2 相同的纠错编码。通过使用低密度奇偶校验编码（LDPC）和 BCH 编码，DVB-T2 可以在具有大噪声电平和干扰的环境中传输强鲁棒性的信号。

DVB-T2 为诸如载波数、保护间隔和导频信号等参数提供了多种选项，从而使得传输信道上的开销得以最小化。一种新的称为"旋转星座"的技术，为其在较差信道中提供了附加的鲁棒性。为满足所需的接收条件（如室内天线或楼顶天线接收），DVB-T2 还采用了对信道中的每个业务分别进行鲁棒性调整的机制，即传输系统可工作于适合接收机通过仅解码单个节目而不是整个复用的节目流来节省电力的模式。

2. 系统结构与运作方式

DVB-T2 传输系统顶层功能框图如图 3-5 所示，待传输业务先通过输入预处理器分解成一个或多个 MPEG 传输流（TS）和/或通用流（GS），然后通过 T2 系统进行传输。输入预处理器可以是业务分割器或传输流的解复用器，用于将待传输业务分解成多个逻辑数据流。整个系统的典型输出是在单个射频通路传输的单天线信号。T2 也支持 MISO（多入单出）传输模式，即系统将待传输信号进行空频编码后通过两个发射天线进行发射，接收端使用一个接收天线进行接收。在支持时频分片模式时，T2 系统输出是在多个射频通路传输的多路信号，相应地，接收端也需要支持多个射频通路的调谐器和射频前端。

图 3-5　DVB-T2 传输系统顶层功能框图

3. DVB-T2 与 DVB-T 的比较

DVB-T2 与 DVB-T 共存但不完全兼容，两者基本技术路线的共同点是 CP-OFDM 技术、频域导频技术和 QAM 调制技术。相比 DVB-T，DVB-T2 在物理层（编码/调制）有如下几点改进之处：

- 支持更高阶调制，高达 256QAM；
- 采用更优的 LDPC+BCH 级联纠错编码；
- 支持更多的 FFT 点数，高达 32768，并增加了扩展子载波模式；
- 支持更多的保护间隔选项，最小保护间隔 1/128；
- 优化的连续和离散导频，降低了导频开销；
- 使用了星座图旋转，大大增强了 IQ 回路损伤的抵抗能力。

在支持不同用户数据的层面，DVB-T2 引入了 PLP 的概念，每个 PLP 可以单独进行编码和调制，以得到不同的信道（误码率）特性和时延特性。理论上可以支持多达 255 个不同的 PLP。

这一点 DVB-T 系统中的等级调制与它类似，但是它只支持在一个射频模拟频道中传送两个独立的数字电视传输流，而且高级码流（HP）只能选择 QPSK 调制。ISDB-T 有点类似，但是它也只有 3 个可以单独进行编码和调制的 layer 可用于不同的传输流。国标 DTMB 则没有这个设计。

综上所述，DVB-T2 在传输速率（频谱效率）、用户层面的灵活性等方面相对于其他数字地面电视传输系统有着显著的优势（见表 3-5）。

表 3-5　DVB-T 与 DVB-T2 的全面比较

比较项目	DVB-T	DVB-T2
纠错编码及内码码率	RS+卷积码：1/2,2/3,3/4,5/6,7/8	BCH+LDPC：1/2,3/5,2/3,3/4,5/6/
星座点映射	QPSK,16QAM,64QAM	QPSK,16QAM,64QAM,256QAM
保护间隔	1/32,1/16,1/8,1/4	1/128,1/32,1/16,19/256,1/8,19/128,1/4
FFT 大小（K）	2,8	1,2,4,8,16,32
离散导频额外开销(%)	8	1,2,4,8
连续导频额外开销(%)	2.6	≥0.35
帧结构	一层	三层，包括 P1 符号
COFDM 参数	2 种 FFT 大小，4 种保护间隔，1 种离散导频图案（对应 1 种离散导频开销）	6 种 FFT 大小，7 种保护间隔，8 种离散导频图案（对应 4 种离散导频开销）
星座映射	3 种星座映射图，采用规则映射	4 种星座映射，采用规则映射或星座旋转和 Q 延时
多天线技术	SISO	SISO 与 MISO
信令传输	TPS	P1 信令和 L1 信令
交织技术	卷积交织和自然或深度交织	比特交织、符号交织、时间交织和频域交织
PLP	等效为一个 PLP	多个 PLP，包括公共和数据 PLP
分片技术	无	时间分片、时频分片
峰均比降低技术	无	ACE 技术和预留子载波技术（可选）
FEF	无	有

4. 核心技术与优势

作为第二代欧洲数字地面电视广播传输标准，DVB-T2 在地面数字电视标准的舞台上具备很强的竞争力，主要体现在以下几个方面：

- 比 DVB-T 提高了至少 30％的信道容量，同时也提高了单频网的性能；
- 面向业务的传输鲁棒性；
- 适用于移动和固定接收机的节目传输；
- 对原有 DVB-T 设施的扩展性再利用；
- 减少了峰-均功率比，从而减少了发射端的运营成本。

从表 3-5 中可以发现，DVB-T2 的增强性能也有不少，主要包括以下几点：

- 增加了 IFFT 模式的 OFDM 调制；
- 通过 LDPC 编码进行有效纠错；
- 整合了 DVB-S2 基带帧的概念；
- Q 信号延迟的旋转星座；
- MISO 传输；
- 减少了肩部系数。

（三）ATSC

1. 发展综述

ATSC 是美国的数字电视国家标准，因此在很大程度上可以看成 NTSC 模拟电视标准的数字版本。ATSC 的英文全称是 Advanced Television Systems Committee（美国高级电视业务顾问委员会），成员以美国、加拿大为主，但是 NTSC 的前成员包括日本等并没有采用 ATSC 标准的国家。该委员会于 1995 年 9 月 15 日正式通过 ATSC 数字电视国家标准。ATSC 数字电视标准包括 1080i 和 720p 的高清晰数字电视，也包括标清数字电视、数据广播、多声道环绕音频及卫星数字广播标准。目前采用 ATSC 标准的国家有美国、加拿大和韩国。ATSC 制信源编码采用 MPEG-2 视频压缩和 AC-3 音频压缩；信道编码采用 VSB 调制，提供了两种模式：地面广播模式（8VSB）和高数据率模式（16VSB）。

2. 系统结构与运作方式

从图 3-6 中可以看出，ATSC 的信道编码器输入的是 TS 流，从左到右分别为应用层、压缩层、传送层和传输层，传送层的输出即为 TS 流。

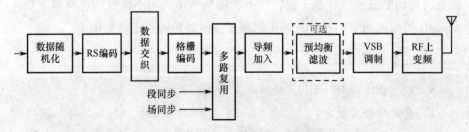

图 3-6　ATSC 信道编码与调制系统

3. 核心技术

1）数据随机化

从图 3-6 中可以看出，数据流进入信道之后第一个进程就是数据随机化，也称为能量扩散或者数据加扰。数据随机化的目的是打碎 TS 流中可能出现的长"1"、长"0"，避免信号在低频段频谱上有大的能量，不适应信道的传输特性。数据随机化的目的还包括使频谱主要能量段向上端移动，其实现方法是用一个 PRBS（伪随机二进制序列）发生器产生一个 PRBS 流，与输入数据流的逐个比特做异或（XOR）运算。

2）RS 编码

RS 编码是以字节为单位进行前向误码校正的纠错编码方法，具有强的随机误码和突发误码校正能力。RS 编码中，输入数据分成段，每段内 k 为符号数，每符号 m 比特，每段可纠错 t 个误码符号，一般 RS 码（n,k,t）可取值为（207,187,t=10）。

3）数据交织

数据交织是在不附加纠错码字的前提下，用改变数据码字（以比特或者字节为单元）传输顺序的方法来提高接收端的抗突发误码能力。传输过程中引入连续的若干比特或者若干字节的误码，经去交织解码而恢复成原顺序时将分散开，使后面的 RS 解码有能力予以纠正。

4）格栅编码

信道编码中，为了提高抗误码的纠错能力，通常采用两次附加纠错码的 FEC 编码。第一个 FEC 编码是 RS 编码，构成（207,187）RS 码，即外编码；第二个 FEC 一般采用卷积编码，即内编码；两者总称为级联编码。ATSC 内编码不是卷积编码，而是格栅编码（Trellis Coded Modulation，TCM），将卷积编码与调制技术结合在一起，在不增加信道带宽与不降低信息速率下获得 3～4dB 的编码功率增益，有利于提高系统抗随机噪声干扰的能力。

4. 主要技术特点

- RS（204,188，T=10），交织深度 I=52；

- 更好的带宽效率；

- 低的 C/N 比门限，系统具有抗脉冲噪声干扰能力；

- 更好的相位噪声性能；
- 低的峰值/平均功率比；
- 较低的接受门限使较小的功率提供较好的覆盖。

从总体来看，ATSC 和 DVB 都很成功，DVB 较好地综合了卫星、地面广播和有线电视，如在纠错编码的方法和系数方面保持了很好的协调性，这样卫星和地面广播节目可以方便地转入有线网络。也正是采用了统一的纠错格式，没有很好地考虑不同传输途径的特点，使得 DVB-T 和 DVB-C 在抗噪声能力方面较 ATSC 和 SCTE 差，COFDM 调制较好地解决了多径接收和移动接收的问题。

（四）ISDB-T

1. 发展综述

从 19 世纪 80 年代中期，日本便开始了模拟高清晰度电视的研究，它试图制订出一个国际性的模拟高清晰度标准。然而欧美却推出了数字高清电视的 DVB-T 和 ATSC 地面传输标准，将日本抛在了后面。于是，日本在 1996 年成立了数字广播专家组（Digital Broadcasting Expert Group，DiBEG），并于 1998 年推出了自己的标准——综合业务数字广播（Integrated Services Digital Broadcasting，ISDB-T），试图在一个信道中实现音频、视频、文字等多业务的传输。

ISDB-T 在 2001 年被 ITU 接受，成为全球第三个数字电视传输国际标准。2006 年 6 月，巴西决定采用 ISDB-T 作为本国的数字广播标准，并在日本的 ISDB-T 的基础上进行了若干修改，使之具有本地化的特点，形成了 SBDTV-T，不过两者的区别不大。ISDB-T 采用频带分割传输正交频分复用（Bandwidth Segmented Transmission OFDM，BST-OFDM）调制技术，期望在一个信道中实现音频、视频、文字等多同种业务的混合播报。ISDB-T 可以在 6M 带宽内传输包括视频（连续图像和伴音）、音频、一般数据等业务的一套或多套节目。ISDB-T 视频编码有两种：MPEG-2 和 H.264。前者用于播放日本的 SDTV 和 HDTV；后者用于日本的 One-Seg 和巴西视频编码。音频编码采用 MPEG-4AAC。

2．系统结构与总体情况

ISDB-T 地面传输标准不限于单独传输数字电视（图像和伴音），也包括了独立的声音和数据广播，这几者可以单独存在或任意组合，构成在带宽 6MHz 内的一路节目或多路节目，这是其优势所在。ISDB-T 系统包括发送部分和接收部分，发送部分的输入是信源编码部分的输出，发送部分的输出是加给发射机输入端的中频已调制信号，在发射机内上变频成射频信号去往馈线和天线。ISDB-T 在信源编码中，图像信号压缩标准一般是 MPEG-2。根据其标准，对于标清数字电视，图像源格式应是 720（704）×480 像素数，取样频率为 4:2:0 模式。至于声音信号的信源编码，日本既未采用 MPEG-2 的压缩标准，也未采用 ATSC 中的 Dolby AC-3 标准，而是采用基于 MPEG-4 的 AAC（高级 AC）压缩方式。ISDB-T 系统中的接收部分，输入信号是 COFDM 调制的射频信号，输出信号是加给信源解码部分输入端的信道解码信号。

ISDB 标准体系框架如图 3-7 所示。

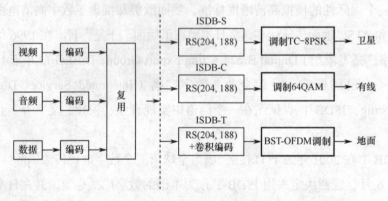

图 3-7　ISDB 标准体系框架

3．主要技术特点

为了与地面电视广播的原频道规划（每频道 6MHz）相适配，ISDB-T 中每个频道的传送带宽为（432kHz×13+4kHz）=5.62MHz 或（432kHz×13+1kHz）=5.617MHz。这是以每 432kHz 作为一个独立的 OFDM（正交频分复用），6MHz 内可包含 13 段 OFDM。而每个 OFDM 段由数据段和导频信号组成，或者说 OFDM 段是指在数据段中加入各种导频信号后于 432kHz 带宽内传送的信息数据流。每个数据段可以独立地指定其载波调制方式（16QAM、64QAM、

QPSK 或 DQPSK）、内码编码率（1/2、2/3、3/4、5/6 或 7/8）、保护间隔比和时间交织深度等。

作为对比，欧洲 DVB-T8MHz 或 7MHz 的每路频道是作为一个总体来处理的，对全部载波的调制方式只能是一种（16QAM、64QAM 或 QPSK），内码编码率基本上是一种（1/2、2/3、3/4、5/6 或 7/8），保护间隔比也只能是一种（1/4、1/8、1/16 或 1/32）。由此可见，ISDB-T 在这些方面的信号处理与 DVB-T 基本上相同，但是更灵活些，可按电视、声音、数据的不同需求优化地选用。

（五）DTMB

1. 发展综述

DTMB，英文全称为 Digital Television Terrestrial Multimedia Broadcasting，中文全称为"数字电视地面广播传输系统帧结构、信道编码和调制"，是中国的地面数字电视广播标准。

在地面数字电视标准体系中，截至 2014 年，已有美国 ATSC、欧洲 DVB-T 和日本 ISDB-T 三个国际电联 ITU 批准的地面数字电视广播传输国际标准。1999 年，中国设立数字电视研发及产业化并成立国家数字电视领导小组，明确将自主制定技术标准。针对中国数字电视应用的具体情况和应用环境，2004 年在上海交通大学推出的 ADTB-T 标准和清华大学研发的 DMB-T 标准之上融合后推出了中国数字电视地面标准 DTMB。

在国家新闻出版广电总局的支持下，中国于 2006 年 8 月 18 日正式颁布了《数字电视地面广播传输系统帧结构、信道编码和调制》（GB 20600—2006）地面数字电视广播传输标准，即 DTMB，实现了固定电视和移动电视的数字电视信号传送。DTMB 于 2007 年 8 月 1 日成为中国广播业地面电视传输的强制标准，这也意味着，为中国广电行业提供视频传送设备的所有数字电视系统供应商将必须采用该标准。

2. 系统结构与运作方式

DTMB 标准同时使用了时域同步正交频分复用和残留边带复用技术，其原理如图 3-8 所示。输入的 TS 数据流经过数据扰乱（随机化）、前向纠错编码（FEC），然后进行比特流到符号流的星座映射，再进行交织后形成基本数据块。基本数据块与系统信息组合（复用）后，经过帧体数据处理形成帧体。而帧体与相应的帧头（PN 序列）复接为信号帧（组帧），经过基带后处理转换为基带输出信号（8MHz 带宽内）。该信号经正交上变频转换为射频信号（UHF 与 VHF 频段范围内，110～862MHz）。这样，电视节目或数据、文本、图片、语音等多媒体信息经过源编码、信道编码后，通过一个或一个以上的发射机发射出去，就可以覆盖一定区域。

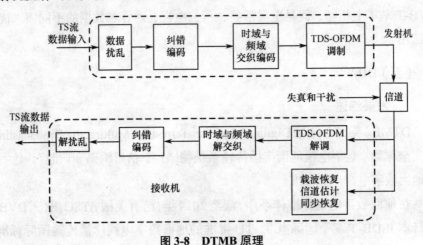

图 3-8   DTMB 原理

3. 核心技术

根据地面数字多媒体电视广播的服务需求、传输条件和信道特征，国标 DTMB 传输系统采用了创新的时域同步正交频分复用（TDS-OFDM）单多载波调制方式。这种调制方式主要针对地面数字多媒体电视广播传输信道线性时变的宽带传输信道特性（频域选择性与时域选择性同时存在的传输信道）所设计。由于 TDS-OFDM 适用于具有多径干扰和多普勒频移的传输信道，因此其同样适用于地面数字多媒体电视广播以外的其他宽带传输系统。

1）TDS-OFDM

DTMB 系统采用了 TDS-OFDM 调制技术，其特点是同步头采用了伪随机序列，在每个 OFDM 保护间隔周期性地插入时域正交编码的帧同步序列。TDS-OFDM 调制按下列步骤进行：

（1）输入的 MPEG-TS 码流经过信道编码处理后通过星座映射形成 3780 点的星座；

（2）采用 IDFT 将该 3780 点星座变换成长度为 3780 的离散样值（单载波模式不需要这一步骤）帧体（500μs）；

（3）在 OFDM 的保护间隔插入长度为 420（或 595，945）的 PN 序列作为帧头；

（4）将帧头和帧体组合成时间长度为 555.56μs（或 578.7μs，625μs）的信号帧；

（5）采用具有线性相位延迟特性的 FIR 低通滤波器对信号进行频域整形；

（6）将基带信号进行上变频调制到 RF 载波上。

2）分级帧

为了实现快速、稳定的同步，DTMB 采用了分级帧结构，它具有周期性，并且可以和绝对时间同步（见图 3-9）。帧结构的基本单元称为信号帧，225 个信号帧定义为一个帧群，480 个帧群定义为一个超帧。帧结构的顶层称为日帧，由超帧组成。信号帧的帧体采用多载波调制方式或单载波调制方式，帧体的子载波数为 3780 或者为 1。子载波数为 3780 时，相邻子载波的间隔为 2kHz，每个子载波符号采用 MQAM 调制。信号帧的帧体除了正常的数据流外，还包含传输参数信令（TPS），用以传送系统配置信息。它由 36 比特组成，并用 QPSK 映射为 18 个子载波或者星座。

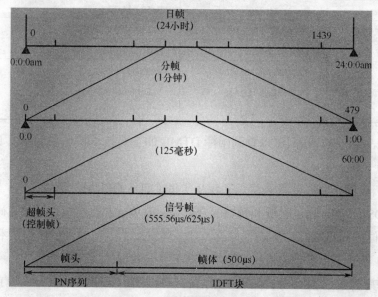

图 3-9　DTMB 分级帧结构

3）原创的广播同步传输技术

PN 序列除了作为 OFDM 块的保护间隔以外，在接收端还可以被用做信号帧的帧同步、载波恢复与自动频率跟踪、符号时钟恢复、信道估计等用途。由于 PN 序列帧头与数据帧体正交时分复用，且 PN 序列对于接收端来说是已知序列，因此，PN 序列和帧头与数据帧体在接收端是可以被分开的。接收端的信号帧去掉 PN 序列后可以看成具有零填充保护间隔的 OFDM。

4. 主要技术特点与比较

DTMB 与 DVB-T 主要参数对比如表 3-6 所示。

表 3-6　DTMB 与 DVB-T 主要参数对比

比较项目	DTMB	DVB-T
帧结构	和绝对时间同步的复帧结构	以 68 个 OFDM 为重复帧 DBPSK
调制	TDS-OFDM	C-OFDM
载波数	1,4K（3780）	2K（1705），8K（6817）
系统参数	每个信号帧 36bit，QPSK	每个 OFDM 符号 1bit
保护间隔	55.56μs，125μs	7μs×2expN，N=1,2,3,4,5
子载波调制	QPSK,16QAM,64QAM	QPSK,16QAM,64QAM
前向纠错编码	LDPC+BCH 码	RS+系统卷积码
时域交织	B=52，M=720	B=52，M=12
频域交织	OFDM 符号内交织	OFDM 符号内交织
带宽/有效	8MHz/7.56MHz	8MHz/7.61MHz
净码率	5.414Mbps/QPSK 16.243Mbps/16QAM 24.368Mbps/64QAM	4.98Mbps/QPSK 13.27Mbps/16QAM 23.42Mbps/64QAM

从表 3-6 中，我们可以看到国标 DTMB 的主要技术特点表现在以下几个方面。

1）采用原创的时域同步正交频分复用（TDS-OFDM）调制技术

TDS-OFDM 通过时域和频域混合处理，简单、方便地实现了快速码字捕获和稳健的同步跟踪，形成了与欧、日多载波技术不同的自主核心技术。

2）基于 PN 序列扩频技术的高保护同步传输技术

用其填充 OFDM 保护间隔，使系统的频谱利用效率提高 10%，并有 20dB 以上同步保护增益。同时便于可靠同步和信道估计，并可扩展用于基站识别、终端定位。

3）快速信道估计技术

新的 TDS-OFDM 信道估计技术，通过正交相关和傅里叶变换实现快速信道估计，提高了系统移动接收性能。

4）前向纠错编码与相位映射相结合的纠错技术

一种新的系统级联纠错内码和最小欧氏距离最大化映射技术，使采用多载波技术的系统信噪比门限获得 10% 以上的改善。

5）与绝对时间同步的帧结构

传输协议设计了与绝对时间同步的复帧结构，方便自动唤醒功能设置，达到省电的目的，支持便携接收；与绝对时间同步机制有利于单频网同步发送信号的功能控制，使单频网同步设备更容易实现。

（六）DTMB 的演进

DTMB-A 是由清华大学数字电视技术研究团队和北京数字电视国家工程实验室联合研发的 DTMB 国家标准的演进系统。2009 年，在国家标准委的支持下，由清华大学电子工程系杨知行、宋健、王昭诚、王军、王劲涛、张超和信息技术研究院潘长勇、彭克武、杨昉、阳辉等教师和学生组成的数字电视标准研发团队坚持完整的自主知识产权，发明类高斯 256APSK 调制方式，突破了传统的 256QAM 调制理论极限。2011 年，DTMB-A 系统通过教育部组织的鉴定，被包括 3 名院士在内的专家组评价为"国际领先"。2012 年，DTMB-A 应用示范系统展出，其性能主要指标超越欧洲二代数字电视标准 DVB-T2，这意味着中国数字电视标准重新登上同类国际标准的技术制高点。

2013 年，在国家发改委的支持下，北京数字电视国家工程实验室、上海数字电视国家工程研究中心和深圳数字电视国家工程实验室，共同推进 DTMB-A 芯片的产业化工作，中关村数字电视产业联盟完成了 DTMB-A 产业链建设。

2015 年 7 月 8 日，国际电信联盟（ITU）在其官方主页上公布：由中国政府提交的中国地面数字电视传输标准的演进版本（DTMB-A）被正式列入国际电联 ITU-RBT.1306 建议书"数字地面电视广播的纠错、数据成帧、调制和发射方法"，成为其中的系统 E。这标志着 DTMB-A 已经成为数字电视国际标准。之前在 2007—2009 年，DTMB 在南美古巴、委内瑞拉、秘鲁、厄瓜多尔等国与美国、欧洲、日本标准进行了一系列的对比测试，均取得了不错的成绩。随着DTMB的推进，目前除了中国，还有亚非拉包括巴基斯坦、老挝、古巴等13个国家和地区开始采用DTMB-A标准，覆盖全球接近20亿人口，取得了国际市场拓展的初步成功。

2017年1月9日，一年一度的国家科学技术奖励大会在人民大会堂举行。由长虹、创维等中国彩电企业参与的"DTMB系统国际化和产业化的关键技术及应用"项目荣获"国家科技进步一等奖"。报道显示，"DTMB系统国际化和产业化的关键技术及应用"项目，在地面数字电视系统中，对数字电视信号进行信道编解码、调制解调、发射接收等地面传输技术进行处理，主要解决传输效率与可靠性问题。该项目单位创新性地完成了DTMB标准的产业化并开展工程建设，近三年实现DTMB相关产品的销售额达到819亿元。

1. DTMB-A的主要演进

从已经公开的数据看，DTMB-A具有如下技术特点和优势：

- 自主知识产权，兼容DTMB，包括国际化等产业化专项正在进行中；
- 8MHz带宽传输速率范围：5.00～49.31Mbps；
- AWGN信道下C/N门限范围：0.6～21.2dB；
- DTMB-A整体性能达到或者超越DVB-T2。

DTMB-A发端框图如图3-10所示。

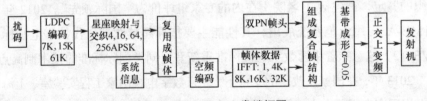

图3-10　DTMB-A发端框图

随着DTMB-A被接收为国际标准，其应用前景开始逐渐明晰，目前最重要、最迫切的是提高DTMB标准的国际市场竞争力，拓展电视产业和文化出口的可持续发展；而且DTMB-A在一个8MHz带宽的模拟频道上最多可以传输5套顶级高清节目，实现地面多路高清、3D电视广播业务，有利于促进农村和城乡接合部的地面、有线数字电视统一标准，助推数字电视一体机市场；尤其值得关注是，DTMB-A支持超高清电视广播传输，视频图像最高可以支持 4000 线，音频从 5.1 声道发展为 22.2 声道的立体空间音频，在未来可以广泛应用在广播电视、电影、教育等领域。

2. 数字电视国际标准的比较

从前面的介绍可以看出，第一代地面数字电视国际标准包括美国 ATSC 标准、欧洲 DVB-T 标准、日本的 ISDB-T 标准及中国的 DTMB 标准。

第一代地面数字电视国际标准比较如表 3-7 所示，不同要求下地面数字电视标准匹配图比较如表 3-8 所示，第一代与第二代标准的技术特点比较如表 3-9 所示。

表 3-7　第一代地面数字电视国际标准比较

	ATSC 标准	DVB-T 标准	ISDB-T 标准	DTMB 标准
制式	VSB 制式	C-OFDM 制式	C-OFDM 制式	TDS-OFDM 制式
处理技术	全时域	全频域	全频域	时、频域联合处理
带宽	6/7/8MHz 可选	6/7/8MHz 可选	6/7/8MHz 可选	6/7/（增补）8MHz 可选

表 3-8　不同要求下地面数字电视标准匹配图比较

条　件	要求与否	ATSC	DVB-T	ISDB-T	DTMB
给定 C/N 门限下高斯频道的最高数据速率	要求	√	×	×	√
	不要求	√	√	√	√
最高的抗多径干扰性能	要求	×	√	√	√
	不要求	√	√	√	√
单频网络	要求	×	√	√	√
	不要求	√	√	√	√
移动接收	要求	×	√	√	√
	不要求	√	√	√	√
分级传输	极重要	×	×	√	×
	要求	×	√	√	×
子数据块独立解码	要求	×	×	√	√
	不要求	√	√	√	√
给定功率下最大覆盖	要求	√	×	×	√
	不要求	√	√	√	√
最高的抗脉冲干扰	要求	√	×	×	√
	不要求	√	√	√	√

表 3-9　第一代与第二代标准的技术特点比较

	第一代地面数字电视标准		第二代地面数字电视标准	
标准名称	DTMB	DVB-T	DTMB-A	DVB-T2
频道带宽	8MHz	6,7,8MHz	1.7,6,7,8,10MHz	1.7,5,6,7,8,10MHz
纠错编码及码率	BCH+LDPC（7K）0.4,0.6,0.8	RS+卷积码 1/2,2/3,3/4,5/6,7/8	BCH+LDPC（15K,61K）1/2,2/3,9/10	BCH+LDPC（15K,61K）1/2,3/5,2/3,3/4,4/5,5/6
星座点映射	QSPK,16QAM,64QAM	QSPK,16QAM,64QAM	4APSK,16APSK,64APSK,256APSK	QSPK,16QAM,64QAM,256QAM
保护间隔	1/9,595/3780,1/4	1/32,1/16,1/8,1/4	1/64,1/32,1/16,1/8,1/4,1/2	1/128,1/32,1/16,19/256,1/8,19/128,1/4
FFT 大小	1,4K	2K,8K	1K,2K,4K,8K,16K,32K	1K,2K,4K,8K,16K,32K
离散导频	0	8%	0	1%,2%,4%,8%
连续导频	0	2.6%	0	0.35%
帧结构	多层帧	OFDM 符号	多层帧	信号帧、超帧
交织	时域，频域	时域，频域	时域，频域，比特	时域，频域，比特
数据分割	时域，频域	时域	时域，频域	时域，频域
扩展能力	定位	无	定位，多天线	定位，多天线

二、手持数字电视标准

前面我们介绍了地面数字电视广播传输的几种主要国际标准，不过随着智能手机及随身便携式影视设备的发展，手持式设备的数字电视标准也开始随之出现。其中，部分从原地面数字电视标准演变而来，部分为新的移动数字电视标准，下面就简要加以介绍。

（一）DVB-H

1. 发展综述

DVB-H 标准全称为 Digital Video Broadcasting Handheld，它是 DVB 组织为通过地面数字广播网络向便携/手持终端提供多媒体业务所制定的传输标准，是常见的三大移动电视标准之一，正式采用是在 2004 年 11 月。2008 年，欧盟将 DVB-H 作为移动电视的首选标准，但是随着芬兰最后在 2012 年 3 月关闭 DVB-H 信号，其商用之途遭遇挫折。该标准被认为是 DVB-T 标准的扩展应用，但是和 DVB-T 相比，DVB-H 终端具有更低的功耗，移动接收和抗干扰性能更为优越，因此该标准适用于移动电话、手持计算机等小型便携设备通过地面数字电视广播网络接收信号。简而言之，DVB-H 标准就是依托 DVB-T 传输系统，通过增加一定的附加功能和改进技术，使手机等便携设备能够稳定地接收广播电视信号。

为了满足 DVB-H 低功耗等方面的需求，DVB 组织的 DVB-H 成员考察了多种视频压缩格式，其中最为看重的是 H.264；另一个压缩格式是微软的 WinMedia，它的性能正在逐步提高。DVB-H 可以保证移动终端在移动环境和微功耗条件下接收数字电视节目，可以很好地和 3G/4G 网络配合使用。3G/4G 网络除完成自身的功能外，还充当 DVB-H 网络的反向控制信道，传输诸如视频点播、电视投票、电视浏览、交互式游戏等业务信令，提供多种个性化的多媒体业务，从而实现两种网络的融合。

虽然 DVB-H 后续还陆续推出了 DVB-IPDC（基于 IP 协议的规范）、DVB-NGH（下一代手机电视规范）和 DVB-SH（卫星手机电视规范），但是由于终端数量有限、商业模式不清晰、内容商不买账等原因，DVB-H 的商业化进程并不顺利。

2．系统结构与运作方式

DVB-H 系统发射端框图如图 3-11 所示。

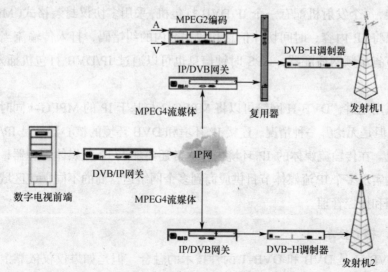

图 3-11　DVB-H 系统发射端框图

系统前端由 DVB-H 封装机和 DVB-H 调制器构成，DVB-H 封装机负责将 IP 数据封装成 MPEG-2 系统传输流，DVB-H 调制器负责信道编码和调制；系统终端由 DVB-H 解调器和 DVB-H 终端构成，DVB-H 解调器负责信道解调、解码，DVB-H 终端负责相关业务显示、处理。

该标准可以最大限度地与 DVB-T 标准兼容，使用现有的 DVB-T 设施。为了达到采用低增益全向单天线的手持接收机在室内与室外都可以接收的目标，DVB-H 标准主要增加了以下内容：

- 延长接收机的电池使用时间，采用时间切片技术（Time Slicing），数据以脉冲方式传输，而不是以连续方式传输，脉冲之间关闭电源，可以大大降低功耗。
- 快速服务网络搜索和锁定。在现有的传输参数信令中（TPS）加入有关 DVB-H 的信息。
- 蜂窝间握手准备。时间切片技术有利于不同蜂窝间转换时的握手准备，通过对相邻蜂窝监控，将传输流的切换时间放在接收机的关闭时间，蜂窝转换时的握手可以保证服务的不中断。

DVB-H 同样采用单频网（SFN），对频率资源再用，每个单频网的半径大约为 40 千米，内部由多个发射机和功率增强器覆盖，发射机之间采用 IP 网联接，每个发射机配有一个 IP/DVB 打包机，采用多协议封装格式（MPE）。它可以将 IP 内容、时间切片信息和数据节内的纠错码，打入传输流当中。为了节省单频网适配器，GPS 时钟信息也可以通过 IP/DVB 打包机插入 TS 流中。

通用地讲，DVB-H 网络可以将 MPEG-2 与基于 IP 的 MPEG-4 同时复用传输，但是无论哪一种情况，连接 IP 环境和 DVB 环境的核心器件是 IP/DVB 打包机。在传输流媒体的 IP 环境内，通常还要加入 IP 流媒体管理器，它的作用是实现多个 IP 流媒体节目供应商到多个网络运营商的不同覆盖区域的路由管理和播控管理。

3. 核心技术

DVB-H 是 DVB 和 DVB-T 两种技术的融合，但是如果仅仅依靠上述两种技术是不能完全解决 DVB-H 所面临的问题的。例如，虽然 DVB-T 已经被证明在固定、移动、便携接收等方面具有非常出众的性能，但是对于手持设备而言还需要进行进一步的改进，如功耗、蜂窝移动下的性能、网络设计等方面。

为此 DVB-H 增加了新的技术模块，它们主要包括如下 4 个模块。

1）时间分片

时间分片技术采用突发方式传送数据，每个突发时间片传送一个业务，在业务传送时间片内该业务将单独占有全部数据带宽，并指出下一个相同业务时间片产生的时刻。这样手持终端能够在指定的时刻接收选定的业务，在业务空闲时间做节能处理，从而降低总的平均功耗。当然，这期间前端发射机是一直工作的，在相同业务的两个时间片之间将会传送其他业务数据，DVB-H 信号就是由许多这样的时间片组成的。

从接收机的角度而言，接收到的业务数据并非是如传统恒定速率的连续方式，数据以离散的方式间隔到达，因此称为突发传送。如果解码终端要求数据速率较低但必须是恒定码率，接收机可以对接收到的突发数据首先进行缓冲，然后生成速率不变的数据流。突发带宽一般为固定带宽的 10 倍左右。突发带宽在固定带宽 2 倍的情况下功耗就可以节省 50%，因此如果带宽为 10 倍，可以节省 90%。

2）多协议封装-前向纠错

DVB-H 标准在数据链路层为 IP 数据报增加了 RS 纠错编码，作为 MPE 的前向纠错编码，校验信息将在指定的前向纠错（FEC）段中传送，我们称之为多协议封装-前向纠错（MPE-FEC）。MPE-FEC 的目标是提高移动信道中的 C/N、多普勒性能及抗脉冲干扰能力。

实验证明，即使在非常糟糕的接收环境中，适当地使用 MPE-FEC 仍可以准确无误地恢复 IP 数据。MPE-FEC 的数据开销分配非常灵活，在其他传输参数不变的情况下，如果校验开销提高到 25%，则 MPE-FEC 能够使手持终端达到和使用天线分集接收时相同的 C/N。DVB-H 采用基于 IP 的数据广播方式。

3）4K 模式和深度符号交织

DVB-H 标准在 DVB-T 原有的 2K 和 8K 模式下增加了 4K 模式，通过协调移动接收性能和单频网规模进一步提高网络设计的灵活性。同时，为进一步提高移动时 2K 和 4K 模式的抗脉冲干扰性能，DVB-H 标准特为两者引入了深度符号交织技术。在 DVB-T 系统中，2K 模式可比 8K 模式提供更好的移动接收性能，但是 2K 模式的符号周期和保护间隔非常短，使得 2K 模式仅仅适用于小型单频网。新增加的 4K 模式符号具有较长的周期和保护间隔，能够建造中型单频网，网络设计者能够更好地进行网络优化，提高频谱效率。虽然这种优化不如 8K 模式的效率高，但是 4K 模式比 8K 模式的符号周期短，能够更频繁地进行信道估计，提供一个比 8K 更好的移动性能。总之，4K 模式的性能介于 2K 和 8K 模式之间，为覆盖范围、频谱效率和移动接收性能的权衡提供了一个额外的选项。

4）传输参数信令

DVB-H 的传输参数信令（TPS）能够为系统提供一个鲁棒性好、容易访问的信令机制，能使接收机更快地发现 DVB-H 业务信号。TPS 是一个具有良好鲁棒性的信号，即使在低 C/N 的条件下，解调器仍能快速将其锁定。DVB-H 系统使用两个新的 TPS 比特来标识时间片和判断可选的 MPE-FEC 是否存在，另外用 DVB-T 中已存在的一些共享比特表示 4K 模式、符号交织深度和蜂窝标识。

（二）T-DMB

1. 发展综述

韩国地面数字电视使用了美国数字电视标准 ATSC，但是该标准无法支持移动电视业务。在人们对移动电视业务需求日趋增长的情况之下，韩国选择了 DAB Eureka-147 欧洲标准作为韩国开展手机电视业务的传输标准，并由此确立了韩国的手机电视国家标准 T-DMB。

T-DMB 作为对 DAB 标准的继承与发展，除了采用 DAB 标准原先所使用的相关技术外，为了进行视频广播，还使用了一系列新技术，如采用适合低比特速率视频业务的视频编码标准 MPEG-4AVC/H.264，节目伴音压缩则采用 BSAC，数据交互使用 BIFS。

从 DAB 系统过渡到 DMB，无须对已有的 DAB 广播前端进行任何改动，只要在前端设备上引入一个 DMB 视频编码器，就可以实现从 DAB 到 DMB

的过渡。其实，DMB 系统中仍沿用了 DAB 的整个系统，只是在 DAB 的 MSC（主业务信道）中划分出一个独立的子信道用于视频业务。而像原先 DAB 中所固有的声音业务、数据业务都保持不变，这也使得 DMB 的部署相对较为容易。而新增的视频业务则主要通过前端的 DMB 视频编码器来实现，视频编码器编码产生的数据流，以 ETI（复合群传输接口）信号形式通过 DAB 的复用器以流模式方式复用到子信道中，与来自其他路的音频或数据复用成高达 2.048Mbps 的 ETI 传输数据流，然后将 ETI 数据流分配给 DAB 同步网中的各个发射台进行发射。

2. 核心技术

T-DMB 系统包括 1 个 DMB 监视系统、2 个视频编码器、视频网关和多路复用器，可以提供灵活的服务，包括视频广播、音频广播、单独的交通/新闻/天气频道。T-DMB 利用 ITU-TH.264 对视频进行编码，利用 MPEG-4BSA 对 C 音频进行编码。然后利用 MPEG-4 同步层和 MPEG-2 传输流对视频、音频及额外的数据进行处理，有些基本模块与 DVB-H 相似。

（三）MediaFLO

1. 发展综述

MediaFLO 是由高通提出的移动电视标准，适于对移动电话、PDA 等可携式装备传送广播资料。广播资料包含多样性的即时影音串流、独立或是非即时的影音"短片"，如股市的走势、体育赛事的分数，以及气象报道等 IP 数据广播应用服务。

MediaFLO 这种"仅限于下行传输（FLO）"的新型多播技术，采用综合优化，实现了以很小的功耗提供优良的移动性和频谱利用率，能够大大降低同时向大批量用户发送相同多媒体内容的成本，并确保良好的用户体验。手机用户不仅能够享受传统的语音和数据业务，而且能够通过同一手机在许多节目频道内容间"冲浪"。

MediaFLO 相对于韩国的 T-DMB、欧洲的 DVB-H 而言，是同类型的竞争标准。MediaFLO 的设备初次在 2006 年国际消费电子展（CES）由乐金、三星等厂商引进。在 2005 年 12 月 1 日，Verizon Wireless 与高通宣布成为 MediaFLO 网络的合作伙伴，并且 Verizon 在 2007 年 3 月 1 日开始其"VCAST

TV"之商业化经营。另外，2007 年 2 月 Cingular Wirless（AT&T Mobility LLC 的前身）也宣布商业化营运，并在 2008 年 5 月开始服务。高通试图将 MediaFLO 的技术国际化，并且意图与其他既有的营运商建立伙伴关系。目前，美国有多家采用 MediaFLO 格式的移动电视广播运营商，我国台湾地区也有几家运营商采用该标准。

2. 技术特点与运作方式

FLO 系统由四个子系统组成，即网络运营中心、FLO 发射机、3G/4G 网络和支持 MediaFLO 终端组成。

其中，网络运营中心由一系列 FLO 网络设备组成，包括国家运营中心（NOC）和一个或者多个本地运营中心（LOC）。NOC 一般包括网络计费、分发及内容管理基础设备，不仅负责管理各类网络元素，还是全国及本地内容提供商向移动终端发送 EPG 等信息的接入点。LOC 主要是作为本地内容提供商向相关市场区域中的移动终端设备发送地方性内容的接入点。

FLO 发射机：每个发射机通过发射 FLO 波向移动终端发送内容。

3G/4G 网络：这些通信网络一般属于一个或者多个无线运营商，支持互动业务，允许移动终端与 NOC 通信，以进行业务订购和接入秘钥分发等。

支持 FLO 的终端：这些终端是指可以接收包含所订购的内容业务和 EPG 的 FLO 波形的设备，以手机为主。

整个 FLO 系统对应两个层次——数据链路层和物理层，其上再增加了上层数据层，在这层中各类数据业务进行 IP 封装，再通过 IP 网络接入数据链路层，在数据链路层，将 IP 信号转换成数据流，同时按逻辑信道分别进行前向纠错及交织。纠错方式同样采用 RS 码，交织却没有使用卷积码而采用先进的 turbo 码，提供了更好的纠错效率；另外，MediaFLO 技术在数据链路层还增加了 QoS 服务。将各逻辑信道数据经复用后接入物理层，FLO 技术同样采用 OFDM 技术保证移动状态接收，模式采用和 DVB-H 相同的 4K 模式，但是增加了分层调制，这样不同接收要求的信号可以使用不同的调制方法，提高了带宽利用率，使业务开展更加灵活。

3. 部分手持电视国际标准的比较

部分手持电视国际标准的比较如表 3-10 所示。

表 3-10　部分手持电视国际标准的比较

项　　目	T-DMB	DVB-H	MediaFLO
信号调制方式	COFDM	COFDM	OFDM
子载波调制方式	DQPSK	DQPSK,16QAM	DQPSK,16QAM,分层调制
信道编码方式（内码/外码）	卷积码/RS	卷积码/RS	Turbo 码/RS
OFDM 模式	2K,1K,0.5K,0.25K	2K，4K，8K	4K
带宽（MHz）	1.536MHz	5/6/7/8MHz	5/6/7/8MHz
理论码率范围 Mbps	1.06～2.3（1.536MHz）	2.49～31.67（8MHz）	3.76～14.96（8MHz）

首先，DVB-H、T-DMB 及 MediaFLO 三种技术，相比传统的地面数字电视标准，主要在信道调制、差错保护、省电技术、视音频编码技术上都进行了不同程度的改进。从表 3-10 中可以看出，T-DMB 较常用的 VHF 频段，一般选用 2K 模式，信号调制采用 DQPSK，交织码采用 1/2 卷积码，则总的可用码率可达约 1.1Mbps，而对于移动电视的一个视频节目而言，如前端采用 H.264 编码方式，并达到 QVGA（320×240）画质，一个质量稳定的节目大约需要 500kbps 码流，因此 DMB 在一个频点只能传 2～3 套视频节目；同理，我们可以推算出，在我国 8MHz 带宽下采用 2K 模式的 OFDM，DVB-H 在一个频点能传送约 6～7 套视频节目；而在 8MHz 带宽下采用 4K 模式，MediaFLO 在一个频点上可以传送 20 个左右 QVGA 品质的视频节目，具有一定的优势。

其次，在差错保护方面，由于 T-DMB 带宽较窄，在相同参数条件下相对纠错能力更强；而 DVB-H 和 MediaFLO 较接近，而高码率条件下，DVB-H 的 C/N 门限值更低。

再次，在针对手持设备必须考虑的功耗问题上，三种标准也是各有所长。在传输功率上，T-DMB 的终端理论能耗应较低，但是由于 DVB-H 采用了时间切片（Time-Slicing）技术，使 DVB-H 终端的功耗大幅降低，理论上可节省 90%的功耗，具体要视传输速率而定。而 MediaFLO 使用分层调制，可使接收终端只接收全部发射信号中的一部分，同时不减弱频率分集和时间分集的效果，从而有效降低功耗。

（四）CMMB

1. 发展综述

目前，在手机等移动便携设备上收看数字电视的实现方案主要有两种：

一种是基于移动通信系统的流媒体方式，另一种是基于数字地面电视的广播方式。中国联通和中国移动目前推出的手机电视业务属于前者，实际上是一种移动网络上的流媒体业务。比较而言，后者的优势在于频谱资源丰富，对用户数量敏感度低，视频流传输速度及质量与带宽无关，而前者在这些方面明显处于弱势；后者对突发及应急事件承受能力强，而前者则会争夺资源，一旦用户饱和就不能传送。

曾出现在中国移动数字多媒体国家标准的候选名单中的有众多标准，不同的标准组织也都竞相游说希望成为中国的移动数字多媒体国家标准。DVB-H、T-DMB、S-TiMi（后成为 CMMB）、DMB-TH、T-MMB、CDMB 等都曾经被认为有望成为移动数字多媒体的国家标准，但是由于工信部与广电部门的意见分歧，其中绝大部分标准最后淡出了标准的争夺范围。在这场争夺战中，由于广电部门最终判断在移动数字多媒体国家标准的评审过程中广电部门提出的标准不能公平地参与竞争，于是主动退出了移动数字多媒体广播国家标准的评审。之后，广电部门决定将 S-TiMi 改名为 CMMB，并确定为广电的行业标准，由广电自行推广，成为在中国大陆地区实际被广泛使用的移动数字多媒体的事实标准。

CMMB 是英文 China Mobile Multimedia Broadcasting 的缩略语简称，意为中国移动多媒体广播电视。CMMB 主要面向手机、PDA 等小屏幕便携手持终端及车载电视等终端提供广播电视服务。CMMB 是国内自主研发的第一套面向手机、笔记本电脑等多种移动终端的系统，利用 S 波段信号实现"天地"一体覆盖、全国漫游，支持 25 套电视和 30 套广播节目。2006 年 10 月 24 日，国家广电总局正式颁布中国移动多媒体广播（俗称手机电视）行业标准，确定采用我国自主研发的移动多媒体广播行业标准 CMMB。

2. 系统结构与运作方式

CMMB 采用"天地一体"的技术体系，即利用大功率 S 波段卫星覆盖全国 100% 的国土、利用地面覆盖网络进行城市人口密集区域有效覆盖、利用双向回传通道实现交互，形成单向广播和双向互动相结合、中央和地方相结合的无缝覆盖的系统。

在 CMMB 的系统构成中，CMMB 信号主要由 S 波段卫星覆盖网络和 U 波段地面覆盖网络实现信号覆盖。S 波段卫星网络广播信道用于直接接收，

Ku 波段上行，S 波段下行；分发信道用于地面增补转发接收，Ku 波段上行，Ku 波段下行，由地面增补网络转发器转为 S 波段发送到移动终端。为实现城市人口密集区域移动多媒体广播电视信号的有效覆盖，采用 U 波段地面无线发射构建城市 U 波段地面覆盖网络。CMMB 系统示意如图 3-12 所示。

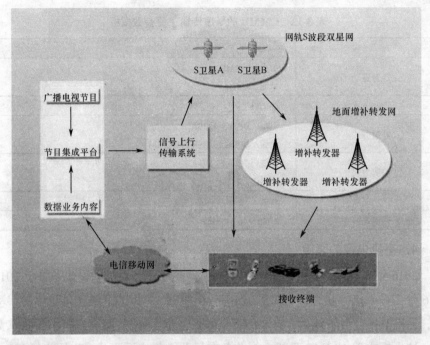

图 3-12　CMMB 系统示意

资料来源：中广传播。

3. 主要技术参数与指标

CMMB 的音视频主要参数指标如表 3-11 所示，CMMB 的信道传输主要参数指标如表 3-12 所示。

表 3-11　CMMB 的音视频主要参数指标

业务名称	主要指标参数
视频广播业务	视频压缩标准：AVS，H.264
	音频压缩标准：MPEG-4AAC
	帧率：25 帧/秒
	图像分辨率：QVGA（320×240）、QCIF（176×144）
	采样格式：4:2:0

业务名称	主要指标参数
音频广播业务	音频压缩标准：DRA
	音频声道：单声道、立体声
	采样率：48kHz、44.1kHz、32kHz

表 3-12　CMMB 的信道传输主要参数指标

项　目	主要参数/指标
带宽	卫星：3×8MHz
	地面：8MHz
调制方式	OFDM
映射方式	卫星：BPSK、QPSK
	地面：BPSK、QPSK、16QAM
编码方式	外编码：RS
	内编码：LDPC
保护间隔	51.2μs
码率范围	2.046～16.243Mbps

4. 手机电视的衰微

2016 年 5 月 18 日，中国移动在官网发布公告称，手机电视业务将于 2016 年 6 月 1 日 0 点停止办理，并于 2016 年 6 月 30 日 24 点正式下线。中国移动称，手机电视业务下线后，自 2016 年 7 月 1 日起，原收费客户将不再收取费用。这也标志着 CMMB 手机电视业务在运营 8 年之后正式退出历史舞台。

2009 年，CMMB 运营方中广传播与中国移动签署合作协议，CMMB 成为中国移动 TD-SCDMA 手机集采的标配。2010 年 3 月 22 日，中国移动正式宣布手机电视业务商用。手机电视业务包括全国性节目和地方性节目，节目也分为免费频道和收费频道。订购手机电视业务的收视套餐内容后，按月收取收视费，标准为 6 元/月。

手机电视业务推出之后一度很受关注，但随着 3G、4G 的普及和宽带速度的提升，互联网电视逐渐兴起；手机电视业务只限于特定的手机终端使用，终端品种有限，用户拓展也相对艰难；再加上 CMMB 运营方中广传播的运营不善导致节目内容的匮乏，其业务越来越鸡肋，直到最后清盘。

其实这种遭遇不仅仅是 CMMB 独有的，全球范围内的手机电视都在互联网电视的冲击下日渐式微。DVB-H 手机电视标准虽然在 2008 年得到了欧盟的认可，诺基亚等也推出了相应的终端产品，但是始终没有得到运营商的支持，不得不逐步走向式微；高通力推的 MediaFLO 标准更是始终没有得到美国政府的支持；韩国主推的 T-DMB 手机电视在推出不久之后也遭到用户的投诉，陷入"四面楚歌"的尴尬境地，再加上商业模式不明晰，一度是全球手机电视发展最好的国家之一的韩国也遭遇严重困局。尤其是 2010 年之后，随着全球 4G 技术的推广和普及，互联网手机电视变得日趋普遍，而且资费的降低也让它迅速走入寻常百姓家，这几乎宣判了传统手机电视业务的死刑。

第二节　系统层：移动电视硬件与相关技术

移动电视的硬件系统基本上可以分为前端系统、传输网络、单频发射网及接收系统，具体而言又可以细分为非编系统、演播室、前端系统、发射机、天线、终端、机顶盒等。

其中，前端主要设备和软件包括 MPEG-4 编码器、数字视频码流服务器、播出控制软件、码流发生器、数据协议处理和打包机、复用器、单频网适配器、同步钟源等。

系统中传输网络上接单频网适配器，下连单频网同步系统，其主要由发送网络适配、网络分配、接收网络适配等部分组成。它的主要功能是选择合适的传播媒体及其对应的收发适配器，如光缆、微波等，进行点对点或一点对多点分配，以及提供各类接口，如 ATM 接口、SDH 接口、PDH 接口等。

发射系统主要设备和软件包括单频网规划和设计、单频网调试、城市覆盖测量、数字发射机、调制器、单频网适配器、数字邻频双工器、GPS 同步钟源、隙缝发射天线等。相应地，接收系统主要设备和软件包括移动接收天线、移动接收机、移动接收控制软件、移动存储软件、显示屏等。

一、单频发射网

通常的地面电视网络可以由多个发射机传送不同的电视节目，各个发射机采用不同的发射频率，这种网络称为多频网（MFN）。由于每一台发射机的发射功率有限，为了进行大面积覆盖，我们必须采用多台发射机，为了防止同频干扰，每台发射机必须使用不同的频率。同时，由于数字电视系统信号质量变化的"悬崖"效应，直接采用模拟电视网的规划方法是不行的，通常在此基础上要多加 10~20dB 的余量，这样数字电视多频网和模拟电视网络所占用的频率资源基本相近，为了根本提高频谱的利用率，唯一方法是采用单频网（SFN）。

（一）概念综述

单频网（Single Frequency Network，SFN）是由多个不同地点的处于同步状态的无线电发射台，在同一时间、以同一频率发射同一信号，以实现对一定服务区的可靠覆盖。它显然不同于模拟电视时代采用不同频率转播同一节目的多频网方案。由单频网的定义可以看出，在一个单频网当中，所有发射机都在同一时间，采用同一频率同时传送同一数字电视信号的同一个比特，这里可以总结为三同步，即同一时间、同一频率和同一比特。通常多个发射机的多路径信号以及同一发射机的直射与反射信号会在接收机端形成信号的叠加，可以提高接收信号的质量；但是，多路径信号也会带来负面的自我干扰的问题，如当来自两个发射机的信号或同一发射机的入射和反射信号产生相位差，后一个信号就成为前一信号的干扰源，使合成信号会衰减甚至抵消，为了解决这一问题，DVB-T 系统中引入保护间隔（Guard Interval）的概念，前面已有介绍。

单频发射网（采用 GPS 同步）框图如图 3-13 所示。

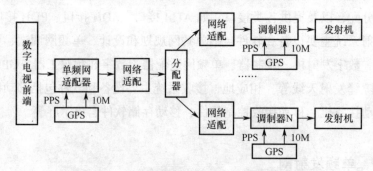

图 3-13　单频发射网（采用 GPS 同步）框图

由图 3-13 可以看出，发射网络由传输网络与发射台组成，各发射台中有调制器（包含单频网适配器）和发射机，还需要一个同步钟源（一般多采用

GPS），其中核心的硬件设备无疑是发射机和天线。当然，不采用 GPS 也可以实现，可以在数据中加入系统同步信息，然后再通过光纤传送到各发射点，接收点接收数据延时一段时间再进行调制后即可进行发射，这种方式虽然麻烦，但是可以降低发射点的设备成本。单频网适配器的主要功能是在数字码流中插入了一个 MIP 包，以传输同步信号，各点调制器将码流进行抗干扰处理并调制成 IF 信号，发射机将 IF 信号上变频为 RF 信号，并且尽量不失真地进行功率放大，然后通过天线向空中发射。由于 RF 信号是宽带数字功率谱，因此天线的带宽十分重要。如果要在同一塔上模拟频道的邻频播出，无须再架设天线和馈线，只要添置一台数字邻频双工器，就可实现数字信号在模拟频道的邻频发射。

（二）系统构成

1. MPEG2 再复用器

MPEG2 再复用器的作用是过滤并复用来自不同信号源的节目，如卫星网、编码器、视频复用器等，加入数字电视服务信息（SI），出于商业运营原因对某些或全部频道进行加扰，然后将传输流送入单频网适配器，进入 DVB-T 调制器。

2. 单频网适配器

单频网适配器的作用是将 GPS 的标准时间和标准频率插入到 TS 流中。它向 8K 模式的 8 个帧或 2K 模式中的 32 个帧的整数倍构成的巨级帧（Mega Frame）里面插入一个巨型帧初始包（Mega Frame Initialization Packet，MIP）。DVB 标准中为它分配一个标准 PID=0×15，MIP 可以插入一个巨型帧的任何位置，插入第 n 个巨型帧的 MIP_n，通过指针可以帮助确定第 $n+1$ 个巨型帧的起始位置。

3. 传输和接收网络适配器

该网络适配器必须提供从主前端、主发射站到分发射机的透明传输，传输和接收适配器必须实现相反的转换功能分配，网络所产生的最大延迟必须小于 1 秒，这样后面的同步系统才能实现同步。最常用的网络适配器为 ASI-ATM、ASI-RF 转换器。

4. 同步系统

通过将插入的 MIP 包中的 STS 同步的时间标识与局部的进程时间进行比较，同步系统计算出单频网同步所需的额外时间，对网络传输时间进行补偿。该部分通常内置到下面的调制器中。

5. 调制器

该调制器必须提供从网络适配器到天线的固定时延。在 MIP 包内插入的信息可以用于控制本地和远端调制器的传输模式，位于不同发射塔的不同发射机中的调制器的时钟必须同步，根据单频网的要求，所有发射机的信号都必须相同，每个调制输入的码流必须比特同步。

6. 全球定位系统（GPS）

GPS 是多种可以用于 DVB-T 系统的时钟之一，但是它却是最经济的，在全球任何地点都可以找到的方便使用的时钟，GPS 接收机可以提供 10MHz 标准频率和每秒一个脉冲的 1pps 标准时间，在单频同步网中，1pps 时间被分成 100ns 的步进，标准频率 10MHz 及标准时间 1pps 应该在 DVB-T 网络中任何一点都可以获取。

（三）发射机

当然，作为发射系统的核心，发射机无疑是最重要的。其中，发射机按用途可分为单频发射机，也称固态发射机和宽带发射机。模拟发射机一般都是固态发射机，要同时发送几个频点需要用合成器合并功率后使用一个天线发射，也可使用几个天线发射。数字发射机一般都可作为宽带发射机使用。

地面数字电视广播发射机属于其发射部分。发射部分主要由传输网络适配器、发射机和天馈线系统等组成，在单频网中还应该有 GPS 接收机。为了保证发射系统的正常运行需要有一些必需的测试设备，主要有场强仪、功率计、频谱仪、网络分析仪、标准接收天线、50 欧假负载等。地面数字电视发射系统的发射功率决定了地面字电视信号的电场强度，直接关系到地面数字电视广播发射系统的有效覆盖范围、覆盖区域服务质量和信号传输可靠性。

数字电视发射机的发射功率为平均功率，与以前模拟发射机的标称功率概念不同，不同的调制标准，其峰均比也不同。通常 1kW 的数字发射机相当于 3kW 模拟电视发射机的功率容量，功放模块配置、电源配置等基本相同。

发射机构成原理如图 3-14 所示。

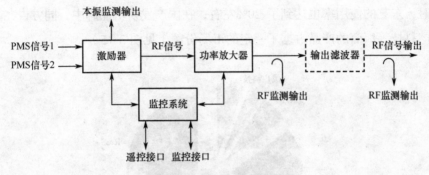

图 3-14　发射机构成原理

移动电视发射机主要包括激励器、功率放大器、监控系统及冷却系统。

1．激励器

激励器主要是将 PMS 信号按照规定进行编码调制，并进行线性和非线性预校正，然后输出射频信号。它是发射机的核心部分，发射机的绝大部分指标都是由激励器决定的。对于移动电视发射机来说，具有性能优良的线性与非线性预校正功能，将极大地改善发射机性能，提高发射机效率。

2．功率放大器

功放模块内包括输入电平监测、前置级、推动级和放大输出级。末级放大器主要采用感应输出管 IOT、四极管，包括双向四极管的单电子管及全固态功率放大器。

3．监控系统

监控系统主要提供功率控制、实时监控和报警、管理配置、自动保护及监测输出等功能。

4．冷却系统

冷却系统主要有风冷与液冷两种系统。其中，液冷系统比风冷系统可以有效降低发射机的运行噪声，改善发射机房的环境；冷却液无论是乙二醇加水还是防冻液，其传导效率都远大于风，冷却系统的进水温度与出水温度仅相差几摄氏度，发射机产生的热量被及时吸收释放，降低了日常维护量。

在国内移动电视系统中，来自欧洲的罗德与施瓦茨公司（R&S）的发射机无疑具有较高的占有率，在接受调查的移动电视公司中采用比例高达50%；同时，东芝的使用率也达到了20%左右；在国产发射机品牌中，同方吉兆、北广科技等厂商的产品占据了一定的市场份额（见图3-15）。

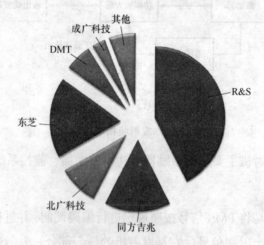

图 3-15 发射机品牌应用情况

资料来源：《2017中国移动电视发展报告》企业调研。

二、地面数字电视接收系统

地面数字电视接收系统主要设备包括移动接收天线、移动接收机、移动接收控制软件、移动存储软件、显示屏等。

其中，高频头是负责将射频信号转换成解调器可以接受的中频或基带调制信号。解调器负责信道特性补偿、信道解调、信道解码等，输出为包含广播数据的码流。解复用将所需的广播数据从其他码流信号中分离出来。根据控制信息，从分离出来的信号中选择对应于本机的视音数据进行下载或实时播放，并对所得到的其他多媒体数据进行相应的处理，并最终根据用户的要求在显示器件上显示。

（一）机顶盒

接收系统中的移动接收机，也就是所谓的地面数字电视机顶盒。

地面数字电视机顶盒在功能上其实与普通的有线数字电视机顶盒差别不大，其基本功能是接收地面数字电视节目。其主要技术涉及信道解码、信源解码、上行数据的调制编码、嵌入式 CPU、MPEG-2 解压缩、机顶盒软件、显示控制和加解扰技术等。

1. 主要技术

1）信道解码

数字电视机顶盒中的信道解码电路相当于模拟电视机中的高频头和中频放大器。在数字电视机顶盒中，高频头是必需的，不过调谐范围包含卫星频道、地面电视接收频道、有线电视增补频道。根据地面数字电视已有的调制方式，信道解码应包括 QPSK、QAM、OFDM、VSB 等解调功能。

2）信源解码

模拟信号数字化后，信息量激增，必须采用相应的数据压缩标准。数字电视广播采用 MPEG-2 视频压缩标准，适用多种清晰度图像质量。音频则有 AC-3 和 MPEG-2 两种标准。信源解码器必须适应不同编码策略，正确还原原始音、视频数据。

3）CPU

嵌入式 CPU 是地面数字电视机顶盒的心脏，当数据完成信道解码以后，首先要解复用，把传输流分成视频、音频，使视频、音频和数据分离开，在数字电视机顶盒专用的 CPU 中集成了 32 个以上可编程 PID 滤波器，其中两个用于视频和音频滤波，其余的用于 PSI、SI 和 Private 数据滤波。CPU 是嵌入式操作系统的运行平台，它要和操作系统一起完成网络管理，显示管理、有条件接收管理（CA 卡）、图文电视解码、数据解码、OSD、视频信号的上下变换等功能。

4）MPEG-2 解码

MPEG-2 是数字电视中的关键技术之一，实用的视频数字处理技术基本上是建立在 MPEG-2 技术基础上的，MPEG-2 是包括从网络传输到高清晰度电视的全部规范。MPEG-2 图像信号处理方法分运动预测、DCT、量化、可变长编码 4 步完成，电路是由以 RISC 处理器为核心的 ASIC 电路组成。

MPEG-2 解压缩电路包含视频、音频解压缩和其他功能。在视频处理上要完成主画面、子画面解码，最好具有分层解码功能。图文电视可用 APHA 迭显功能选加在主画面上，这就要求解码器能同时解调主画面图像和图文电视数据，要有很高的速度和处理能力。OSD 是一层单色或伪彩色字幕，主要用于用户操作提示。

在音频方面，由于欧洲 DVB 采用 MPEG-2 伴音，美国的 ATSC 采用杜比 AC-3，因而音频解码要具有以上两种功能。国内音频标准倡导使用 AVS，并逐渐加以强制推广，中国地面数字电视必须符合该标准进行接收传输。

2. 机顶盒软件组成

数字化后，数字电视技术中软件技术占有更为重要的位置。除了音视频的解码由硬件实现外，包括电视内容的重现、操作界面的实现、数据广播业务的实现等都需要由软件来实现，具体如下。

1）硬件驱动层软件

驱动程序驱动硬件功能，如射频解调器、传输解复用器、A/V 解码器、OSD、视频编码器等。

2）嵌入式实时多任务操作系统

嵌入式实时操作系统是相对于桌面计算机操作系统而言的，它不装在硬盘中，系统结构紧凑，功能相对简单，资源开资较小，便于固化在存储器中。嵌入式操作系统的作用与 PC 上的 DOS 和 Windows 相似，用户通过它进行人机对话，完成用户下达的指定。指定接收采用多种方式，如键盘、鼠标、语音、触摸屏、红外遥控器等。

3）中间件

开放的业务平台的特点在于产品的开发和生产以一个业务平台为基础，开放的业务平台为每个环节提供独立的运行模式，每个环节拥有自身的利润，能产生多个供应商。只有采用开放式业务平台才能保证机顶盒的扩展性，保证投资的有效回收。

4）上层应用软件

上层应用软件执行服务商提供的各种服务功能，如 EPG、NVOD、VOD、数据广播、IP 电话和可视电话等。上层应用软件独立于机顶盒的硬件，它可以用于各种 STB 硬件平台，消除应用软件对硬件的依赖。

在地面数字电视机顶盒方面，基本上是国内品牌一统天下，调查的结果基本上也证实了这一点。厦华电子、大连华录、深圳嘉晔、北广科技、上海国茂、九联电子、数码视讯、杭州微元等国产品牌占据了绝大部分市场。随着地面数字电视市场的日趋稳定，机顶盒品牌也逐渐集中，一些小品牌逐步淡出市场，而一些主力品牌的市占率开始提升，如深圳嘉晔、厦华、华录等一直在地面数字电视领域耕耘，也得到了众多地面数字电视运营商的认可（见图 3-16）。

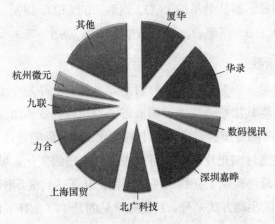

图 3-16　地面数字电视机顶盒品牌应用情况

资料来源：《2017 中国移动电视发展报告》企业调研。

（二）接收天线

移动电视接收端的移动天线是接收端的主要设备之一，当淘汰了地面数字电视机顶盒，把电视机作为一种计算机后，只要把全向天线插入数字电视机就可以收看电视节目。在移动状态下接收数字电视，由于信号随着不同地理位置变化，而信道特性亦呈现出动态变化。这就要求天线对不同信道的动态特征变化的稳定可靠性做出实时反应，因此移动电视的天线必须在全方位范围内能保证一定的带宽和增益。

在这些接收范围内，多径衰落、多普勒频移等小范围衰落是不可避免的问题，解决这些衰落和干扰成为备受关注的问题。为了解决衰落问题，改善数字电视广播移动接收的信号质量，在接收设备上使用了多种措施，如信道解码纠错技术、抗衰落接收技术等，但双/多天线分集接收技术是最明显、有效的解决方案。接收天线的原理如图 3-17 所示。

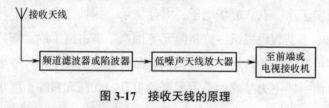

图 3-17　接收天线的原理

（三）终端显示屏

移动电视的显示器从最早的 LCD，到后来的 LED，以及目前正在进行产业化推进中的 OLED，正朝着高清、节能的方向发展。

1. 液晶显示器

液晶显示器是一种采用液晶为材料的显示器。液晶是介于固态和液态间的有机化合物，将其加热会变成透明液态，冷却后会变成结晶的混浊固态。在电场作用下，液晶分子会发生排列上的变化，从而影响通过其的光线变化，这种光线的变化通过偏光片的作用可以表现为明暗的变化。就这样，人们通过对电场的控制最终控制了光线的明暗变化，从而达到显示图像的目的。

从液晶面板的驱动方式来分，目前最常见的是 TFT（Thin Film Transistor）型驱动。它通过有源开关的方式来实现对各个像素的独立精确控制，因此相比之前的无源驱动（俗称伪彩）可以实现更精细的显示效果。因此，大多数的液晶显示器、液晶电视及部分手机均采用 TFT 驱动。液晶显示器多用窄视角的 TN 模式，液晶电视多用宽视角的 IPS 等模式，它们统称为 TFT-LCD。

需要注意的是，液晶显示器本身是一种非自发光显示器技术，必须借助于背光源显示影像，因而背光的发展对液晶显示的性能非常重要，但随着液晶显示尺寸大型化的需求不断增长，传统背光源的成本比重也在不断增加。背光源正在轻、薄、低功耗、高亮度、低成本上努力改善。背光源目前主要有 EL、CCFL 及 LED 三种背光源类型，依光源分布位置不同则分为侧光式和直下式（底背光式）。

随着 LED 的技术不断发展，LED 背光源的市场占有率迅速扩大。原来以荧光灯管作为光源的液晶显示器正逐步被 LED 液晶显示器所取代。其实，不只是液晶显示器，其他各种应用的液晶显示产品中使用 LED 背光源的比例也都逐年递增。甚至有预测指出，今后以荧光灯管作为光源的液晶显示器或可能退出市场。

2．LED 显示屏

LED 显示屏也是平板显示器的一种，它是由一个个小的 LED 模块面板组成，用来显示文字、图形、图像、动画、行情、视频、录像信号等各种信息的显示屏幕。LED 显示屏分为图文显示屏和视频显示屏，均由 LED 矩阵块组成。图文显示屏可与计算机同步显示汉字、英文文本和图形；视频显示屏采用微型计算机进行控制，图文、图像并茂，以实时、同步、清晰的信息传播方式播放各种信息，还可显示二维、三维动画、录像、电视、VCD 节目及现场实况。需要注意的是，LED 显示屏与 LED 背光的液晶显示器不是一个概念。

LED 显示屏之所以受到广泛重视而得到迅速发展，是与它本身所具有的优点分不开的。这些优点概括起来是亮度高、工作电压低、功耗小、大型化、寿命长、耐冲击和性能稳定。目前，LED 显示屏广泛应用于金融、税务、工商、邮电、体育、广告、厂矿企业、交通运输、教育系统、车站、码头、机场、商场、医院、宾馆、银行、证券市场、建筑市场、拍卖行、工业企业管理和其他公共场所，尤其是用于户外场所的广告宣传。

目前，LED 显示屏的造价还比较贵，因此主要应用在城市的繁华场所，作为多媒体广告的一部分。单双色 LED 显示屏主要应用于交通、高速公路、银行、证券交易等金融场所。随着人们生活水平的提高，我们相信户外 LED 显示屏将逐渐应用于各个行业。

3．OLED 显示器

OLED 有机电激发光二极管由于同时具备自发光，不需背光源、对比度高、厚度薄、视角广、反应速度快、可用于曲性面板、使用温度范围广、构造及制程较简单等优异之特性，被认为是下一代的平面显示器新兴应用技术。OLED 近期的技术发展方向是解决器件的成品率、寿命和彩色化问题。从长远看，OLED 未来的发展必将沿着小尺寸—中尺寸—大尺寸—超大尺寸、单色—多色—彩色、无源—有源、硬屏—软屏的脉络进行发展。

在量产技术逐渐成熟的情况下，OLED 产业目前正在持续成长，世界各大光电厂商纷纷加入竞争行列。国际上从事有机发光显示研究开发及产业化的公司超过 100 家，其中一部分公司已开始进行批量生产。欧美地区也有众多公司投入研发，如 CDT、柯达、杜邦、UDC、eMagin、飞利浦等；在日本的主要公司包括三洋、东芝、索尼、精工爱普生等；韩国已有三星、LG 等 10 余家企业宣布涉足 OLED 产业；我国台湾省也有铼宝、东元激光、友达、悠景等多家厂商投入到 OLED 产业。中国大陆有 30 多家科研机构和企业从事 OLED 的研发和产业化工作，主要包括清华大学、华南理工大学、吉林大学、上海大学、北京维信诺公司、上海广电电子集团、TCL 集团等。

目前困扰 OLED 普及的主要因素是良品率，从而导致价格居高不下。2013 年，达到了主流电视机尺寸的 OLED 电视终于出现在零售卖场时，很多消费者却都被它们的价格惊呆了：当时一台 55 英寸 1080P OLED 电视价格基本在 5 万元左右，几乎是同尺寸 LED 液晶电视价格的 10 倍左右。进入 2017 年后，随着上游 OLED 面板企业生产工艺的持续提升，良品率终于达到了较高的水准——超过 85%，预计 2017 年能达到接近传统液晶生产线良品率的水准。这就意味着，OLED 面板良品率与液晶面板差距缩小，将进一步降低 OLED 电视面板的生产成本。同时，OLED 面板的产能进一步释放，2016 年中国本土的主要面板厂京东方、华星光电等都在加强 OLED 产业布局，其中京东方首个 OLED 电视用面板已于 2016 年试产成功。2017 年 OLED 面板供应紧张情况将得到缓解，据奥维云网的数据显示，预计 2017 年 OLED 面板全球出货量将达 150 万片，同比增长 78%。

当然，一项新的技术替代另一项技术，不可能一蹴而就，需要一个发展、培育和引爆的阶段。例如，液晶电视取代 CRT 就花费了 7～8 年的时间。预计，OLED 替代液晶电视也将会经历一个周期，但步伐也会更快。

除了上述几种显示终端外，CRT 显示和 PDP 等离子显示也是常见的显示方式，但是由于移动电视安装空间和使用环境的限制，这类产品的使用情况并不常见，在此不再赘述。

从本次调查情况看，地面数字电视的终端品牌已趋于集中，京东方、厦华、华录、海菱电子等产品拥有较高的采用率。其中，京东方在这一领域长期耕耘，也被各地的地面数字电视运营商所接受，在接受调查的地面数字电视运营商中超过 50%采用了京东方的终端；厦华、海菱电子、华录等品牌的终端采用率也比较高（见图 3-18）。

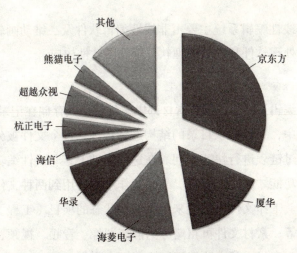

图 3-18　地面数字电视终端品牌使用情况

资料来源：《2017 中国移动电视发展报告》企业调研。

三、其他相关设备与技术发展

在地面数字电视系统中，除了发射系统、接收系统等，还涉及非编系统、演播室等，在此简要介绍一下。

（一）非线性编辑系统

非线性编辑是相对于传统上以时间顺序进行线性编辑而言的。非线性编辑借助计算机来进行数字化制作，几乎所有的工作都在计算机里完成，不再需要那么多的外部设备，对素材的调用也是瞬间实现，不用反反复复在磁带上寻找，突破了单一的时间顺序编辑限制，可以按各种顺序排列，具有快捷简便、随机的特性。非线性编辑只要上传一次就可以多次编辑，信号质量始终不会变低，所以节省了设备、人力，提高了效率。

非线性编辑需要专用的编辑软件、硬件，现在绝大多数的电视电影制作机构都采用了非线性编辑系统。一个非线性编辑系统从硬件上看，可由计算机、视频卡或 IEEE1394 卡、声卡、高速硬盘、专用板卡（如特技加卡）以及外围设备构成。为了直接处理高档数字录像机来的信号，有的非线性编辑系统还带有 SDI 标准的数字接口，以充分保证数字视频的输入、输出质量。其中视频卡用来采集和输出模拟视频，也就是承担 A/D 和 D/A 的实时转换。从软件上看，非线性编辑系统主要由非线性编辑软件及二维动画软件、三维动画软件、图像处理软件和音频处理软件等外围软件构成。

1. 文件

在非线性编辑系统中，所有素材都以文件的形式存储在记录媒体（硬盘、光盘和软盘）中，并以树状目录的结构进行管理。每个文件被分成标准大小的数据块，通过链表进行快速访问。在这一基础上，非线性编辑系统的快速定位编辑点的功能才能充分发挥。编辑工作中主要用到两种文件——素材文件和工作文件。工作文件包括用来记录编辑状态的项目（工程）文件和管理素材的库文件等；素材文件可粗略分为静态图像、音频、视频、字幕和图形文件等几大类。素材文件中除了可记录画面和声音数据以外，还能够保存素材的名称、类别、大小、长度及存储位置等信息，极大地方便了节目的制作和素材的管理。

2. 图像

通常，可以用多种格式保存数字化的彩色静态图像文件，而且不同格式的图像可互相转换。图像文件资源极其丰富，兼容性也比较好，一般可在不同的非线性编辑系统之间交换。编辑中较常用的是录制三维动画的 TARGA 格式、平面图像处理用的 TIFF 格式和彩色位图图像 BMP 格式的文件。

3. 图形

字幕文件是计算机内部生成的矢量图形文件，它与图像文件的主要区别在于，任何时候都可以对文字和图形对象进行修改，调整其大小、位置、色彩和层间覆盖关系。图形文件不像图像文件一样，记录屏幕上每个像素点的色彩信息，而是记录关键点的坐标、颜色和填充属性等参数，因此在磁盘上占用的空间比较小。

4. 音频

录入非线性编辑系统中的声音多数以不压缩的采样波形文件的形式保存。在音频数字化时，模数转换的采样频率和采样深度影响系统中存储的声音信号的质量和音频素材所占用的磁盘空间。采样频率越高，采样深度越大，录制的声音质量就越好，相应占用的存储空间也越大。多数电视台播出时采用单声道的电视伴音信号,一般采样频率在 22kHz 以上,采样深度 16 比特即可满足要求。随着对伴音质量要求的提高,部分电视台已过渡到使用立体声音频信号进行部分节目的播出,相应地需要选择 CD 质量的声音处理方式,即以 44.1kHz 的频率采样,记录成 16 比特的立体声信号。

5. 视频

一般用分辨率、帧速率和色彩数等参数作为描述数字视频信号的指标。电视节目后期制作中,要求图像分辨率为 720×576 或 768×576(PAL 制)。PAL 制电视节目的帧速率为 25fps(帧每秒);制作多媒体光盘出版物时一般选 15fps 的帧速率。电影和 NTSC 制式电视的帧速率分别为 24fps 和 30/29.97fps。描述每一像素的字节数决定了最多可同屏显示多少种颜色,一般为 256 色、65536 色和 16777216 色(真彩色)。色彩数越多,能表现的彩色层次越丰富。

非线性编辑已经成为电视节目编辑的主要方式,由于其数字化的记录方式、强大的兼容性、相对较少的投资等特点,已被广泛应用。非线性编辑多用于大型文艺晚会、电视节目及电视、电视剧片头、宣传片的制作。目前国内的非线性编辑系统已经基本实现了国产,以中科大洋、上海索贝、新奥特等为代表的厂家占据了国内大部分的市场份额。从接受调查的运营商来看,中科大洋、上海索贝、新奥特、苹果等品牌的非编系统在移动电视运营商中占有率较高(见图 3-19)。

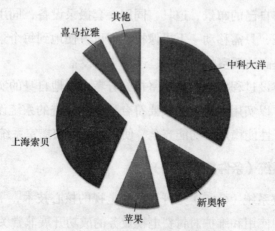

图 3-19 非编系统不同品牌的应用情况

资料来源:《2017 中国移动电视发展报告》企业调研。

（二）演播室

演播室是利用光和声进行空间艺术创作的场所，是电视节目制作的基地，也是新闻宣传单位的必备场地。演播室除录制声音外，还要摄录图像，演员在里面进行表演。因此，它必须具有足够的声、光设备和便于创作的条件。演播室系统包括视频系统、音频系统、灯光系统、通话系统和空调、消防、地线、供电系统等。

电视演播室根据用途不同一般从面积上分为大型（400平方米以上），中型（150平方米左右）和小型（50平方米以下）。对于地面数字电视制作机构来说，除个别情况外，中小型演播室基本上就可以满足日常节目制作的需要。

大型演播室多用于场面较大的歌舞、戏曲、综艺活动等节目，也可拍电视剧，在一个大型演播室内可以分割成若干个小景区，一个接一个顺序地拍下去，拍过的景区随即更换布景再拍另外场景的节目，以提高演播室利用率。中型演播室，以小型戏曲、歌舞、智力竞赛或者座谈会等为宜。制作形象化教学节目或编排一些带情节的教育片时最适用。小型演播室以新闻、节目预告、板式教学等动作不大的节目为主，更多的是用于插播、配解说和拍摄小型实物。

一般的中型演播室，可设置多个景区，以达到综合利用演播室的目的。可制作专题节目，如知识问答、人物访谈、新闻等各种栏目的节目都置于一个演播室，各有自己的布景、道具，同用一套摄录设备，同用一个控制室，只要把时间排开，只需移动一下摄像机，即可方便地到每个景区前去拍摄节目。这样可以提高演播室的利用率，还可节约设备。

在演播室建设过程中，要始终坚持充分考虑场地自身的实际，既要有自己的功能特色，以实用性为主，又要符合科学和先进的系统设计思想，建立一套技术先进、性能稳定、功能齐全、使用方便的演播室系统。

（三）CA系统（条件接收系统）

有条件接收系统（CAS）是开展付费电视的核心技术，了解它的运行机制，掌握好它的使用和维护对付费电视业务的成功开展非常关键。CAS一般包括用户管理系统SMS、业务信息生成系统SIG、节目管理PMS/SI编辑系统、节目调度处理EIS、用户授权管理系统SAS、条件接收CA等。

概括地说，CAS 主要有两大块：一块是管理用户的 SMS，另一块是管理节目的 CA。CA 主要分为两大部分：一是信号加扰部分，它是通过一个随机码发生器所产生的随机码（称为控制字 CW）来控制加扰器对信号的加扰；二是加密部分，要使加扰的信号在接收端成功地解扰，接收端也必须要有和加扰端一模一样的控制字来控制解扰器，所以要将前端的 CW 传送到接收端，如果直接传送会很容易被黑客截获而使 CAS 失去作用，为此要对 CW 进行加密传送。这种加密是一种多层加密机制，从而增加 CW 传送的安全性，直接对 CW 加密的第一层所产生的密文称为授权控制信息 ECM，通过复用器与加扰的码流一起传送，ECM 还含有时间、节目价格、节目授权控制等信息，因此 ECM 是面向节目的管理信息。对 CW 加密的密钥称为工作密钥 SK，SK 通常又称月密钥，每月换一次，每换一次 SK，系统都要重新对所有用户进行授权。第二层加密是用称为节目密钥的 PDK 对 SK 进行加密，所产生的密文和从 SMS 获取的授权指令通过 SAS 生成的授权信息组成授权管理信息 EMM，EMM 还含有智能卡号、授权时间、授权等级等用户授权信息。这些信息主要是完成对用户的授权，因此 EMM 是面向用户的管理信息，EMM 对用户在什么时间看、看什么频道进行授权，它也通过复用器与加扰码流一起传送，以上这些组成了 CA 最基本的加密系统。

四、地面数字电视的安全播出

地面数字电视作为党和国家的喉舌，必须要确保安全播出，因此安全播出系统是广播电视系统中的关键环节，各级电视台都把安全播出放在各项工作的首位。然而由于影响安全播出的因素很多，播出工作人员必须要时刻保持警惕，随时做好应对各种突发故障的准备。概括地讲，地面数字电视的安全播出首先要确保播出系统安全、可靠，其次要有及时响应的高素质技术保障团队，还有非常重要的一点是要制定详细的安全播出制度，并要全面贯彻落实。

1. 保障播出系统安全

播出系统主要是指广播电视节目的播控、传输、发射等环节，包括播出及测量设备、机房播出环境、监听监看设施、配电设施、天馈线系统等。

- 保持良好的机房环境，应保持清洁、通风、滤尘，播出设备摆放合理，照明设备、防火、防雷电设施要齐全、有效。
- 播控系统安全稳定。播出部门要按"日检、周检、月检、季检、年检"的要求，对相关设备、系统进行全面维护和检修，排除各类故障和隐患，并做好维护检修记录。
- 测量仪器配备齐全，以便对设备进行精确测量调整。
- 完善监听监看系统，随时监听监看广播电视节目的图像、声音、信号质量，及时发现信号传输过程中出现的问题。
- 发射设备保持良好的运行状态。发射设备因长时间处于高频大功率工作状态，其可靠性相对于整个广播电视系统而言是较低的，应定期进行保养维护，提高播出设备运行的可靠性，才能保证发射系统高质量、高稳定地工作。

2. 完善安全播出规章制度与管理体系

安全播出涉及环节众多，从制作、播控到发射环节都有可能出现问题。故障的解决，可能需要多个部门协作处置，因此要制定安全播出管理制度与管理体系。

- 加强机房值班安全管理，建立健全各项安全播出管理制度，确保不发生人为事故。例如，24小时值班、非机房工作人员未经批准不得进入机房、设立安全防范报警装置等。
- 规范播出设备检修工作，对电视播出设备定期维护和保养，建立设备档案，制定一套科学化、规范化、制度化的维修管理制度，落实到人。
- 建章立制是前提，重要的是加强监督和检查力度，重点把握关键环节，及时解决排查发现的各种问题，消除事故隐患。
- 落实岗位责任制，建立安全播出奖惩机制。

3. 建设好技术保障团队

设备的管理使用需要人、设备的维护保养需要人、规章制度的落实需要人，因此安全播出工作中，最关键的因素就是人，而且是有较高的思想素质和过硬的业务能力的人。

- 加强思想素质和职业道德教育，提高工作人员的政治意识、大局意识和责任意识，提倡爱岗敬业、无私奉献精神，为完成安全播出任务打下坚实的基础。

- 加强业务技能与知识学习。眼下，地面数字电视的播出设备不断更新，网络化水平不断提高，而广播电视安全播出技术性很强，因此必须加强新技术、新知识的学习，用新技术、新知识来解决可能出现的新难题，使设备最大限度地发挥应有的功能、延长使用寿命。

- 定期组织学习安全播出应急处置预案，使大家熟练掌握各种应急方案，遇到突发状况能立即进行处置。

第三节　应用层：智能交通与车联网技术演进

一、智能交通系统的兴起

随着社会经济和科技的快速发展，城市化水平越来越高，机动车保有量迅速增加，交通拥挤、交通事故救援、交通管理、环境污染、能源短缺等问题已经成为世界各国面临的共同难题，无论是发达国家，还是发展中国家，都毫无例外地承受着这些问题的困扰。在此大背景下，把交通基础设施、交通运载工具和交通参与者综合起来系统考虑，充分利用信息技术、数据通信传输技术、电子传感技术、卫星导航与定位技术、控制技术、计算机技术及交通工程等多项高新技术的集成及应用，使人、车、路之间的相互作用关系以新的方式呈现出来，这种解决交通问题的方式就是智能交通系统。

智能交通系统，也称智能运输系统（Intelligent Transportation System，ITS），是交通运输科技的前沿技术。它将先进的信息技术、传感器技术、自动控制理论、运筹学、人工智能等有效地综合运用于交通运输、服务控制和车辆制造等方面，加强车辆、道路、管理者三者之间的联系，从而形成一种实时、准确、高效的综合运输系统，最终使交通运输服务和管理智能化，使路网上的交通流运行处于最佳状态。因此，智能交通也被认为是信息时代交通运输业的一场变革，是21世纪经济与技术的制高点。

解决前述交通问题的方法可概括为两种——建、疏。"建"是指对高速公路、城市轨道交通、城际交通设施建设等道路硬件投资，同时也包括建设以智慧交通等为代表的智能化解决方案的管理设施，缓解交通压力。"疏"就是指充分发挥智能交通的技术优势和协同效应，结合各种高科技技术、产品，提高交通运输系统的效率。过去传统的解决方法即采用加大基础设施建设投资，大力发展道路建设。由于政府财政支出的有限性和城市空间的局限性，该方法的发展空间逐步缩小，导致近年来北京、广州等城市相继实行了汽车"限购""限牌"政策，寄希望于"禁"的手段来减缓城市交通压力。但这种抑制人们刚性需求的做法饱受诟病。

专家也呼吁"堵"不如"疏"，发展智能交通是提高交通运输效率，解决交通拥挤、交通事故等问题的最好办法。从各国实际应用效果来看，发展智能交通系统确实可以提高交通效率，有效减缓交通压力，降低交通事故率，进而保护环境、节约能源。

（一）国际智能交通系统发展状况

截至 2017 年 3 月，部分海外智能交通参与企业定位与规模如表 3-13 所示。

表 3-13　部分海外智能交通参与企业定位与规模（截至 2017 年 3 月）

企　业	业务领域	业务模式	市值（亿美元）
谷歌	无人驾驶，成立开放汽车联盟	后装	5653
苹果	推出汽车版 IOS，与宝马、奔驰、丰田等汽车企业合作	后装	7393
NviDIA	智能汽车芯片	后装	630
三星	GALAXY Gear 通过独享 APP 获取汽车信息	后装	1824
宝马	使用 GALAXY Gear 的 i3 电动车	前装	539
奥迪	LaerLight&车内 4G	前装	—
通用	OnStar 汽车应用与车内 4G	前装	513
福特	与智能手机联动	前装	459
丰田	G-Book、雷克萨斯汽车实现无人驾驶	前装	1651
特斯拉	Model S，实现地图更新、远程诊断、人车交互	前装	410

1. 美国

美国的 ITS 研发始于 1991 年的《综合地面交通效率法案》（ISTEA）。ISTEA 在 1992—1997 年为 ITS 累计拨款达 12 亿美元。1998 年通过的《21 世纪交通效率法案》（TEA-21）提出 2003 年前拨款 13 亿美元用于 ITS。2005 年，美国国会又通过了一个新的交通公平法案（SAFETEA-LU），每年拨款 1.1 亿美元支持 ITS 研究直至 2009 年。

2010 年 1 月 10 日，美国交通部研究和创新技术管理局（RITA）发布了《ITS 战略研究计划：2010—2014》。这个五年计划致力于建立一个全国性的多模式地面交通系统，该系统的特征是以车辆、道路设施和手持设备之间互相连接的交通环境为特征，发挥无线通信技术的杠杆作用，使系统在交通安全、交通移动性和环境三方面的性能最大化。之后，美国又发布《智能交通系统战略规划 2015—2019》，对今后五年智能交通系统的研发、运用实践进行项目分类。

从美国智能交通的两个"五年规划"可以看出，其主要侧重以下几个领域：出行和交通管理系统、出行需求管理系统、公共交通运营系统、商用车辆运营系统、电子收费系统、应急管理系统、先进的车辆控制和安全系统。例如，通过发展更优的风险管理、驾驶监控系统，打造更加安全的车辆及道路；通过探索管理办法和战略，提高系统效率，缓解交通压力，增强交通流动性；交通运输与环境息息相关，通过对交通流量的优化管理以及运用车联网技术解决实际车辆、道路问题，达到保护环境的目的；为了更好地迎合未来交通运输的需求，全面促进技术发展，推动创新；通过建立起系统构架和标准，应用先进的无线通信技术实现汽车与各种基础设施、便携式设备的通信交互，促进信息共享。目前 ITS 在美国的应用已达 80%以上，而且相关的产品也较先进，在车辆安全系统、电子收费、公路及车辆管理系统、导航定位系统、商业车辆管理系统等方面发展较快。

得益于政策的支持与引导，美国也是目前世界上在智能交通方面领先的国家，出现了通用 OnStar、福特 SYNC 和 C.H.Robinson 等车载信息服务。1995 年诞生的 OnStar 是通用汽车专属配置，其支持的开放服务包括碰撞自动求助、安全气囊爆开自动求助、紧急救援协助、爱心援助路人、车门远程应急开启、车停位置提示、路边救援协助、被盗车辆定位、全程音控领航、目的地设置协助、兴趣点导航、车况监测报告、实时按需监测、全音控免提电话等。OnStar 客户中心，全年全天候实时的客服顾问已为全球 600 多万名用户提供了约 2.3 亿次客户交互服务。福特 SYNC 最早是专为手机和数字媒体播放器配备的福特车载多媒体通信娱乐系统，由福特与微软和 Continental 合作研发，微软提供软件/操作系统，Continental 提供硬件与系统集成。最新的 SYNC 则集成了交通监测、导航与讯息功能。而 C.H.Robinson 是美国最大的第三方物流服务提供商之一，其运用先进的信息技术，将 4.9 万个货运运输公司及其车队组建成一个覆盖全美的运输网络，高效地为客户安排装运工作，是货主和运输公司之间可靠、高效的物流服务商。

尤其值得关注的是，在 2014 年上半年，苹果和谷歌都接连推出了各自为汽车准备的设备整合解决方案——苹果 CarPlay 与谷歌 Android Auto 平台。2016 年年底，谷歌的子公司 Sidewalk Labs 与美国 DOT 智慧城市挑战赛最终入围城市进行合作——该比赛的内容是为所在城市设计一个全新的交通运输网络。这个比赛希望从根本上彻底改革美国城市的公共交通：打造一个平台，使得低收入的公共汽车乘客能使用公共津贴来支付共享汽车；创造一个 APP，将所有交通运输方式的服务信息与付款集于一身；建起一系列拥有遥感能力的公共 WiFi 信息亭及"虚拟停车"——配备了照相机的车辆将在城市里搜寻空地，并且可以在"虚拟停车"的市场上进行销售和出租。同时，据悉 Sidewalk Labs 正在围绕着谷歌的自动行驶车辆来打造自己的智慧城市，尽管这一计划目前还仅停留在设想阶段。不过，随着谷歌和苹果的入局，我们相信智能交通在创新与进展上将取得质的飞跃。

2. 日本

日本 ITS 的研发工作始于 1996 年启动的车辆信息通信系统（VICS）。VICS 是一个精确至分钟的车载数字信息通信系统，通过车载车辆导航系统向司机提供交通信息，向司机建议最优的路线，以避开事故、拥堵、天气和道路危险点。该系统从 1996 年 4 月开始运行，2003 年起推广至全国。

日本第二代 ITS 系统 Smartway 概念始于 2004 年，经过 2007 年的有限推广，2010 年发展至初步全国性推广。Smartway 主要提供信息和辅助驾驶、互联网连接及免现金支付等服务，包括收费站、停车场、加油站、便利店等。

进入 2017 年，日本政府联合汽车制造商在高速公路和人车流量较低的偏远区域进行自动驾驶汽车测试，"开足马力"推出智能交通系统，并计划在 2020 年前实现该服务的商业化。此外，日本政府和汽车制造商希望于 2025 年前后在全国范围内普及自动驾驶技术，希望借此大幅减少交通事故的发生，争取在 2030 年前实现交通事故发生次数近乎为零的目标。

日本 ITS 规划体系包括先进的导航系统、安全辅助系统、交通管理最优化系统、道路交通管理高效化系统、公交支援系统、车辆运营管理系统、行人诱导系统和紧急车辆支援系统。日本的 ITS 主要应用在交通信息提供、电子收费、公共交通、商业车辆管理及紧急车辆优先等方面。

目前，在日本，基本上在售的新车都装有 ETC 车载设备。ETC 除用于停车场和高速公路自动通行收费外，还用于可变通行定价作为治理市区交通拥堵的手段。截至 2014 年，日本已经在全国范围内所有高速公路收费站点开通了 ETC 系统，2015 年日本的 ETC 产业贸易额累计达数千亿日元。日本高速公路电子收费系统的全面使用产生了巨大的经济效益，高速公路通行率大幅提高，收费站员工数量明显减少，高速公路管理公司的利润大幅度增长。近年来，日本高速公路管理公司的收益基本上都实现了两位数增长。同时，日本积极在公交系统中应用 ITS，已经开始实行一个全国性的公交车位置系统，许多城市已经实现了通过互联网和移动平台发布实时公交车状态的更新信息。

另外，由于日本是全球最重要的汽车研发与生产基地之一，因此自 1997 年开始，就有许多由 OEM 厂商以赞助者身份成立了 Telematics 服务中心，如本田的 InterNavi、丰田的 Monet/G-BOOK、日产的 CARWINGS 与马自达的 MazdaTelematicsCenter 等，其中最具代表性的是丰田的 G-BOOK。

G-BOOK 服务涵盖安全、保安、导航、信息、娱乐、通信及电子商务。当汽车出现问题时，G-BOOK 系统可以通过中心平台来查询车辆的位置，派发拖车和提供适当的保养服务。娱乐服务包括传送卡拉 OK 或其他音乐，或者下载各种电脑游戏。G-BOOK 也提供群体服务，如在导航系统的地图中显示车队各个车辆的位置。2011 年，丰田推出 Entune 多媒体系统，可看成 G-BOOK 的升级版。Entune 系统通过用户手机建立多种车载服务，集可升级式娱乐应用、导航应用及信息服务于一体，甚至包括微软 Bing 搜索、餐馆预订等。由于使用了语音识别和车载控制，驾车人无须触摸手机就能实现服务需求，体现了安全连接的理念。

3. 欧洲

欧洲的 ITS 研究主要由欧盟委员会协调。欧洲的 ITS 研究可分为四大类：协同机动性、信息机动性、经济机动性和安全机动性。协同机动性致力于全连接的车辆和道路设施，信息机动性致力于知晓全部交通，经济机动性致力于减少对环境的影响，安全机动性致力于零事故。

2008 年 5 月，欧盟委员会制定了关于为了安全机动性应用的智能交通系统（ITS），2009 年，欧委会委托欧洲标准化机构 CEN、CENELEC 和 ETSI 制订一套欧盟层面统一的标准、规格和指南来支持合作性 ITS 体系的实施和部署。2013 年，ETSI 和 CEN/ISO 完成首版标准制订。第二版标准包已经进入微调阶段，主要是处理更为复杂的应用。欧盟与美国和日本紧密合作，确保该系统在全球兼容。

2011 年 3 月推出的欧盟 2020 智能交通系统确定的三大目标为：交通可持续、竞争力和节能减排。为配合这三大目标，欧委会于 2011 年积极制定配套措施和出台行动计划，在欧盟范围内全面部署和督促落实智能交通系统技术的研发及应用，在电动汽车、道路安全、智能交通系统、市场准入及 CO_2 排放等领域提出了快速发展的 2020 战略实施方案，以提高欧盟汽车产业国际竞争力，为欧盟经济增长注入动力，并有效解决就业问题。

2014 年 2 月，欧盟标准化机构 ETSI 和 CEN 确认，已经根据欧委员要求完成车辆信息互联基本标准的制订。该标准将确保不同企业生产的交通工具之间能够相互沟通，并能与道路基础设施沟通。据悉，欧盟投资 1.8 亿欧元用于合作交通系统（Cooperative Transport Systems）的研究项目，并成功研发出该标准。目前欧洲各国正在进行 Telemetric 的全面应用开发工作，计划在全欧范围内建立专门的交通无线数据通信网。计划在全欧洲建立专门的交通（以道路交通为主）无线数据通信网，正在开发先进的出行信息服务系统（ATIS）、先进的车辆控制系统（AVCS）、先进的商业车辆运行系统（ACVO）、先进的电子收费系统等。

目前，欧洲各国的 Telematics（车载信息服务）服务内容有一定的差异化。而且目前欧盟主要国家，如法国、德国、意大利、爱尔兰、荷兰、瑞典等，都有属于本国的 Telematics 服务。WirelessCar 是欧洲领先的 Telematics 服务提供商。WirelessCar 于 2000 年开始为 Volvo 提供 Telematics 服务，2004 年开始为宝马提供服务。WirelessCar 的 Telematics 服务分为轿车 Telematics 服务和商用车 Telematics 服务两大类。轿车 Telematics 服务主要包括紧急呼叫（e-call）、故障呼叫、远程诊断、被盗车辆追踪、远程开门／关门、门户服务

（交通、气候，路况、旅游、POI 信息等）、基于 WAP 的在线服务等。商用车 Telematics 及衍生服务主要包括车辆管理、驾驶管理、运输管理、资产管理、财务管理等。未来，将进一步以提供面向多语系的交通信息为服务重点，同时在安全、娱乐方面增加功能。

（二）前进中的国内智能交通

我国在智能交通相关技术研究方面，较国外起步相对较晚。2002 年 4 月，科技部正式批复 "智能交通系统关键技术开发和示范工程" 项目，针对中国实际，开展智能交通系统的关键技术研究、关键产品开发和应用示范。目前，我国正在进行的智能交通系统研究主要包括交通信号控制、交通监视与控制系统、交通诱导系统、电子收费系统、交通安全警报系统等。

2017 年年初，由国务院颁布实施的《"十三五"现代综合交通运输体系发展规划》（以下简称《规划》）提出，到 2020 年，要基本建成安全、便捷、高效、绿色的现代综合交通运输体系，部分地区和领域率先基本实现交通运输现代化。《规划》指出，"十三五"时期，我国交通运输发展正处于支撑全面建成小康社会的攻坚期、优化网络布局的关键期、提质增效升级的转型期，将进入现代化建设新阶段。除了路网的立体化建设外，要更加注重提高交通安全和应急保障能力，提升绿色、低碳、集约发展水平；要适应国际发展新环境，提高国际通道保障能力和互联互通水平，有效支撑全方位对外开放。

在《规划》中特意拿出重要篇幅对于智能交通问题予以阐述，提出了促进交通产业智能化变革、推动智能化运输服务升级、优化交通运行和管理控制、健全智能决策支持与监管及加强交通发展智能化建设等诸多课题。《规划》明确，到 2020 年，交通基本要素数字化要从 2015 年的 90% 提高到 100%；铁路客运网上售票率要从 60% 提升到 70%；公路客车 ETC 使用率要从 30% 提高到 50%。总之，按照《规划》，在未来几年内中国将全面实施 "互联网+" 便捷交通、高效物流行动计划，培育壮大智能交通产业，推行信息服务 "畅行中国"，发展 "一站式" "一单制" 运输组织，建立高效运转的管理控制系统，提升装备和载运工具智能化、自动化水平，完善交通决策支持系统，提高交通行政管理信息化水平，打造泛在的交通运输物联网，构建新一代交通信息基础网络，推进云计算与大数据应用，保障交通网络信息安全等。

交通运输智能化发展重点工程如表 3-14 所示。

表 3-14　交通运输智能化发展重点工程

重点工程	说　　明
高速铁路、民用航空器接入互联网工程	选取示范高速铁路线路，提供基于车厢内公众移动通信和无线网的高速宽带互联网接入服务；选取示范国内民用航空器，提供空中接入互联网服务
交通运输数据资源共享开放工程	建设综合交通运输大数据中心，形成数据开放共享平台。增强国家交通运输物流公共信息平台服务功能，着力推动跨运输方式、跨部门、跨区域、跨国界交通物流信息开放与共享
综合交通枢纽协同运行与服务示范工程	在京津冀、长江经济带开展综合交通枢纽协同运行与服务示范，建设信息共享与服务平台、应急联动和协调指挥调度决策支持平台，实现城市公交与对外交通之间动态组织、灵活调度
新一代国家交通控制网示范工程	选取公路路段和中心城市，在公交智能控制、营运车辆智能协同、安全辅助驾驶等领域开展示范工程，应用高精度定位、先进传感、移动互联、智能控制等技术，提升交通调度指挥、运输组织、运营管理、安全应急、车路协同等领域智能化水平
高速公路电子不停车收费系统（ETC）应用拓展工程	提高全国高速公路 ETC 车道覆盖率。提高 ETC 系统安装、缴费等便利性，着重提升在道路客运车辆、出租汽车等各类营运车辆上的使用率。研究推进标准厢式货车不停车收费。提升客服网点和省级联网结算中心服务水平，建设高效结算体系。实现 ETC 系统在公路沿线、城市公交、出租汽车、停车、道路客运等领域广泛应用
北斗卫星导航系统推广工程	加快推动北斗系统在通用航空、飞行运行监视、海上应急救援和机载导航等方面的应用。加强全天候、全天时、高精度的定位、导航、授时等服务对车联网、船联网及自动驾驶等的基础支撑作用。鼓励汽车厂商前装北斗用户端产品，推动北斗模块成为车载导航设备和智能手机的标准配置，拓宽在列车运行控制、港口运营、车辆监管、船舶监管等方面的应用

　　数据显示，2016 年我国智能交通市场规模达到 145 亿元。随着各地政府对智能交通系统的建设日益重视，部分城市的智能交通管理已达到较高水平，ETC 收费、停车场资源引导、道路信息发布、路况信息推送等基于智能交通系统的服务已基本实现。预计未来 5 年内，我国智能交通系统行业的投入将接近 3800 亿元，国家战略规划将直接驱动市场对视频、安防、监控、收费等设备的需求，未来的智能交通将会迈入"大数据"时代，虽然智能交通系统在中国的发展尚不完善，未来还有众多领域有待于开发，市场前景广阔，在较长一段时间内都将继续呈现高速增长的态势。

1. 车载导航

汽车导航终端产品主要分为前装、后装、便携（PND）3 个领域。在 2010 年之前，由于价格高昂、配置功能有限等因素，虽然中国汽车销量和保有量年年攀高，但车载导航仪的加载率不足 20%。

随着中国北斗卫星导航系统的完善，中国汽车导航市场规模呈现出快速增长的态势。2014 年，我国乘用车市场装车载导航销量超过 1000 万台，商用车含前后装在内的道路运输行业北斗/GPS 兼容车载终端安装数量达到 100 万台，占整个市场的 20%。实际运用的卫星导航系统（GNSS）主要包含美国 GPS 系统、俄罗斯 GLONASS 系统、欧洲 Galileo 系统、中国北斗 BDS 系统 4 种。

随着车载导航技术和功能的不断完善，用户的认知度和满意度不断提高，未来车载导航企业将进一步与汽车厂商合作，占领更多的市场份额。其中，前装车载导航是车联网及无人驾驶的重要环节，互联网化和智能化是其必然的发展趋势。2015 年前装车载导航市场规模为 245.6 亿元，占中国车载导航市场的 18.8% 左右。后装导航产品所覆盖的车型远远超过了前装，满足了市场上尚未配置前装导航系统的车主的需求。虽然易观等研究机构预测中国汽车导航市场在未来 5 年将继续保持每年 25% 的增长速度，不过随着智能手机的普及及 4G 网络速度的提升，手机导航对于后装导航产品的替代性越来越高。

2. 不停车收费

高速公路联网不停车收费系统（ETC）是"十一五"国家科技支撑计划重大项目"国家综合智能交通技术集成应用示范"的研究成果，在示范工程的推动下，京津冀和长三角跨 8 个省市实现了跨省市联网不停车收费，并带动了国内 ETC 系统建设。截至 2016 年 9 月底，联网区域共建成 ETC 专用车道 13291 条，较联网初期的 2014 年 4 月，增长了近 1 倍；ETC 用户数近 4000 万，增长了近 7 倍；服务网点覆盖全部联网县（区）；日均交易量 800 万笔，占高速公路通行量的 28.65%。

据介绍，今后交通运输部将从三方面加快 ETC 的推广和运用：一是继续加大用户发展力度。进一步提高 ETC 的社会认知度，构建规范便捷的 ETC 客户服务体系，不断提高服务质量，推进 ETC 服务规范化、便捷化、市场化。二是不断强化 ETC 系统安全。推进 ETC 密钥国产化升级，不断改进提升 ETC 系统性能，做好老卡用户的平稳过渡，稳步提升 ETC 车道一次性通过率，确保全国 ETC 联网系统安全、稳定、高效运行。三是加快推动 ETC 拓展和推广应用。例如，对营运货车推广使用非现金支付，具体解决营运货车行驶收费公路通行费抵扣问题；结合京津冀区域交通一体化，以邮政车辆为试点，探讨标准厢式货车通行 ETC 车道；探索实现 ETC 系统在公路服务区、城市停车场等交通领域的广泛应用，为 ETC 用户提供更多便利等。

3. 车载信息服务

车载信息服务又称定位互动服务，是基于车载 GPS 并使用车载电话与远程呼叫中心连通，提供实时交流互动服务。目前国内仅有不足 10%的车主采用车载信息服务系统，与发达国家超过 50%的使用比例相比，市场潜力非常巨大。国外车厂自有的车载信息服务系统，如 G-BOOK 与 OnStar 纷纷通过中国的合资品牌采取先期免费的方式来抢占市场。国内的自主品牌车载信息系统主要有上海汽车的 InKaNet 系统和一汽集团的 D-parter 系统（与启明星辰合作），功能主要集中在远程诊断、防盗报警、紧急救援、路边服务等方面。随着交通部、公安部、工业和信息化部、国家安监局联合发布有关特种车辆管理文件（民间简称"两客一危"），将有力推动 120 万台支线客车、旅游包车、危险品车辆强制安装车载信息系统，带动数 10 亿元的装备市场及每年数10 亿元的服务市场。

4. 车载 GPS 监控

车载 GPS 监控是利用数据采集、移动通信与互联网技术，把车辆的位置、状态等数据反馈给车辆管理机构，可对车辆进行定位、追踪、轨迹查看、监听、监视等操作，并可以把数据等相关信息导出并保存，帮助车辆调度管理人员掌控车辆信息，提升车辆管理效率。截至 2011 年 6 月底，中国拥有 GPS 车载终端生产厂家（监控类）不超过 50 家，拥有监控营运企业约 1600 家。北斗卫星导航系统是我国具有自主知识产权的导航系统，据专家预计，该系统 2020 年的市场有望达到 4000 亿元。

5.车用传感器

车联网传感技术在汽车领域的应用首先将带动传感器市场的全面爆发。有关统计显示，自 2009 年开始，国内传感器市场需求规模快速增长的主要动力即来自工业电子设备和汽车电子。目前，一辆普通家用轿车上大约会安装几十到近百只传感器，豪华轿车传感器数量可多达 200 余只，种类达几十种，两者所用传感器约占整个汽车传感器市场的 1/3，随着车联网技术的发展，我们相信汽车传感器的种类和数量会越来越多。

二、车联网助力智能交通系统

中国车联网发展的重要政策如表 3-15 所示。

表 3-15　中国车联网发展的重要政策

时　间	重要政策内容
2010 年	7 月，交通运输部提出推动车联网建设
2010 年	汽车移动物联网（车联网）被列入国家重大专项第三项中的重要项目
2010 年	10 月，国务院在"863"提出两项设计车联网关键技术的项目——智能车路协调关键技术研究以及大城市区域交通协调联动控制关键技术研究
2011 年	交通部发布《道路运输车辆卫星定位协调车载终端技术要求》，并于 2011 年 5 月 8 日正式实施，要求"两客一危"车辆必须安装车载终端产品
2011 年	《物联网"十二五"发展规划》出台，明确物联网要在智能交通与智能物流领域率先部署
2012 年	国务院《关于加强道路交通安全工作的意见》指出，重型货车和半挂牵引车在出厂前需安装卫星定位装置，并接入道路货运车辆公共监管服务平台
2013 年	交通部颁发《关于加快推进"重点运输过程监控管理服务示范系统工程"实施工作的通知》，试点推进"两客一危"车辆按照北斗兼容车载终端，并接入全国道路货车公共监管服务平台
2013 年	《国家卫星导航产业中长期发展规划》扩大大众应用规模中：适应车辆、个人应用领域的卫星导航大众市场需求，以位置服务为主线，创新商业和服务模式，构建位置信息综合服务体系
2014 年	交通部、公安部、安监局联合制定的《道路运输车辆动态监督管理办法》施行
2015 年	国务院发布《关于积极推进"互联网+"行动的指导意见》，并出台《车联网发展创新行动计划》，要求推动车联网技术研发和标准制定，组织开展车联网试点、基于 5G 技术的车联网示范
2016 年	10 月，由工信部主导的《中国智能网联汽车技术路线图》发布，目标到 2020 年初步形成智能网联汽车自主创新体系，到 2025 年基本建成自主的智能网联汽车产业链与智慧交通体系
2017 年	1 月，交通运输部《推进智慧交通发展行动计划（2017—2020 年）》
2017 年	2 月，国务院颁布《"十三五"现代综合交通运输体系发展规划》

车联网是物联网在智能交通领域的运用，车联网项目是智能交通系统的

重要组成部分。踏入新世纪，物联网、智慧地球、智慧城市等概念兴起，具体到交通领域的应用便产生了智慧交通、车联网的概念。物联网的概念，在中国早在1999年就提出来了，当时不叫"物联网"而叫传感网，物联网概念的产生与物联网行业的快速发展，与智能交通交汇融合，产生了智能交通行业的新动向——车联网。

根据中国物联网校企联盟的定义，车联网（Internet of Vehicles）是由车辆位置、速度和路线等信息构成的巨大交互网络。其实，车联网就是汽车移动物联网，是利用车载电子传感装铬，通过移动通信技术、汽车导航系统、智能终端设备与信息网络平台，使车与路、车与车、车与人、车与城市之间实时联网，实现信息互联互通，从而对车、人、物、路、位铬等进行有效的智能监控、调度、管理的网络系统。只与"人-车"相关的部分在国外叫车载信息服务系统（Telematics），也就是"狭义"的汽车物联网。Telematics是以无线语音、数字通信和卫星导航定位系统为平台，通过定位系统和无线通信网，向驾驶员和乘客提供交通信息、紧急情况应付对策、远距离车辆诊断和互联网（金融交易、新闻、电子邮件等）服务的综合信息服务系统。

车联网概念引申自物联网（Internet of Things），根据行业背景不同，对车联网的定义也不尽相同。传统的车联网定义是指装载在车辆上的电子标签通过无线射频等识别技术，实现在信息网络平台上对所有车辆的属性信息和静、动态信息进行提取和有效利用，并根据不同的功能需求对所有车辆的运行状态进行有效的监管和提供综合服务的系统。随着车联网技术与产业的发展，上述定义已经不能涵盖车联网的全部内容。根据车联网产业技术创新战略联盟的定义，车联网是以车内网、车际网和车载移动互联网为基础，按照约定的通信协议和数据交互标准，在车-X（X：车、路、行人及互联网等）之间，进行无线通信和信息交换的大系统网络，是能够实现智能化交通管理、智能动态信息服务和车辆智能化控制的一体化网络，是物联网技术在交通系统领域的典型应用。

2015年12月14日，为加快推进两化深度融合，全面支撑《中国制造2025》实施和制造强国、网络强国建设，工信部发布贯彻落实《国务院关于积极推进"互联网+"行动的指导意见》的行动计划（2015—2018年），首次提出要出台《车联网发展创新行动计划（2015—2020年）》，要求推动车联网技术研发和标准制定，组织开展车联网试点、基于 5G 技术的车联网示范。同日，百度宣布成立自动驾驶事业部，计划 3 年实现自动驾驶汽车的商用化，5 年实现量产。另外，阿里巴巴、腾讯、乐视、小米等均在布局车联网系统。

2016 年年底，工信部、公安部、交通部三部委牵头编制的智能网联汽车公共道路测试规范正在研制中，并已委托中国汽车工程协会进一步细化具体的节能与新能源应用技术路线。据中国汽车工程协会披露的信息，汽车"网联化"将分为三级：第一级是网联辅助信息的交互，类似于目前信息服务的方式，通过 3G、4G 网络就能实现。第二级是网联协同感知，通过 V2X 完成车与外界的信息交换，帮助车辆进行决策与控制。V2X 指包括 V2V（车对车）、V2I（车对基础设施）、V2P（车对行人）等模式的车联网通信技术，是未来智能交通运输系统的关键技术。第三级是网联协同控制，仍然是通过 V2V、V2I 等，实现车与外界的协同控制。与第二级不同的是，第三级对传输的实施性、可靠性都提出了更高的要求。此外，与智能化的包容结构（由更高的一级包容低一级的）不同，网联化则是三级同时存在。从研发至产业化，将分三步走：第一步，即 2017 年前后，仍是 V2X 的早期研发阶段，以研究院、学校为主导推动科研。目前，华为、大唐电信等正积极展开 LTEV2X 通信方式的研究，中兴等企业也在积极研发相应芯片。第二步，2017—2019 年则可能进入标准统一期，届时将会有更多家企业推出 V2X 芯片/模块测试产品。第三步，到 2020 年，我国将逐步实现智能网联汽车的产业化。因此，尽管智能网联汽车仍在起步阶段，各大机构却已看好其未来发展，并预测至 2020 年，智能网联汽车市场的规模可达到 1000 亿元以上。

（一）车联网系统

车联网本质上是一个巨大的无线传感器网络。每一辆汽车都可以被视为一个超级传感器节点，通常一辆汽车装备有内部和外部温度计、亮度传感器、一个或多个摄像头、麦克风超声波雷达，以及许多其他装备。目前，一辆普通轿车约安装 100 多只传感器，豪华轿车传感器甚至多达 200 余只。此外，未来的汽车将配备有车载计算机、GPS 定位仪和无线收发装置等。这使得汽车之间，以及汽车和路边基站之间能够无线通信。这种前所未有的无线传感器网络扩展了计算机系统对整个世界的感知与控制能力。

1. 车联网核心技术

从车联网系统可以看出，其主要涉及以下主要技术。

1）智能交通系统（ITS）

ITS 是指将先进的信息技术、数据通信传输技术、电子传感技术、电子控制技术及计算机处理技术等有效地集成运用于整个交通运输管理体系，而建立起的一种在大范围内全方位发挥作用的，实时、准确、高效的综合运输和管理系统。

2）射频识别（RFID）技术

RFID 是通过射频信号自动识别目标对象并获取相关数据，识别工作无须人工干预，可工作于各种恶劣环境。RFID 技术可识别高速运动物体并可同时识别多个标签，操作快捷方便。基本的 RFID 系统由标签（Tag）、阅读器（Reader）、天线（Antenna）组成。

3）新一代移动通信技术（3G/4G/5G）

最早 3G 服务就能够较快地同时传送声音及数据信息，随着时间的推移，目前移动通信已经进入 4G 时代，可以更加快速、便捷地传递声音和数据，甚至连视频的传送都不出问题。目前 5G 已经开始启动，对于基于物联网的车联网技术无疑会有一个更大的刺激与推动。

4）全球定位系统（GPS）

GPS 起始于 1958 年美国军方的一个项目，1964 年投入使用。20 世纪 70 年代，美国陆海空三军联合研制了新一代卫星定位系统 GPS，主要目的是为陆海空三大领域提供实时、全天候和全球性的导航服务，并用于情报收集、核爆监测和应急通信等一些军事目的。目前，中国自行研制的北斗卫星导航系统基本建设完成，是继美国全球定位系统（GPS）、俄罗斯格洛纳斯卫星导航系统（GLONASS）之后第三个成熟的卫星导航系统。

5）车载信息服务 Telematics

Telematics 是远距离通信的电信（Telecommunications）与信息科学（Informatics）的合成词，按字面可定义为通过内置在汽车、航空、船舶、火车等运输工具上的计算机系统，无线通信技术，卫星导航装置，交换文字、语音等信息的互联网技术提供信息的服务系统。也就是说通过无线网络，随时给行车中的人们提供驾驶、生活所必需的各种信息。

6）云计算技术（Cloud Computing）

云计算是基于互联网的相关服务的增加、使用和交付模式，通常涉及通过互联网来提供动态易扩展且经常是虚拟化的资源。云是网络、互联网的一种比喻说法。狭义云计算指 IT 基础设施的交付和使用模式，指通过网络以按需、易扩展的方式获得所需资源；广义云计算指服务的交付和使用模式，指通过网络以按需、易扩展的方式获得所需服务。这种服务可以是 IT 和软件、互联网相关，也可是其他服务，如目前渐热的 MaaS（物联网服务），它意味着计算能力也可作为一种商品通过互联网进行流通。

7）微型智能和传感器技术

车联网所需的智能化、微型化、网络化传感器，需要与 IC 工艺、MEMS 工艺紧密结合，充分利用 IC 的低功耗芯片设计、各种形式的封装、软硬件协同设计及大片集成工艺等技术的有机结合及应用。需要传感器制造企业和集成电路制造厂商通力合作，从芯片设计到制备工艺，从产品开发到工业应用，探索出新的组织结构与模式。

8）无线传感器网络（WSN）

WSN 是大量的静止或移动的传感器以自组织和多跳的方式构成的无线网络，其目的是协作地感知、采集、处理和传输网络覆盖地理区域内感知对象的监测信息，并报告给用户。

9）数据挖掘（Data Mining）

数据挖掘是通过分析每个数据，从大量数据中寻找其规律的技术，主要有数据准备、规律寻找和规律表示 3 个步骤。数据准备是从相关的数据源中选取所需的数据并整合成用于数据挖掘的数据集；规律寻找是用某种方法将数据集所含的规律找出来；规律表示是尽可能以用户可理解的方式（如可视化），将找出的规律表示出来。

10）智能图像视频分析系统

智能图像视频分析系统是一种涉及图像处理、模式识别、人工智能等多个领域的智能视频分析产品。它能够对视频区域内出现的警戒区警戒线闯入、物品遗留或丢失、逆行、人群密度异常等异常情况进行分析，及时发出告警信息。该系统能够对视频区域内出现的运动目标自动识别出目标类型并跟踪，对目标进行标记并画出目标运动轨迹，能够同时监测同一场景里多个目标，可以根据防范目标的特点进行灵活设置；它能够适应不同的环境变化，包括光照、四季、昼夜、晴雨等，并能够很好地抗摄像头抖动。

11）车联网安全技术

该体系包括在车联网物体信息化之后的安全度、传输器安全度、传输技术安全及服务端安全。安全是保障车辆网系统能够快速推广的前提。

2. 车联网系统架构

从网络架构上看，车联网系统包括 3 个平台：一是车载终端平台，主要是汽车的智能传感器，负责采集与获取车辆的智能信息，感知行车状态与环境；是具有车内通信、车间通信、车网通信的泛在通信终端，因此也可以称为终端系统；同时还是让汽车具备车联网寻址和网络可信标识等能力的设备。二是数据分析与管理平台，解决车与车（V2V）、车与路（V2R）、车与网（V2I）、车与人（V2H）等的互联互通，实现车辆自组网及多种异构网络之间的通信与漫游，在功能和性能上保障实时性、可服务性与网络泛在性，同时它是公网与专网的统一体。三是云平台，车联网是一个云架构的车辆运行信息平台，它的生态链包含了 ITS、物流、客货运、危特车辆、汽修汽配、汽车租赁、企事业车辆管理、汽车制造商、4S 店、车管、保险、紧急救援、移动互联网等，是多源海量信息的汇聚，因此需要虚拟化、安全认证、实时交互、海量存储等云计算功能，其应用系统也是围绕车辆的数据汇聚、计算、调度、监控、管理与应用的复合体系。

因此，按照上面三个平台的不同性质，可以将车联网系统架构分为感知层、网络层和应用层三个层次。

（1）感知层负责信息采集与发布，信息的采集主要利用汽车配备的车载信息系统通过 CAN 总线网络技术采集车内各电控单元与车内各传感器的实时数据，这些信息能够实时反映车辆行驶状态、车辆位置、车辆安全与车辆识别；信息的发布是指来自路侧设备或数据中心的交通信息在车载信息系统上的发布，包括路况、事故、天气等信息。这部分功能主要通过车载终端平台来完成。

（2）网络层通过 DSRC（专用短程通信）、3G/4G、WiFi、GPS、WiMax、以太网等现代网络通信的技术与手段，实现车联网信息的可靠传输。

（3）应用层可分为两个子层：下子层是应用程序层，主要功能是进行数据处理，车辆网的各种具体的服务也在这一子层进行定义与实现，现在一般认为采用中间件技术实现车辆网的各种服务是较好的选择；上子层是人机交互界面，定义与用户交互的方式和内容。应用层使用的设备主要是一些提供网络服务的服务器和用户使用的车载信息系统等。

从上面的介绍可以看出，车联网产业覆盖领域宽泛，产业链涉及企业类型众多，产业链布局较为复杂，如汽车生产商、芯片制造商、车载终端制造商、网络运营商、定位服务提供商、软件及数据供应商、内容提供商、服务提供商、应用平台运营商、车联网平台运营商、用户等地面数字电视运营商要在车联网的大餐中分得一杯羹，就要找好自己的定位，目前看至少可以从内容提供商的角度切入，同时可以借助现有的广播网络及正在构建中的公交互联网升级到服务提供商的角色。

以车联网潜在的 SoLoMo 服务模式为例，该模式可以大力拓展车联网服务运营商的服务渠道。对于个人用户，结合用户的空间、时间信息和行为习惯分析，向用户精准推送各种服务信息，如餐饮、购物、停车、加油和 4S 店等，满足用户的个性化需求，在这方面，移动电视运营商无疑具有一定的优势。而对于政府管理部门，其可以利用各种交通热点位置和社交互动平台，进行公共信息定制及推送，向公众用户提供更加丰富的政策、资讯、公益活动等沟通渠道，提高行政办事效率，提高政府部门公信力及影响力。这些公共信息服务，更是移动电视运营商所擅长的，尤其可以通过广播、移动互联网等渠道传递多媒体的信息，充分发挥自己的通道优势。

（二）公交 WiFi 入口之争渐归理性

1. 入口之争

伴随着移动互联网的大潮，WiFi 几乎成为公共场所服务范围内的标准配置。WiFi 联盟数据显示，中国目前公共场所 WiFi 热点覆盖至少超过千万个。在 2014 年人流量近 900 亿人次/年的公共交通 WiFi 市场，多个省份均有公交WiFi 项目上马，除了一些具有本土化优势、联合传统运营商及交通业主共同发起项目的中小企业外，七彩集团、巴士在线和华视传媒三大巨头成为抢滩这一市场的主要力量。其中，七彩集团和华视传媒在 2015 年还获得了百度领衔的风险投资。

这一切看起来很美好：第一，公交 WiFi 不仅可以建立起传统广播式移动电视节目的互动通道，如通过微信公众号、官方微信号等收集观众对于播出内容的意见和反馈，而且通过 APP 等多种形式将节目下发到用户的手机上，抢夺用户的碎片时间；第二，通过公交 WiFi 可以与移动电视商务、O2O 电子商务等新型业务紧密结合，扫码购物等成为可能；第三，公交 WiFi 可以成为公交电视广告的新载体，给现有的广告以更多的展示机会，同样也可以获取更多的广告机会；第四，公交 WiFi 平台的搭建，可以充分发挥出移动电视在公共信息服务方面的优势，交通信息、应急信息等可以及时推送到用户手中。但是，公交 WiFi 的入口争夺在 2016 年年底却戛然而止，多家公司的倒闭或转型，似乎预示着公交 WiFi 的前途并不那么平坦，公交入口似乎成了一个伪命题。

2017 年 2 月 16 日，公交 WiFi 运营商"16WiFi"（七彩集团）在官方微信号"16 说"发布致全体用户的一封信，信中称决定在广州、上海、深圳、佛山、福州、天津、长沙、杭州、海口、绍兴、开封暂时关停，保留北京和昆明作为样板城市。16WiFi 将上述决定的原因归结为"高额成本的巨大压力（媒体费、流量费……），后向运营模式受阻（用户基数不够）、没有政府资金的支持。"

但与此同时，一些瞄准旅游景点和长途大巴、高铁、航空等长途旅客的公用 WiFi 却呈现出跃跃欲试的态势。例如，航美旗下的"往返"，它们为包括长途大巴、铁路、航空领域在内的长途交通出行场景提供免费 WiFi，而这也与《"十三五"现代综合交通运输体系发展规划》中的重点方向不谋而合。交通运输"十三五"规划明确提出，要选取示范高速铁路线路，提供基于车厢内公众移动通信和无线网的高速宽带互联网接入服务；选取示范国内民用航空器，提供空中接入互联网服务。而国家旅游局印发的《"十三五"全国旅游信息化规划》也提出，到 2020 年，将努力实现 4A 级以上旅游景区实现免费 WiFi、智能导游、电子讲解等全覆盖；到 2018 年，初步建成一批旅游综合信息服务平台、旅游信息服务设施，基本满足游客对信息服务的需求。

2. 公交 WiFi 系统简介

随着政策的变化，我们看到原来单纯的公交 WiFi 正在向公用 WiFi 的方向转变，不过其系统与运营模式变化不大，在此还是以公交 WiFi 称呼之。

公交 WiFi 系统实质上是一个无线 WiFi 热点覆盖和管理系统，通过一台或者多台 WiFi 路由器，为用户带来安全上网、用户资源搜集、精准广告推送、客户营销、多媒体应用等一系列的服务；是面向公交、地铁等公共交通工具推出的 WiFi 上网设备，WiFi 终端通过将 3G/4G/5G 信号转换成 WiFi 信号供乘客接入互联网获取信息、娱乐或移动办公的业务模式。它可以看成移动版的商用 WiFi，其与咖啡厅、餐厅、银行等传统商用 WiFi 不同的一是移动性，二是接入方式由传统的有线宽带接入变成了 3G/4G/5G 通信数据网络接入。

公交 WiFi 的整体方案一般依托于现有通信网络，在公交车上安装一台 3G/4G/5G+WiFi 路由器（网关），以及搭建一套 Portal、数据服务器，就可实现每辆公交车灵活的 WiFi 覆盖、广告更新、远程管理网关等智能化的公交 WiFi 覆盖需求（见图 3-20）。其中，3G/4G 网关实现 3G/4G 无线网络数据通道建立、WiFi 用户接入地址动态分配、广告推送等功能，同时还提供多个以太网口，可供公交车上其他设备通过有线方式接入互联网（包括车联网的相关应用）；Portal 服务器提供广告页面服务，配合网关完成广告页面的推送，广告页面可根据行进位置、时间等需要进行实时更改，以便推动 O2O 等电子商务的落地；网管服务器用于远程监控及管理网关设备，包括流量监控、连接用户查询、网关工作参数配置等。AC 作为扩展设备，可根据具体实施需要加入。

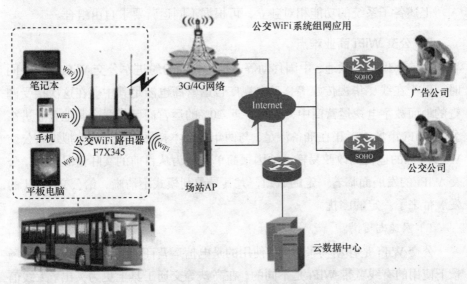

图 3-20 公交 WiFi 系统组网示意

从图 3-20 可以看出，整个公交 WiFi 的管理系统虽然比较简单，但是也可以分为 4 个方面。

1）后台网管

后台网管是一个远程的 WiFi 设备集中管理系统，可实现设备的远程查询、远程配置、远程升级等功能。

2）广告推送

广告推送系统可用于发布公共信息，推送商业广告，广告页面可根据不同需求进行定制修改，这方面已经有一些相对成熟的案例，如迈外迪等就是依靠商用 WiFi 的广告模式进行运营。

3）用户认证系统

用户认证系统是一个用户注册、用户认证及用户计费/计时系统，该系统对用户接入 Internet 访问进行控制，用户只需打开 Web 浏览器即可进行认证，提供注册账号、手机认证等多种接入认证方式。

4）上网行为管理系统

上网行为管理系统可对用户访问互联网的内容进行管理/限制，保障不同用户的接入速度，主要体现在流量控制及内容限制方面；另外，需要注意的是，公安部 82 号令对此也有要求，要有记录并留存用户登录和退出时间、主叫号码、账号、互联网地址或域名、系统维护日志的技术措施，等等。

上述各子系统的功能相对独立，可根据不同运营要求自由组合。

3. 公交 WiFi 商业难点

目前不仅中国联通、中国移动等电信运营商纷纷进军公交 WiFi 市场，同时，巴士在线、华视传媒等移动电视广告运营商也涉足其中。在这次接受调查的地面数字电视运营商中，也有将近 20%的运营商已经联合其他企业进军公交 WiFi 市场或者正在准备涉足，与两年前基本持平。原来部分拟进入公交 WiFi 服务的运营商改弦易辙，原因很简单，因为从目前的实际情况来看，公交 WiFi 的发展面临着一定的瓶颈，尤其是盈利模式不清晰，给公交 WiFi 的发展带来了一定的困扰。

1）网速与资费

公交 WiFi 是移动场景下的，使用的是电信运营商的无线信号，和固定场景下使用的有线宽带 WiFi 是不同的，在高铁等交通工具上更为突出。无线信号的资源是有限的，而有线宽带的资源却是接近无限的，所以，前者的上网体验肯定比不上后者。对于用户来说，用公交 WiFi 上网同用手机流量上网相比，信号的稳定性会更好。随着运营商的努力，随着 4G/5G 时代的到来，公交 WiFi 的用户体验应该会越来越好。

此外，不断降低的手机上网资费也是用户选择"忽略"免费公交 WiFi 的一个原因。人民网发布的《中国移动互联网发展报告（2016）》显示，2012—2015 年，国内移动流量平均资费年均下降 17%，2015 年降幅甚至超过了 40%。上网资费每下降一点，都是对免费公交 WiFi 的一个打击。

2）公交 WiFi 商业模式

目前，各家的公交 WiFi 尚处在烧钱阶段。公交免费 WiFi 前期投入不容忽视，包括系统搭建、车载路由器等硬件，以及日常维护和向运营商购买流量的成本。据并不完全统计，一辆公交车开通公交 WiFi 的硬件成本在 4000 多元，还不包括每月向运营商购买的流量费。

而目前公交 WiFi 现有的盈利模式主要有几下几种：

第一种最简单的模式是卖广告，这也是比较成熟的盈利模式之一。这种模式虽然是盈利最直接的一种模式，但无疑也是最影响用户体验的。公交 WiFi 模式下，所提供的所有视频、音乐、读书等内容不能够实时，用户自由选择性也不强，只能通过广告弹窗的方式让用户获得信息。

第二种模式是应用分发，把流量变现，如在 WiFi 开放平台上承载各种应用，然后把流量导到微信公众号、支付宝钱包等，在用户登录 WiFi 的时候推荐能用于下次自动登录的应用程序，这个 APP 能作为应用市场，给用户分发有刚性需求的应用和游戏。

第三种模式是以网换网，可采用"以网换网"O2O 模式，通过社交游戏实现变现。例如，在公交车上，乘客可以在享受热门游戏或者使用一些热门移动应用上网服务的同时，换取免费使用公交 WiFi 的流量。

因此，如果公交 WiFi 提供商仅提供流量批发，在整个价值链中产生的附加价值不高，一旦这个价值不为广告主所认可，营收就没有可能。因此，WiFi 提供商一定用互联网思维运营免费公交 WiFi，比如，免费公交 WiFi+浏览器、免费公交 WiFi+移动视频、免费公交 WiFi+移动电商；同时，要充分利用好公交 WiFi 这一"入口"，将其定位为"黏性"业务，就如同 IPTV 之于电信运营商、宽带接入之于有线电视运营商，这样才能从战略层面把握好公交 WiFi 带来的机遇及车联网等未来衍生业务所带来的发展空间。

第四章 移动电视内容生态建设

内容生态建设是传媒产业在互联网时代的新提法。生态本来是指自然界中的有机系统，生态链中的哪一环断裂，可能都会酿成生态灾难。现在被引申为事物良性可持续发展的一种状态，意味着事物每个方面都有关联和配合发展达到共同进步的效果，推而广之，互联网时代的生态也同样不可能抛开有机性和整体性。

内容即我们所看到、听到的东西，在互联网时代内容无所不在，几乎所有东西都可被"内容"，连乱七八糟的手机直播都能吸引几千人围观。从传媒的角度看，内容生态的主体分别是读者、作者、广告商和内容平台，只有这几者之间都能相互关联互助、和谐发展，才能实现内容生态。读者就是网民和观众，就是媒体平台的消费者，是决定着媒体平台命运的关键一环。而能否吸引留住读者（观众）往往取决于内容的好坏，而内容质量则取决于作者，同时也影响着广告的投放效果，关联到了内容平台和广告商的收益情况。各主体环环相关，只有各自都向着良性发展，才能实现内容生态的健康发展。

换句话说，内容生态在传媒产业的经典语境中的首要体现就是"内容为王""新闻立台"。"内容+渠道"为王，是传媒产业在多媒介通路和立体传播时代的要求。当传播移动化、碎片化和随身化的趋势，在以移动互联网、移动电视为代表的泛在化传播载体带动下展露无遗时，"内容+渠道+场景"为王，则成为"定义内容"与"内容定义"的新标尺，也成为内容生态建设的三要素。

国家新闻出版广电总局在《关于规范发展移动数字电视的意见》（2014年60号令）中明确指出，"从试验情况看，移动数字电视不但为乘坐公交车、地铁等公共交通工具的人群提供了获取新闻资讯的重要渠道，而且为广播电视开辟了新的宣传阵地、拓展了新的产业发展领域。"——这里提到的新的宣传阵地、新的产业发展领域，正是依托新的媒介、新的场景展开的内容创新机遇。

从移动电视的主要应用场景看，其主要通过安装在公交、地铁、出租车等公共交通工具上的移动车载屏幕终端，安装在广场、商务楼宇的固定屏幕终端，播出视音频内容及与受众互动。这些应用场景，决定了人们是通过碎片化的时间进行信息消费，其收视环境、受众构成和运营方式都与传统电视截然不同，但与基于移动通信网和移动互联网的泛媒体传播有异曲同工之妙。

因此，移动电视的内容创意、生产、编排、引进和播出、运营、交易，既传承了传统电视节目的成熟机制，又在内容选择、编排制作、画音展现等方面有了独到理解，逐步形成了具有自身媒体特征的内容体系，并得到广大受众、产业链伙伴和社会各方的认可。随着移动互联网的发展及媒体融合的推进，移动电视的内容生态建设呈现出全新的特点。

第一节 移动电视内容建设现状与生态逻辑演进

一、移动电视的内容来源

目前，我国各地移动电视运营商播出的节目内容，基本上可以分为四个来源——自制类节目、集成类节目、引进类节目和转播类节目。

简单地说，自制类节目主要由移动电视运营商自主制作或者按照移动电视运营商的要求由第三方制作，具有高度的自主品牌性；集成类节目源于对电视台各类节目的压缩、组合和重新编排，同时也有部分电视台主动为移动电视专门定制生产内容；引进类节目包括面向社会节目制作公司和其他地区移动电视运营商出品节目的采购，一般这部分内容的版权多限于移动电视平台，这也对移动电视运营商内容生态的拓展形成了一定的制约；转播类节目则为针对重大事件和特定重要节目，对电视台播出内容的完整转播，多为新闻类和体育直播类内容。

截至 2017 年 3 月，全国移动电视不同节目来源统计如表 4-1 和图 4-1 所示。

表 4-1　全国移动电视不同节目来源统计

节目类型	自制节目	集成节目	引进节目	转播节目
在播数量	242 档	206 档	93 档	124 档*
数量总计	665 档			
备注	* 在"转播类"节目为不唯一统计，即存在重复项，如中央电视台《新闻联播》			

资料来源：《2017 中国移动电视发展报告》企业调研。

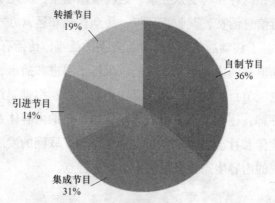

图 4-1　全国移动电视不同节目来源分布比例

资料来源：《2017 中国移动电视发展报告》企业调研。

1. 自制类节目的增长

自制类节目是移动电视运营商具有完全自主知识产权，并独立掌控从策划创意、拍摄制作到运营播出、效果传播等完整链条的节目形态，也是为移动电视受众量身定做的节目形态，是移动电视运营商树立自主品牌形象的重要抓手。

各地移动电视公司的自制类节目代表佳作很多，如北广传媒移动电视的《秀逗爱生活》、上海东方明珠移动电视的《新闻天天报》、杭州广电公交移动的《道听途说》、重庆移动电视的《壹资讯》、福州移动电视的《聊斋夜话》、黑龙江龙视移动的《爱家时间》、甘肃移动电视的《最兰州》、广东珠江移动城市电视的《全城 FUN 享》，等等，不一而足。

事实上，从图 4-2 中可以看出，2013—2017 年，全国移动电视自制类节目的数量逐年提升，增幅最大，到 2017 年已成功超过集成类节目总量，这标志着移动电视独立的节目生产意识、能力和水平，都在快速提升。

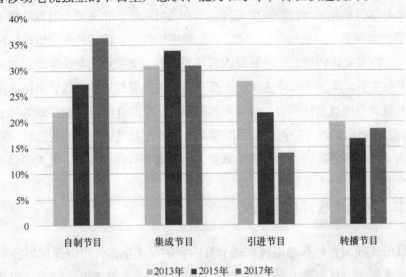

图 4-2 2013—2017 年全国移动电视不同节目来源比例对比

资料来源：《2017 中国移动电视发展报告》企业调研，《2015 中国移动电视发展报告》企业调研，《2013 中国移动电视发展报告》企业调研。

2．内容资源平台的价值

从平台角度看，频道资源是频道的核心竞争力，对频道资源重新整合，达到以最佳的资源配置使频道处于最佳的运行状态——在这一过程中，节目无疑是内容生态的核心，多屏化、生活化成为移动电视内容制作的必然趋势。

以北广移动传媒为例，面对移动互联网的冲击，其积极顺应市场，努力通过内容创新寻找自身的盈利点。通过与网易直播中心合作，将由北京交管局独家提供的实时路况信息通过网络直播的形式在手机上呈现，使得路况这一独家资源能够得到最大化的利用。此举在实现公司资源最大化的同时，也为双屏互动的未来趋势进行了非常有意义的探索。宁波移动电视与宁波市教育局合作推出的互动教育栏目《天天向上》，也是全媒体强互动的尝试。《天天向上》重点关注 K12 教育，聚焦当下甬城教育热点话题，采取线上线下双结合的运营模式，线上不仅可以网上点播视频，还能够在教育公众号"蜗牛小小"里了解到最新最权威的教育资讯，成为宣传宁波教育的平台与专属媒体矩阵。

而像杭州移动电视推出的普法栏目——《阿普说法》则以灵活的表现方式、

贴近社会生活的典型案例讲述法律故事，不仅受到市民群众的欢迎和好评，也受到政府部门和相关单位的高度关注。同在 2016 年，北京城市电视的楼宇终端 B 屏内容栏目化，通过"24 节气""生僻字"等贴近生活的内容将媒体向年轻化、内容多元化转型，更使 B 屏内容从及时性、美观性、趣味性等各方面都有了大幅提升，增加了媒体关注度。而开通不久的青岛地铁传媒，为保证地铁移动电视节目的观赏性和对综合商业的吸引力，在综合比较各地移动电视节目编排后，在播出的过程中进行节目问卷调查，经过反复研讨形成较为科学的节目体系，内容涵盖新闻资讯、娱乐综艺、体育竞技、旅游休闲、儿童节目等。

二、移动电视的内容品类

目前，我国各地移动电视在播节目内容的品类丰富，可以简单划分为新闻类、文娱类、体育类、公益宣传类、企业宣传类、服务类、动画类和其他类别等。

截至 2017 年 3 月，全国移动电视在过去两年中在播或已播出的各节目品类统计如表 4-2 和图 4-3 所示。

表 4-2　全国移动电视不同节目品类统计

节目品类	新闻类	文娱类	体育类	公益宣传类
在播数量	196 档	137 档	46 档	122 档
节目品类	服务类	动画类	企业宣传类	其他类
在播数量	143 档	27 档	46 档	23 档
数量总计	740 档*			
备注	* 本表中统计数据包含过去两年中已播出及目前正在播出的节目品类，统计截止日期为 2017 年 3 月			

资料来源：《2017 中国移动电视发展报告》企业调研。

如图 4-3 所示，新闻类节目以 27% 的占比位居榜首，这是移动电视对"新闻立台"这一电视传媒基本宗旨的继承；而娱乐类节目和服务类节目占比同为 19%，两者并列第二阵营，明显表征出移动电视的传媒娱乐属性和民生服务属性，归纳起来即移动电视的"亲民性"——移动电视的受众主要是城镇居民，节目尽可能地贴近市民生活，才能在有效受众群体中赢得持续口碑。而占比达 16% 的公益类节目，则是移动电视利用其移动化、碎片化传播特质，为党和政府做好"路上的宣传喉舌"，为社会做好"泛在的公益宣传"，也在无形中不断加大其媒体权威性。

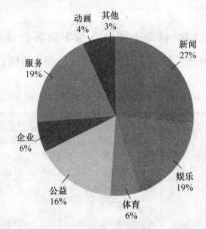

图 4-3　全国移动电视不同节目品类分布比例

资料来源：《2017 中国移动电视发展报告》企业调研。

而对比这几年来移动电视节目类型的变化，我们可以发现移动电视在节目类别的设置方面更加平衡与科学，除了发挥自己在新闻资讯方面的优势外，其他类型节目的数量日趋均衡，再通过合理的节目编排，基本上可以满足不同口味观众的需要（见图 4-4）。

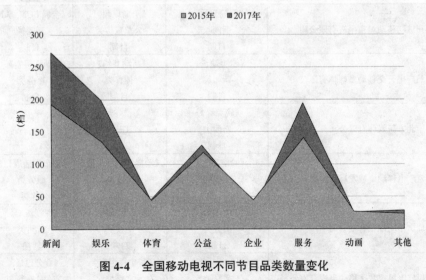

图 4-4　全国移动电视不同节目品类数量变化

资料来源：《2015 中国移动电视发展报告》企业调研，《2017 中国移动电视发展报告》企业调研。

三、各地中国移动电视代表性节目统计分析

根据中国广播电视协会移动电视分会对下属各会员单位的调研统计，由各会员单位报送推荐的较受欢迎的代表性节目，详细统计如表4-3所示。

表4-3　最受各地群众欢迎的移动电视节目

移动电视运营机构	推荐节目1	推荐节目2	推荐节目3
北京北广传媒移动电视有限公司	《整点播报》 新闻 集成	《我在北京挺好的》 新闻 自制	《秀逗爱生活》 娱乐 自制
重庆广电移动电视有限责任公司	《移动看新闻》 服务类 集成	《乐在其中》 文娱类 自制	《壹资讯》 新闻类 自制
青岛广电无线传媒集团股份有限公司	《乐悠悠》 娱乐类 自制	《爱食尚》 娱乐类 自制	《整点新闻》 新闻类 转播
安徽广电移动电视有限公司	《美丽汇》 文娱类 自制	《美食伴你行》 文娱类 自制	《厨神嫁到》 服务类 自制
长沙广电数字移动传媒有限公司	《资讯速递》 新闻类 集成	《美食地图》 文娱类 自制	《乐乘慧生活》 服务类 自制
广州珠江移动城市电视有限公司	《即刻交通》 新闻类 自制	《美丽广州》 公益宣传类 自制	《全城FUN享》 新闻类 自制
杭州广电公交移动多媒体有限公司	《道听途说》 新闻类 自制	《新动赛场》 体育类 自制	《新动搜索》 服务类 自制
辽宁北方新媒体有限公司	《晚高峰》 新闻类 自制	—	—
南京广电移动电视发展有限公司	《哈晓得啊》 文化类 自制	《动视气象小主播》 服务类 自制	《都市生活周刊》 服务类 自制
深圳市移动视讯有限公司	《阿SIR说交通》 服务类 自制	《好片风向标》 文娱类 自制	《深视新闻》 新闻类 转播
四川广电星空数字移动电视有限公司	《星空娱乐淘》 文娱类 集成	《星空微电影》 文娱类 集成	《食分巴适》 服务类 自制

续表

移动电视运营机构	推荐节目1	推荐节目2	推荐节目3
厦门广播电视数字传媒有限公司	《最厦门》 服务类 自制	《食客准备着》 服务类 自制	《爱尚鹭人甲》 文娱类 自制
甘肃广电数字移动电视传媒有限责任公司	《最兰州》 服务类 自制	《时尚汇》 文娱类 自制	《公交伴你行》 服务类 自制
黑龙江龙视数字移动传媒有限责任公司	《移动快讯》 新闻类 自制	《爱家时间》 服务类 自制	《巴士全娱乐》 文娱类 集成
江西传媒移动电视有限公司	行走江西 服务类 自制	星搜索 服务类 自制	江盐华康大厨房 文娱类 自制
山西大众移动电视有限公司	《TOP海报》 服务类 自制	《本地新闻》 新闻类 转播	《名医良药》 服务类 自制
陕西广电移动电视有限公司	《新闻连连看》 新闻类 集成	《高校直通车》 服务类 自制	《畅游三秦》 服务类 自制
天津北方移动传媒有限公司	《民生视界》 新闻类 自制	《激情赛场》 体育类 集成	《津彩公交》 服务类 自制
云南无线数字电视文化传媒有限公司	《都市条形码》 新闻类 转播	《新闻天天看》 新闻类 集成	《巴士音乐台》 娱乐类 集成
北京北广传媒城市电视有限公司	《光影大世界》 娱乐类 引进	《演艺罗盘》 娱乐类 自制	《城市播报》 新闻类 集成
大连移动数字电视有限公司	《新闻随身听》 新闻类 集成	《资讯嗖嗖嗖》 新闻类 集成	《大话体坛》 体育类 自制
福州移动传媒有限公司	《聊斋夜话》 其他类（脱口秀） 转播	《福州好味道》 服务类 自制	《最爱晚高峰》 服务类 自制+直播
广西广电移动多媒体传播有限责任公司	《e动FUN》 文娱类 自制	《超级点子王》 服务类 转播	《爱笑一家人》 娱乐类 转播
青岛地铁文化传媒有限公司	《地铁生活圈》 服务类 自制	《食纷靠谱》 服务类 自制	《地铁在线》 新闻类 自制

续表

移动电视运营机构	推荐节目1	推荐节目2	推荐节目3
扬州电广新媒体传播有限公司	《开心一刻》 娱乐类 自制	《天天饮食》 服务类 自制	《新闻黑红榜》 新闻类 自制
济南广电移动电视有限公司	《泉城美味》 服务类 自制	《整点新闻》 新闻类 集成	《有一说一》 娱乐类 转播
洛阳广电数字电视有限公司	《典籍趣事》 服务类 自制	《吃喝游乐购》 服务类 自制	《行风热线》 服务类 转播
宁波广通传媒有限公司	《天天向上》 公益类 自制	《捷出美食》 服务类 自制	《大宇见笑》 娱乐类 自制
上海东方明珠移动电视有限公司	《新闻天天报》 新闻类 自制	《警民直通车》 纪实类 自制	《财金新干线》 财经类 自制
苏州华视数字移动电视有限公司	《我爱坐公交》 服务类 自制	《头条资讯榜》 新闻类 自制	《公交快报》 服务类 自制
温州数字移动电视有限公司	《出发》 旅游类 自制	《新闻巴十站》 新闻类 自制	《我要找工作》 服务类 自制
西安风上移动多媒体有限责任公司	—	—	—
芜湖广电交通传播投资有限公司	《食尚生活》 企业类 自制	《拍YOU惠》 企业类 自制	《潮流先锋》 娱乐类 集成

资料来源：《2017中国移动电视发展报告》企业调研。

如果我们按照节目内容品类，对最受各地群众欢迎的移动电视节目进行数据维度的再次投射，有关分布如表4-4和图4-5所示。

表4-4　最受各地群众欢迎的移动电视节目（节目品类）

	新闻类	文娱类	体育类	公益宣传类	服务类	其他类
2015年	24档	25档	2档	2档	43档	5档
2017年	24档	29档	3档	2档	34档	3档

资料来源：《2015中国移动电视发展报告》企业调研，《2017中国移动电视发展报告》企业调研。

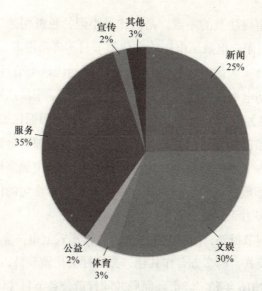

图 4-5　2017 年最受各地群众欢迎的移动电视节目品类分布比例

资料来源：《2017 中国移动电视发展报告》企业调研。

从数据首先可以看出，服务+资讯+娱乐占据了各地移动电视受众 90% 的注意力。其中，服务类节目以 35% 的占比，成为各地群众最喜闻乐见的节目品类，显示出"有用性+身边性"是移动电视受众的内容偏好刚需；文娱类节目以 30% 的占比、新闻类节目以 25% 的占比，紧随其后，显示出"资讯+娱乐"的传播力量。不过，与 2015 年的调研数据相比，服务类节目受欢迎的程度有所降低，这从一个角度上说明移动电视的服务功能正在被智能手机等移动终端替代，这也是移动电视转型需要考虑的问题之一。

其次，不少受欢迎的移动电视节目具有鲜明的城市特色和地方特点，如北京北广传媒移动电视的《我在北京挺好的》就抓住了"逃离北上广"的热点话题，揭示普通外地人在北京的生存环境；广州珠江移动的《美丽广州》、厦门广播电视数字传媒的《最厦门》、甘肃广电数字移动电视传媒的《最兰州》、江西传媒移动电视的《行走江西》、陕西广电移动电视的《畅游三秦》、福州移动传媒的《福州好味道》、济南广电移动电视的《泉城美味》等，都是抓住当地的旅游景点或者美食美味，在为外地游客提供便利的同时，又可以引导本地观众闲暇之余去挖掘城市的美。

另外，非常值得注意的一点，是占比虽小但特色鲜明的"其他类"节目内容——例如，洛阳广电数字电视的文化类节目《典籍趣事》、大连移动数字电视的体育类节目《大话体坛》、福州移动传媒的谈话类节目《聊斋夜话》、上海东方明珠移动电视的财经类节目《财金新干线》、宁波广通传媒的脱口秀类节目《大宇见笑》。这些自制节目各具特色，或如洛阳抓住城市的文化积淀，或如大连紧扣城市的体育特色，或如上海展示城市在国际金融业方面的领先优势，总之都代表了各地移动电视内容团队在创意和主题多样化方面的努力探索，也更容易形成独特的传播口碑，以及发挥出本地化的网络社群效应。本课这种探索和努力无疑是非常值得鼓励和提倡的。

其实，除自制节目外，移动电视在节目合作形式上也在尝试改革创新，努力寻求新的合作模式，与多方合作共建，尝试社会化做节目、办栏目。例如，宁波移动电视在 2016 年和宁波市环保局共同打造公益节目《环境眼》；与市物价局合作推出"宁波市菜篮子平价商品价格公布平台"；联合宁波市疾控中心健康教育所、宁波爱尔光明眼科医院等医疗机构，依托宁波市各大医院的权威专家库，打造的一档集趣味性和知识性于一体的健康栏目《健康 STYLE》。这类合作式栏目让移动电视的节目内容和形式更加丰富及多样化，也为移动电视经营创收做出了贡献，成为运营商既赚口碑又赚金杯的重要增长点。

如果我们按照节目来源，对最受各地群众欢迎的移动电视节目进行数据维度的再次投射，有关分布如表 4-5 和图 4-6 所示。

表 4-5 最受各地群众欢迎的移动电视节目（节目来源）

	自制类	集成类	引进类	转播类
2015 年	67 档	20 档	3 档	11 档
2017 年	69 档	15 档	1 档	9 档

资料来源：《2015 中国移动电视发展报告》企业调研，《2017 中国移动电视发展报告》企业调研。

从图 4-6 中可以明显看到，在最被受众青睐的移动电视节目中，各地移动电视公司的自制类节目独拔头筹，以 73% 的比例超过其他各类来源节目数量的总和，比 2015 年的 66% 的比例又提高了 7 个百分点；而集成类节目受欢迎的占比却呈现出明显的下降趋势。这在一定程度上反映了移动电视内容生产的变化潮流。

首先从历史角度追溯移动电视的内容来源，众所周知，移动电视媒体大多是从传统电视台孵化、剥离出来的，因而在产业发展早期，大多沿袭传统电视节目的生产方式，即采用"摘编"的手法，从中央台、地方台等诸多频道中，将新闻、娱乐、服务类等节目通过简单的压缩、组合等方式播出，这样的制作方式好处是成本低、效率高，缺点是完整性、统一性相对较差。其时，集成类节目占据了移动电视的播出内容主流。

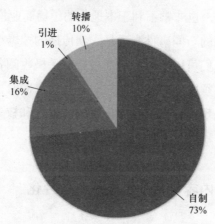

图 4-6　2017 年最受各地群众欢迎的移动电视节目来源分布比例

资料来源：《2017 中国移动电视发展报告》企业调研。

随着移动电视运营商内容团队的建设、运营商内容运营的日渐成熟，以及对移动互联网时代观众差异化需求把握的提升，集成类节目受欢迎的程度开始下降，而为移动电视量身定做的自制类节目的比例开始上升。从目前的统计状况看，经过多年来的主动性内容创新，以及移动电视运营商内容制作团队的成长，终于使得自制类节目成为新的主流。

四、移动电视内容建设的逻辑——大众化

从前面受欢迎节目的类型可以看出，移动电视的观众是广大市民，是典型的大众传媒，所以其节目内容首先具备如下特点：亲民性、本土性和新闻热点性。

亲民性决定了民生服务类节目将成为移动电视报道的主体内容，意味着在价值取向、创意策划和节目效果等方面都要关注民生；亲民性的价值取向，

意味着创意策划和制作都要体现出平等的视角与状态，而非精英化的媒体语境。亲民性的创意策划，意味着内容指向对准普通百姓的衣食住行等日常生活，并切实地关注民生问题、解决服务问题。亲民性的节目效果，意味着区域受众的高度认同，这一点与传统电视领域的地面频道类似，也与移动互联网的O2O服务具有相似特征。同时，从商业运营的角度讲，如果不能争取到区域受众的高度认同，也非常不利于本地化的传播商业模式建立。

另外，重大事件的新闻事件永远是大众传播的"爆点"所在，尤其是在移动互联网时代，人们可以随时随地通过智能手机收阅各种即时信息，移动电视的内容服务也必须顺应并超出用户对这种信息即时性的需求。而移动电视在视音频方面的表现力，以及官方传媒的严肃性和权威性，是其天然的优势所在。

五、移动电视内容传播的特点——碎片化

从时长来看，移动电视的每档节目短小精悍，基本上都控制在5～10分钟，所以"节目微型化、编排板块化"成为移动电视从诞生之日起的创新需求。

同时，随着移动互联网的发展日益深入，微信、微博等社交媒体成为用户智能手机里的标配，而移动电视的商业运营也正在T2O领域充分展开，所以"节目微型化、编排板块化、互动节点化"成为移动电视内容满足碎片化传播新的三原则。

1. 节目微型化

受众收看移动电视节目，受客观条件影响，长度大的节目很难收看完整；情节如果太过复杂，也不容易理解。这样就很难吸引受众予以持续关注和进行主动的口碑传播，因此短小、直观就成了移动电视节目的主要特点，时长一般在5～10分钟。并根据公共交通线路的安排，进行恰当频次的重播，弥补移动电视节目过于碎片化的不足，并强化受众对重要信息（如重大新闻事件、重点栏目、重要广告信息等）的印象强化。

2. 编排板块化

由于节目微型化，所以传统电视以"频道制"为中心的编排方式很难为

移动电视所直接借鉴，因此"重编排"就成为移动电视经过多年实践总结的较为有效的经验。

重编排的要点，是针对不同时段、不同线路的乘客群的特性、层次、收视目的性有一定差异的现象，将大量不同风格的短节目以一定的逻辑进行编排，变凌乱为统一、形散而神不散。

可以说，合理的编排能有效地提升移动电视节目的整体化，增加节目的品牌影响力，克服零散、混乱的堆砌感。

3. 互动节点化

目前，电视屏幕与手机屏幕的双屏互动，已经成为电视传媒的运营标配，这也就需要在节目创意策划阶段，设置不同的互动阶段，譬如传统电视屏幕的"春晚摇一摇"。

对于移动电视节目来说，由于每档时长很短，所以互动节点的设置难度更大，既要与节目内容浑然天成，又要有利于受众在行进状态下的简单参与，还要形成对线下营销活动的有效引流，这是一个新的课题与挑战。

第二节　深入场景：基于应用的跨行业内容融合创新

"互联网+"给传统行业带来了翻天覆地的变化，也给传媒行业带来了融合发展的机遇；而以智能手机为代表的移动互联网的生活形态的增强，则让传媒的生态圈为之变革，就移动电视而言，其内容边界及传播边界等都超越了传统电视的范畴，受众、产品、终端等都在不断迅速变化，基于场景的移动互联网内容生产模式正在成为新的需求。

一、场景与传播

"场景"一词最初指的是戏剧、电影中的场面，而后逐步为社会学、传播学等学科所应用。其释义逐步由单纯的空间偏向转为描述人与周围景物的关系的总和，其最为核心的要素是场所与景物等硬要素，以及与此相关联的空间与氛围等软要素。而最早将"场景"一词应用于传媒领域的是科技大神、全球科技创新领域最知名记者罗伯特·斯考伯等所出版的《即将到来的场景时代》。在该书中，他们将"移动设备、社交媒体、大数据、传感器和定位系统"归结为支撑"场景时代"的"场景五力"。作者认为，这种日趋司空见惯的五种原力"正在改变你作为消费者、患者、观众或在线旅行者的体验。它们同样改变着大大小小的企业。"与此同时，"有远见的商业领袖和技术传播者们已经开始利用这些原力来促进发展，同时为顾客和粉丝带来愉悦的感受。此外，技术人员正在以惊人的速度推出新的场景工具、玩具及相关服务。"当智能手机和平板电脑变得平易近人后，人们会更多地使用这些设备，这也意味着用于上传的数据流及所消费的内容流量将会呈指数级增长。由此斯考伯认为，"移动设备是获取互联网力量的关键，也是体验场景超级风暴的载体"。

传统的场景是工业时代品牌对用户既有的生活需求和体验的直接反馈与满足，满足用户对生活的基本需要。移动互联网下的场景是新技术进步、互联网应用形态融合创新催生的场景，也有人称为网生场景或者融合场景。在网生场景时代，技术和创新往往成为创业生态中的驱动力，线上获取用户、线下用户体验往往成为潜力更大的应用场景。其中，社交媒体在场景时代无疑是必不可少的。正是通过在线交谈，我们明确了自己的喜好、所处的位置及所寻求的目标。随着社交媒体与移动设备、大数据、传感器及定位系统等技术的结合，它将成为极富个性化内容的源泉。

传播学者刘德寰在其所著的《正在发生的未来——手机人的族群与趋势》一书中，对当今移动互联网生活做了以下形象生动的描述：公共交通工具上一排排目光盯着手机的人们；工作辛苦时，拿起手机切切西瓜、战战僵尸；外出时看看足球、点点视频不耽误任何爱好；回到家中，靠在沙发，玩着微博；等人时、无聊时、厕所中，手机与平板电脑成为伴随的伙伴。移动媒介的随身化预示着人机一体化时代的到来。社交媒体使用的全民化、平等化，不仅可以让人们随时通过社交媒体了解亲人朋友特定环境下的陌生行为或想法，更可以看到一个个相对陌生的个体所代表的人生百态……原先的社会身份的差异和社会行为的层次在移动互联网时代被消解了，真实世界中所应遵循的社会行为的固有模式和规范被开放的信息系统所架空。

事实上，移动互联网包含内容、社交、服务三大领域，因此，在移动互联网时代，无论是对于内容媒体、关系媒体还是服务媒体，"场景"都将成为一个新的核心要素。传统媒体时代，传播考虑的主要要素是内容与形式，"互联网+"时代，社交成为媒体的核心要素，也成为内容生产的动力，人的关系网络成为信息的传播渠道，"无社交不新闻"成为共识。而与 PC 时代的互联网传播相比，移动时代场景的作用进一步强化，移动传播的本质变成基于场景的服务。因此，场景成为继内容、形式、社交之后媒体的另一种核心要素。

随着移动互联网飞速发展，纯粹的移动应用已经很难满足用户和市场的需求，许多公司都在尝试新的领域甚至形成自己的蜕变，墨迹天气也是如此。纯工具应用的可替代性取决于自身的技术壁垒，产品壁垒到底有多强，大部分工具应用的瓶颈都在于无法从品牌中发掘深层次的价值，这种价值可以是内容上的拓展，服务上的延伸，甚至是更细分的场景挖掘。以 2017 年 2 月的"北京下雪了"的"社交新闻"为例，以前也许只是简单的一个气象新闻，但是通过微博、微信等"社交+场景"的"裂变、共鸣、体验"迅速扩展为一条热点新闻，效率比传统的新闻行业的传播效率提升了 N 个数量级。用云来创始人谌鹏飞的话就是，"社交中每个人都会变成一个媒体，都是一个新流量的来源。以前我们的流量是发行量，现在的流量是什么，是基于内容本身的阅读和传播量。这与场景应用的特性是契合的"。

二、场景的要素与用户化

清华大学的彭兰教授在对场景进行研究时，将空间与环境、用户实时状态、用户生活习惯与社交氛围作为场景的四要素进行了分析（见图 4-7）。

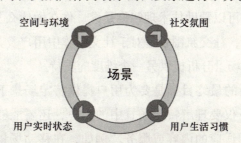

图 4-7　场景构成的四要素

在彭兰教授的研究中，根据人们使用移动设备的场景，空间与环境这一变量又可以细分为固定场景与移动场景。其中，固定场景是指人们相对静止状态下所处的环境，是与人们的日常行为相关的环境，如看电视的客厅，上网的书房。移动互联网时代，看电视、上网等活动开始逐步向卧室、洗手间等私密空间延伸，甚至开始占领餐桌。而在工作与学习中，工作、学习、娱乐、休息之间的界限被模糊，碎片化特征日趋明显。

移动场景是人们所处的环境不断变化，即快速切换的时空，这样每种变化的场景下的需求也会有所不同。例如，乘坐公共交通即典型的移动场景，但是在乘坐交通工具的过程中，人们所在环境又是一个相对固定的环境，移动电视运营商就要考虑在这个相对固定的移动场景下用户的信息需求。如果能结合用户上车起始位置和下车的终点位置，通过大数据、LBS 等分析和预测乘客下一步的行动方向，即可向他们提供相应的信息产品和服务，如餐饮、电影院、商场、书店信息等。

用户实时状态包括用户在此时此地的各种身体、行为、需求等数据，它们既可能基于用户以往的惯性，也可能具有偶然性、特发性。无论是在固定场景还是移动场景中，人们的实时状态，都会与空间因素共同作用。同时，人们在各种场景下的需求与行为模式，常常会带着他们以往的生活经验，打着惯性的烙印，惯性是理解他们行为走向的基本依据，因此，场景的分析，往往也要结合用户以往的习惯。不过，无论是用户的实时状态还是生活惯性都需要通过大数据的方式予以采集，并通过存储、识别、分析等步骤完成场景匹配，而可穿戴设备届时将会发挥不可替代的作用。

而社交氛围与社交媒体紧密相关。随着社交媒体与大数据、移动设备、位置定位等技术的结合，"人人即媒体"，社交媒体已经成为极富个性化内容的源泉。这些内容可以帮助技术理解你是谁、你在做什么及你接下来可能做什么等场景。因此，社交氛围就是对于社交媒体中用户及其相关者的数据的分析结果，可以为场景分析提供另一个维度的支持。

进行场景分析的最终目标是要为用户提供特定场景下的适配信息或服务。这意味着，不仅要理解特定场景中的用户，还要能够迅速地找到并推送出与他们需求相适应的内容或服务。例如，在移动场景下，用户时间碎片化、情境和空间快速切换，对于社交与娱乐来说，也许不会是太大的障碍，但对新闻观看却很有影响，于是"今日头条"等开始占据用户的碎片化时间，PPT 式的标题新闻在移动终端开始大行其道。尽管今天我们看到的模式，未必是移动电视内容转型的最佳手段，但是表现形式一定要与移动观看的时空相匹配。

不过需要关注的是，在移动场景下的内容匹配的前提是观众"用户化"，这是移动电视运营商迫切需要解决的问题。对于应作为先中之先的统一账户体系建设，移动电视运营商目前普遍还缺乏有效重视和针对运营。微博、微信、APP 等新媒体渠道带来的访客、公司网站的可追溯用户，各特色栏目的注册用户，是否有针对性的运营策略，将其固化/转换为自主平台统一账户体系的注册用户？已注册用户，是否有足够持续诱惑使其以该 ID 进行更多网络活动、保持高活跃度？基于用户行为，能够记录、留存、挖掘、分析、商业化的用户价值都有哪些？

上述问题，都有赖于运营商通过运营实践予以解决。这里，非常值得借鉴的对象是腾讯，在 QQ 仅有两个开发者用户之时，马化腾即开始用户行为分析；当腾讯跨过 10 亿元门槛，成为中等规模互联网企业时，围绕腾讯生活圈理念，展开 QQ 账号的开放化运营和第三方平台登录认证，使之成为中国互联网发展史上第一个真正意义上的统一账号。

三、场景传播与移动电视内容转型

对于移动电视运营商而言，移动电视的视频内容无疑是安身立命之本，面对"互联网+"和移动互联网的发展与发展融合媒体的趋势，触网成了运营商必然选择。从调查的情况看，官方微博、微信公众号、APP 等"两微一端"已经渐成标配，但是整体看效果一般，部分运营商甚至停止了官方微博的更新，其问题的核心还是没有真正适应移动互联网，没有实现从观众到用户的运营转变。

以墨迹天气为例。现在市面上除了墨迹天气外，还有许多类型的天气应用，为什么墨迹天气从 2009 年开始至今始终在这个领域领跑，且用户一直呈量级增长？相信不仅仅是源自开始于一个好的时代，也因为其对于体验创新和场景应用一直保持着自己的理解。不仅要在大环境下对于用户使用场景进行分析，而且还要做出更精准的基于性别、年龄、偏好、教育等的定位，然后在统一的用户体验结构上做出更为细分的能根据天气查询延展出的内容创新，如从天气到穿衣再到如何搭配，或者从天气到节气再到风俗习惯等。

再看看蜻蜓 FM、喜马拉雅 FM 等在线广播媒体，其对于基于场景的内容创新的把握应该领先任何一家传统广播电台。据报道，喜马拉雅开放平台已经接入了智能家居、汽车、音响等领域数百家知名品牌，而处于风口的车联网领域，几乎所有主流汽车厂家已全线接入，并和滴滴合作推出"享听专车"，用户可以主动点播喜马拉雅 FM 平台内海量的音频内容。与此同时，央视的春晚电视红包、各卫视的综艺选秀节目的"摇一摇"也算是场景内容制作的创新。

反观现在各移动电视运营商的新媒体拓展和内容创新，基本上是把移动电视的部分节目原封不动地搬运到网站、微博、微信或者 APP 上。用户要么是在公共交通工具上通过移动电视进行观看，要么通过手机进行点击，两者之间并无直接关联。同时，移动场景对于碎片化信息的需求更是刚性的，如何做好视频的碎片化呈现，并做好受众的场景化交互无疑是努力的方向。当然，移动电视的优势在于线性化播出的视频，如何实现从时间到场景的切换，兼顾好时间和场景化之间的平衡，需要内容创作和运营思路的革新。因此，做好移动电视内容生产的转型，并非缺各种传播渠道，也不乏各种构建场景的技术和材料：PC 端和移动端上各种社交软件（微博、微信、APP）、大数据、LBS、穿戴设备等均可应用，更有传统媒体特有的公信力、权威性等社会资本，但由于缺乏互联网思维和场景理念，这些材料尚未能编织出媒体融合发展的全新场景。

第三节　实现共赢：基于平台的内容生态共赢

说起内容生态，不能不提到"价值链"。"价值链"这一概念由美国哈佛商学院著名战略学家迈克尔·波特提出，"价值链是企业在设计、生产、销售、发送等基本活动和采购、技术开发、人力资源管理、企业基础设施等支持性活动中的集合体"，价值链存在于企业内部各业务单元和上下游关联企业中。因而，在丰富行业价值链的业务内容、延伸应用领域的基础上，构建和谐共赢的生态价值链就成了互联网生态的生存法则，否则只能导致整个价值链的无序发展，造成生态圈的失衡。

内容生态圈的价值链是由平台周围的一个个环节构成的价值生态圈，跨越了企业的限制，将社会上在内容方面有关联业务的企业连接在一起，通过链主的有效管理全面构建协作体系，实行资源共享，形成合力。在生态价值链的形成过程中，平台作为链主的重要性毋庸讳言，通过平台可以组织协调与整合价值链的各环节，整个价值链的综合竞争力决定企业的竞争力。而在内容生态建设方面，一些互联网企业的玩法无疑值得我们学习。

一、基于社交平台的内容生态

通过社交平台打造内容矩阵，微博+一直播、陌陌+陌陌直播等进行了有益的尝试，并走出了成功的道路。

在遭遇内容监管等方面带来的低潮后，新浪微博一直在寻求新的增长点，而 2016 年与一下科技的全方面合作似乎成了一个转折点。5 月 13 日，新浪微博与秒拍宣布：移动直播应用"一直播"正式上线。一直播作为一款独立直播 APP 存在，但同时又承担起微博直播业务的支持职能。所有微博用户都可以通过一直播在微博内直接发起直播，也可以通过微博直接实现观看、互动和送礼。也就是说，对坐拥数千万名粉丝的明星而言，无须粉丝安装新的应用，就可以直接在微博中以直播形式跟其粉丝进行互动。据一直播公布的试运营数据，2016 年 5 月 8 日仅蒋欣一场 30 分钟的直播，就吸引了 817.3 万名粉丝观看，最高同时在线人数达 114.9 万人，点赞 3332.4 万次。微博与直播结合的威力可见一斑。在短视频和直播发力后，新浪微博在 2016 年第二季度的财报就交出了一份亮丽的答卷：第二季度净利润 3550 万美元，同比增长 225%，在互联网领域实属罕见，甚至可以看成微博的二次崛起。更引人关注的是 2016 年第二季度财报中披露的关于短视频和直播领域的数据：第二季度直播场次超过 1000 万场，比上一季度增长 116 倍，6 月日均观看人次 773 万，日均观看时长 38.7 万小时；短视频日均播放量达 15.7 亿，较上一季度增长 235%（注：以上数据不包含一直播、秒拍、小咖秀 APP 的站内数据），如图 4-8 所示。

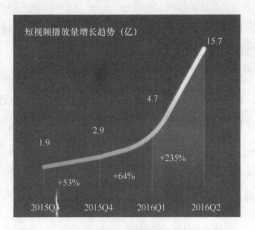

图 4-8 新浪微博关于视频直播的增长状况

资料来源：微博财报。

目前，短视频与直播带来的用户与业绩增长仍然在持续。从新浪微博刚刚发布的 2017 年第一季度财报看，截至 3 月 31 日，微博月活跃用户达 3.4亿，已超过 Twitter 成为全球用户规模最大的独立社交媒体公司（见图 4-9）。在看好短视频与移动直播的基础上，微博持续加强与版权方和媒体的合作，仅体育领域就已经与 NBA、NFL、西甲等多项全球顶级体育赛事达成短视频深度合作。春节期间微博与央视及多家卫视进行合作，春晚相关视频在微博的总播放量达 48 亿次。同时，光影秀、微博故事等 UGC 视频产品也陆续上线。此举将使用户在微博上获得更多的独家信息和独特的视频社交体验，有利于微博进一步扩大用户规模并提升黏性。

图 4-9 新浪微博活跃用户的增长状况

资料来源：微博财报。

新浪微博的成功同样带动了一直播的迅速成长。一直播不仅作为一款独立直播 APP 而存在，微博甚至直接将一直播内置为自己的直播应用，处在和发文字、视频同等重要的级别。由于共享着新浪微博 3 亿的月活用户，SDK 内嵌微博的一直播上线不到 6 个月就成为国内最主流的直播平台之一。凭借在明星、大 V、网红等 IP 资源的深厚积淀，以及微博的强势流量支持，一直播改变了直播无明星的行业窘状，成为移动直播红海里成长最快的新领军势力。当然，除了有微博 APPpush、微博直播广场热门推荐的流量加持，一下科技另外两款产品秒拍和小咖秀也给了一直播足够的流量支撑。

另一个利用社交平台玩转内容生态的例子就是陌陌借助陌陌直播的成功逆袭。2014 年 12 月，以"陌生人社交"为卖点的陌陌成功登陆纳斯达克，尴尬的是，受限于中概股普遍估值较低，以及投资者对陌陌模式的不理解，其股价始终徘徊在 15 美元，陌陌开始谋求私有化回国，股价一度跌破 10 美元，引以为傲的用户量也出现滞涨。

为了增强用户黏性，陌陌曾先后引入了兴趣群组、陌陌吧、附近朋友圈、Tinder（点点）、陌陌贴纸等功能，在丰富社交体验、提升社交效率上做了很多尝试。这可以理解为其转向内容化社交的伏笔。这种不断地尝试，一直到陌陌开放了全民直播功能，并将其提升到"附近"主帧旁边才见到效果。陌陌和直播天生契合，迅速产生了"核爆"效应，陌陌也开启了业绩飙升之旅。2016 年报显示，陌陌全年净营收达 5.53 亿美元，同比增 313%；全年归母净利 1.77 亿美元。谈及陌陌与直播产生化学反应的原因，陌陌创始人唐岩称："陌陌的社区生态优势，让用户的付费意愿要高一些，最主要的是陌陌的流量获取成本几乎为零。"尽管目前仍有分析人士认为，对直播的高度依赖，预示着陌陌业绩的不稳定，但是无论如何，陌陌这种内容驱动的生态创新尝试无疑是成功的。

二、基于电商平台的内容生态

乍一看，电商与内容之间似乎风马牛不相及，但是随着自媒体的兴起，尤其是移动直播的发展，基于电商平台的内容生态逐渐成为一种潮流。事实上，在电子商务兴起以前，电视购物、杂志购物等基于内容的产品销售就已经流行多年。今天的内容电商只是把电视购物搬到了直播平台上，把杂志购物搬到了今日头条、UC 头条、微信公众号等资讯内容平台上，本质并没有发生改变，只是媒介在发生变化。

在美国图片分享平台 Pinterest 大火之后，国内也掀起了一股图片分享热潮。同时由于阿里妈妈淘宝客的对外开放，图片分享结合淘宝客还演变出了一种新的商业形态：购物分享。当时，美丽说、蘑菇街、楚楚街等数百家购物分享如雨后春笋般地涌现出来。随后，微信的出现又带动了微商的发展，很多微信用户通过将自己的产品分享到微信朋友圈然后让用户去购买，而微信公众号更将这种商业模式予以了继承和发扬。于是，大量的微信公众号开始推出自己的微店，也催生了很多第三方微店服务平台，诸如有赞、微店等平台的兴起，逻辑思维、一条等微信大号更是借助微商为众多内容创业者创造了一条公众号商业化的楷模之路。

内容电商的兴起让传统电商巨头阿里巴巴、京东商城感受到了巨大的威胁，于是阿里巴巴率先推出了淘宝头条、淘宝直播，京东也不甘落后地与今日头条达成战略合作，双方在营销和内容变现等领域展开合作，并帮助更多头条自媒体进行电商变现。以淘宝为例，2015 年 9 月，手机淘宝推出"内容开放计划"，手机淘宝内容平台上的优质内容创作者和机构在 3 年内可共享 20 亿元佣金。与此同时，手机淘宝将淘宝达人内容平台向第三方内容创作者和机构开放，吸引微博红人、自媒体人、线下媒体等多平台达人入驻，将淘宝的商品导购模式逐步转向内容导购，而这也成为一些自媒体人一展身手的新领地。而淘宝直播在 2016 年 5 月正式推出的时候，当时已经有超过 1000 个卖家在淘宝做过直播，每天直播近 500 场，超过千万名用户观看过直播内容，直播内容涵盖了母婴、美妆、潮搭、美食、运动健身等多个品类。

目前，蘑菇街、蜜芽宝贝、波罗蜜、网易考拉等垂直、跨境类电商平台也都纷纷推出了自己的直播电商。与此同时，越来越多的主播、企业们开始通过借助移动直播平台销售自己的电商产品。众多移动资讯平台、直播平台、电商平台纷纷参战，必然将会推动内容电商革命的加速。

三、基于内容平台的内容生态

与社交平台、电商平台不同，基于内容平台的内容生态是最常见，也最容易理解的，如爱奇艺、腾讯视频等均可以看成典型的互联网视频内容平台，百视通、华数传媒等是 OTT、IPTV、有线电视的牌照方或内容平台；各电视台、移动电视公司等也有自己的内容产业链，但是距离内容生态还有一定的距离。

对于视频网站，逐年飙升的版权成本迫使它们将更多的目光投向了网生内容，以实现各自的差异化竞争。而在网生内容中，相较于平台自制内容需要大量制作资金的投入，UGC 和 PGC 内容是很多视频网站追逐的方向，尤其是 PGC 内容由专业的影视制作人员或机构生产，质量相对可靠，视频网站既无须投入大量资金拍摄制作，也无须支付版权费用，通过分成的形式与 PGC 伙伴共享广告收益或付费点播收入。以爱奇艺为例，其近年来率先在视频付费、视频技术、电影、动漫、游戏、VR、社交等领域广泛布局，通过购买、分成、投资等手段聚拢了大量内容资源及背后的创作团队，继 2016 年发力奇秀直播后，2017 年又开拓演唱会直播，内容生态布局日趋完善。而腾讯视频在 2014 年推出了"V+原创平台"计划，面向专业视频用户、明星、名人、机构、工作室等内容提供方建立了独立的内容合作平台；2015 年腾讯视频更是加速了 PGC 的产业布局，联合万合天宜、暴走漫画、胥渡吧等百家 CP 启动了"惊蛰计划"，通过打通 PGC 行业上下游产业链，打造产业共赢的内容生态；2016 年 3 月 1 日，腾讯更是从公司层面宣布启动"芒种计划"，打造媒体共赢生态圈——媒体和自媒体发布、运营的内容，可以通过企鹅媒体平台，在天天快报、腾讯新闻客户端、微信新闻和手机 QQ 新闻等平台渠道进行一键分发，实现优质内容的更多曝光。

而坐拥 IPTV、互联网电视、有线电视等多个平台的百视通也开始打造自己的内容生态圈，如果 2005 年百视通走出电视大院办电视才有了百视通，那么现在的百视通开始尝试走出 IPTV 做 TVIP。2017 年 5 月 18 日，百视通在梅赛德斯奔驰文化中心举行合伙人大会，正式启动"未来合伙人"计划，旨在打造超越过去、融合共生的新型发展业态。发布会现场，除了华为、乐视、新东方等绝对的行业巨头企业，还聚集了来自内容、平台、应用、科技等不同领域的 158 家企业。正如百视通自己所言，未来的内容不是传统的节目制作，而是每个细分市场，如医疗、旅游、教育等领域，以及这些领域以视频为基础衍生的应用和服务。

上面，我们对于基于社交平台的内容生态建设、基于电商平台的内容生态建设及基于内容平台的自身内容生态打造的相关企业案例进行了简单介绍，相信对于移动电视运营商应该会有所启发和思考。当然，与这些互联网巨头、行业大咖相比，移动电视运营商的资金实力、人员配备、资源积累等诸多方面还有不小的差距，但是在内容生态建设的思维上决不能落伍。微博、微信等社交媒体的广泛运用，电商等业务的成功试水等都为移动电视的内容生态建设提供了无限可能；而不同城市的移动电视运营商在内容方面的优势如何共享？团队合作，内容购买，资本介入，创意分享……与其被动等待，不如主动求变！

第四节　案例研究：移动电视内容创新与生态建设案例

一、内容融合创新类案例

【节目名称】《"秀给你看"路况直播》
【出品方】北广传媒移动电视
【关键词】网络直播　全媒体传播
【案例简介】

"秀给你看"路况直播项目是北广传媒移动电视与网易新闻合作，通过手机客户端进行直播的项目，即利用网易的手机客户端，将移动电视制作的直播节目对外推送。

直播采用移动电视创立的幽默人物形象"秀逗"和女主播搭配的形式，通过移动电视建在交管局指挥中心的演播室，将北京市的实时路况通过网易的手机新闻客户端以视频直播的形式发布，与网友在直播过程中通过点播路况形成互动，打造国内首家路况点播视频直播。同时，也会走出演播室，参与各类热点话题的直播，如测试公交道、天安门广场直播升旗仪式等，内容丰富多样。

从实际开展情况看，节目主要有以下几个方面的亮点。

1. 拓宽移动电视传播渠道

目前网络视频正处于飞速发展的时期，PC 端甚至是移动客户端已经成为用户获取内容的首选，如果不能迅速占领新的终端平台，随着移动电视作为户外媒体吸引力的下降，其平台价值趋于饱和，未来发展空间必将被逐步蚕食。在当前互联网大潮的冲击下，移动电视运营商们必须要顺应市场，找到自身的新的盈利点。本项目中的网络直播平台就是占领了手机客户端，拓宽了移动电视的传播渠道，顺应了融合媒体发展的大趋势。

2. 利用优势资源延展价值链

北京移动电视与北京市属多家委办局建立了长期的合作。其中，尤以与北京市公安局交管局的合作最为长期，且社会效益也很高。但由于以往栏目播出的平台局限在公交车厢中，而受众对于路况的需求并不强烈，使得由交管局提供的实时路况画面这一独家资源的利用率降低。本项目就是找到了对于路况需求最大的私家车主，并根据时下最流行的收视终端——手机，结合当下最热门的网络视频形式——网络直播，使得路况这一独家资源能够得到最大化的利用，拓宽了产业价值链，实现了价值链上相关各方的共赢。

3. 项目特点

本项目充分利用了移动电视的现有资源并进行了整合。

首先，将北京交管局的演播室及路况信号作为栏目的核心内容，项目组根据公司情况，将暂时闲置的资源进行再利用，并把握住交管局这一独家资源，奠定了与网易直播中心达成合作的基础。

其次，调动公司的节目制作力量参与制作。2016 年项目组招募了公司内部的相关人员参与到直播工作中，既保证了节目部工作的正常开展，同时也调动了公司最核心的节目力量参与直播栏目制作，进而取得了一定的效果。

再次，将交管局、国家大剧院、移动电视分会等合作方的内容资源利用起来，达到了资源整合利用的最大化。作为北京地区最为重要的户外媒体，移动电视多年来与多家委办局建立了良好的合作关系。2017 年，项目组充分利用上了这些资源，在保证自身节目直播的基础上，对合作方也是一个全新的、更加全面的宣传。

最后，本项目将互联网、手机这些最前沿的传播手段与移动电视现有的资源进行整合，在实现公司资源最大化的同时，也在为"双屏"互动的未来趋势做着非常有意义的探索。

【节目名称】《天天向上》

【出品方】宁波移动电视

【关键词】全媒体 教育互动 航拍

【案例简介】

《天天向上》是宁波移动电视与宁波市教育局合作推出的互动教育栏目，算是一档全媒体强互动教育服务类栏目。《天天向上》重点关注 K12 教育，聚焦当下甬城教育热点话题，想学生所想，思家长所思，弘教育所感，使节目成为服务家长与学校的沟通互动平台；同时以全面的展示和精彩的互动，打造宣传宁波教育的平台与专属媒体矩阵。2016 年 10 月上线的首期节目推出"亲亲我的校园"主题活动系列，以浙江省正在开展的"美丽校园"评比作为契机，以最先进的航拍技术，通过全新的视角强化校园特色，展现校园风光，展示师生的良好风貌，多角度挖掘每个学校最有特色及最有人文情怀的故事，成为宁波教育形象展示的生动窗口。

在节目制作和编排方面，《天天向上》由宁波移动电视当家主持人出境，采用周播的方式，每期节目时长 10 分钟以内，每天滚动播出 5 次。自 2016 年 10 月 18 日开播以来，受到社会各界及业内人士的一致好评，成为业界具有潜力的合作品牌栏目。《天天向上》采取线上线下双结合的运营模式，线上不仅可以网上点播视频，还能够在教育公众号"蜗牛小小"里了解到最新、最权威的教育资讯，为处于教育阶段的甬城孩子提供最有利的帮助。一些宁波高校的校长甚至在公众号下留言发出拍摄邀请。线下，全年每周末开展一系列丰富多彩的教育活动，在端午节、中秋节、元宵节等传统佳节企划特别活动，为教育注入深厚的文化底蕴和与时俱进的人文内涵。

除了上述两个案例外，还有很多移动电视运营商开始重视新媒体的传播和运营，在多屏互动等方面做出了不少有益的尝试。例如，重庆移动电视频道的多档栏目——生活服务类节目《包打听》、资讯类节目《壹资讯》、娱乐影视类节目《乐在其中》等都顺利地与频道微信公众号"云端重庆"完成了大小屏互动，观众通过观看电视大屏的节目进而关注微信公众号云端重庆，参加线下的后续活动，同城观影会、优我好家政空调清洗活动、冬季夏令营、订购特斯联门锁等。青岛无线传媒通过蓝牙技术，以微信为平台，让公交移动电视大屏与手机小屏互动，乘客在观看电视的过程中可以通过"微信摇一摇"的形式参与各类优惠活动。青岛地铁传媒结合当下社会手机媒体当先的大形势开办了一档互动类生活栏目《地铁生活+》，与地铁晨报和新媒体联合推动该档栏目进行主题视频征集，以轻松幽默的主持风格串联市民的小视频，扩大了移动电视的影响力。

总之，通过多屏互动，让传统媒体和眼下最普及流行的社交平台紧密地结合在了一起，将大屏的影响力继续延伸到小屏中，加强对用户的黏性绑定，提升移动频道在百姓生活中的重要性。

二、服务直播类案例

【节目名称】《全景大交通》

【出品方】深圳广电集团

【关键词】交通服务 直播

【案例简介】

由深圳广电集团和深圳市交委联合制作的《全景大交通》节目是国内首档综合交通信息电视直播节目，《全景大交通》于 2014 年 1 月 16 日春运第一天在移动电视频道开播。栏目以"智能交通"的大数据为依托，以"综合交通信息服务"为理念，为市民提供了涵盖深圳海、陆、空、地铁的交通资讯及实时路况、换乘、票务等信息。《全景大交通》栏目也围绕深圳市交委中心工作，既详细、权威、及时解读交通政策，实时预告交通应急信息，也全面关注市民关心的路边停车、整治非法营运等热点交通话题，立体地满足了广大市民多层次的交通出行需求。节目推出之后，多次获得交通部、省市领导和全国智能交通业界的肯定，也受到了市民的广泛欢迎和好评（见图 4-10）。

在移动电视内容生态建设中，直播是一个不可忽略的重要因素，因为它不仅可以吸引观众的眼球，更与移动直播等形态紧密结合，打造全新的节目形态。其实，除了美女秀场直播和游戏直播等已经审美疲劳并受到严格监管的领域外，直播的其他领域亦风生水起，如淘宝、京东的电商直播，央视、《人民日报》、新华社、《光明日报》等正在介入的新闻资讯直播，腾讯、网易、

图 4-10　时任深圳市市委书记马兴瑞同志考察全景大交通演播室

今日头条更是不遗余力，一些商业直播、社交直播也都默默地埋头赚钱。实际上，直播产业带给电视行业的机会才刚刚开始，一些尝鲜者已经入场，如北京电视台的北京时间、广东电视台的荔枝 TV、广西电视台的靓 TV、重庆电视台的渝眼正在进行各种尝试探索。必须认识到，电视媒体利用直播转型升级时间窗还在，现在进场的时机已经成熟。

在目前的形势下，移动电视开展本地化直播，首先可以考虑的是利用本地关系开展政务直播，获取本地党政机构的资源和资金支持，需要各种本地化的运作。其次，移动电视运营商可以通过自己的专业技术和业务，为商家提供手机屏、电视屏、户外大屏三端的传播平台，让商家随时可以将自己的商品和服务直接到达本地用户，和本地用户实时交互。当然，移动电视也可以为本地的商业活动、文娱活动等各种活动提供商业化付费直播。

回头来看，上面介绍的深圳移动电视的《全景大交通》等类似直播节目应该纳入政务直播的范畴；而诸如青岛地铁移动电视推出的直播节目《青岛live》，则是结合集团及公司的线下活动进行专业的线上直播，可以看成商业直播的形态。虽然在具体的播出形式上，目前移动电视的直播形态更像传统电视台的直播，但是这种尝试将大大创新移动电视的节目形式及内容。

三、联合制作类案例

【节目名称】《阿普说法》
【出品方】杭州移动电视

【关键词】法制宣传联合制作 IP 合作

【案例简介】

为了加强法治杭州建设，2016 年 3 月，由杭州市委法治办、市普法办、市司法局、杭州移动电视联合推出的普法栏目——《阿普说法》，正式与杭城公交乘客见面。栏目开播一年来，受到了市民群众的欢迎和好评。

《阿普说法》以"宣传全市法治、普法建设成果，培养全社会法治精神"为开办宗旨。其中的"阿普"是杭州市普法代言人，2006 年从全市中小学普法形象设计作品中挑选出来的。它的原形是古代传说中的一种神兽，叫"獬豸"，是公平、正义的象征。栏目每周播放一期，周四首播、周五重播，共在上下班高峰期播出 5 次。内容短小精悍，每期 5 分钟，集中讲述一个普法知识点，让乘客在上下班乘车途中轻松愉快地接受普法教育。

作为一档全新的普法栏目，《阿普说法》主要有以下几个特点：

一是节目表现方式"活"。栏目用于宣传杭州市重大法治、普法活动，解读社会关注的法律政策，分析典型案例，展示普法先进，以及法治人物访谈、法治文艺、法治文创展播等。栏目以主持人阿普、Q 版阿普之间的精彩互动，带给观众耳目一新的视觉享受，微电影、沙画、普法剧、实景拍摄、主持人采访、以案释法，将让观众感受到法律的亲切，而片尾朗朗上口的"阿普之歌"、呆萌的阿普形象，更让人会心一笑、吸粉无数。

二是普法受众"多"。目前，杭州移动电视终端已覆盖了杭城 6000 多辆公交车（包括主城区和萧山、余杭），安装率、覆盖率名列全国前茅，每天有 400 万人次的市民乘客收看公交移动电视节目，媒体节目到达率位居杭州各媒体之首，是提高普法覆盖面和有效性，贴近和服务杭州最广大市民群众的重要媒体。

三是与主管部门联合，宣传视角"广"。除了内容制作等方面进行创新外，更重要的是，该栏目与杭州市委法治办、市普法办、市司法局联合制作，一方面从法治的角度大力宣传 G20、创新驱动、一号工程等市委、市政府重点工作，围绕司法行政职能，将突出宣传公共法律服务中心、十佳法律援助工作者、和事佬评选等各项工作；另一方面，通过联合制作，既拓宽了内容来源，又得到了有关部门的高度关注和支持。

借力打力，合纵连横。除了《阿普说法》外，杭州移动电视还推出了由杭州西田城时代联合影城冠名的《新动影擎》特约演播室项目，也是全国首个电影类节目特约户外演播室项目。《新动影擎》是杭州移动电视自办的影视娱乐栏目，通过主持人脱口秀的方式，为观众搜索影视娱乐，圈里圈外的大小事件，开播已达十年，制作了上千期优秀节目，组织了上百次观影活动，专访过的娱乐明星，包括刘德华、成龙、章子怡、贾樟柯、冯小刚等，是杭城最权威的电影栏目。杭州西田城时代联合影城是国内首家中澳联合，上下双层 Gmax 巨幕，由浙江时代院线和澳洲联合院线共同打造，浙江时代院线十佳影城。2015 年 11 月 6 日，杭州西田城时代联合影城与杭州移动电视《新动影擎》栏目合作，联合推出大型特约演播室，力求打造最亲民的节目录制平台，让电影更分享、更互动。

文化产业的繁荣与发展，需要媒体和实业共同联手推动，媒体的高效传播更需要与受众有效互动。杭州西田城时代联合影城与杭州移动电视联合推出特约演播室项目，就是双方的一次有益尝试和探索。由此，杭州移动电视打破了传统的电视媒体与商家的合作模式，从单一的软、硬广投放，转为双方共同打造新型"演播室 IP"形式。

在这种合作方面，青岛无线传媒也打破了自办节目的局限，先后制作播出了 5 档自办栏目，分别是《乐淘淘》《乐悠游》《梦想起跑线》《爱食尚》《文娱快报》。《乐淘淘》拥有多家本地固定客户，《爱食尚》则成功打造出多家岛城知名餐饮饭店。

四、用户运营创新探索

众所周知，电视媒体已进入不变则亡的时代——互联网、移动互联网对电视产业产生着深刻影响，以用户需求为核心，这是互联网思维的本质内核所在。而变传统的"观众"为"用户"，正是包括移动电视在内的电视媒体在互联网思维下不断探索的核心。

打通屏幕简单，打通用户的行为才是重点和难点所在——跨界跨屏并不只是简单的内容移植，读懂用户，建立用户闭环者才可能成为真正的赢家，内容、产品、通道整合、资源整合，缺一不可。从目前各地移动电视运营商的运营实践看，目前还多处在用户习惯的探索阶段，不过这与传统电视台相比已经有了不小的进步。

例如，青岛地铁传媒就结合 2016 年进行的电视节目调查问卷，联合地铁晨报、地铁新媒体及地推方式共同推进调查工作，同时结合运营提供的客流数据进行受众分析。地铁电视根据调查结果及分析对节目进行科学调整，将地铁宣传、新闻资讯、公益广告、商业广告等内容进行科学化配比，旨在让受众看到喜闻乐见的节目内容的同时各取所需，避免视觉疲劳。

再如，移动电视的收视人群流动性较大，观看节目时间也比较短，注意力容易分散。针对这一用户特点，青广无线传媒集团更新原有的节目包装，统一节目时间，把节目时长控制在 5 分钟以内，在节目的拍摄和剪辑上要求镜头更有冲击力，节奏明快，字幕清晰醒目，使公交电视节目尽量符合受众的收看习惯。而在微信、微博等社交平台用户运营方面，定期推出各种活动吸引手机用户参与，如用户参加砸金蛋、转转盘等小游戏，就有机会中奖获赠电影票或者小礼品等，使电视观众不再像以往一样只能在公交车上被动地接受节目信息，而是主动参与到节目互动中来。

而黑龙江龙视移动传媒则通过移动视频、公交电视、社区电视三大媒体平台区分不同的用户群，以满足城市商业休闲、高校生活区、医院就诊、公共出行、社区服务等不同环境中的用户观看需求，实现市场垂直整合，促进产业与媒体深度融合，将专业化做到极致。

第五章　移动电视运营创新

从分类来看，移动电视是公共视听媒体的核心组成，也是网络视听产业的重要构成部分。随着移动互联网的发展，移动电视产业与技术也在与时俱进，各种新型商业模式的出现带动了移动电视主动或者被动地对现有的运营模式进行调整和创新。在本次调查中，我们发现许多城市的移动电视运营商不仅横跨公交、地铁、出租车等不同公共交通载体，还涉足户外大屏和楼宇电视等领域，构建了公共视听媒体的全产业链分发渠道；同时，多家移动电视运营商不仅在广告、线下活动等传统阵地精耕细作，更开始在融合媒体运营、O2O电子商务、智慧城市建设等方面试水并发力，有的甚至形成了一定的规模。

第一节　公共视听媒体市场概况

按照国家新闻出版广电总局的规定，公共视听媒体是指包括车载/机载移动电视、楼宇电视、户外大屏等媒体形态在内的，采用广播电视技术、硬盘播放技术、互联网下载技术及其他通信技术等多种技术手段，在室内外公共场所面向大众开展视听节目服务的载体统称，覆盖车载、楼宇、机场、车站、商场（商铺）、银行、医院及户外等多种载体。中国公共视听媒体从1998年开始起步，经历了起步阶段、快速发展阶段，目前已经进入成熟阶段。

一、公共视听媒体分类

公共视听媒体的分类如图 5-1 所示。

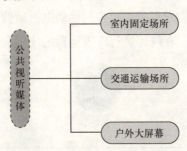

图 5-1　公共视听媒体的分类

从图 5-1 中可以看到，公共视听媒体可以简单地划分为室内固定场所类、交通运输场所类和户外大屏幕类。

1．室内固定场所类

室内固定场所类主要是指视听终端分布在政府机关、写字楼、酒店、银行、医院、卖场、电影院等室内场所。其运营主体主要是民营企业，最具代表性的企业是分众传媒。在接受调研的移动电视运营商中，安徽广电移动电视有限公司、广州珠江移动城市电视有限公司、深圳市移动视讯有限公司、厦门广播电视数字传媒有限公司、黑龙江龙视数字移动传媒有限责任公司、江西传媒移动电视有限公司、山西大众移动电视有限公司、济南广电移动电视有限公司、北京北广传媒城市电视有限公司等十余家运营商均有楼宇电视相关业务，约占总数的 1/3。不过这些运营商的楼宇电视屏幕总数在 12000 多块，与分众传媒相比尚有一定的差距。

2．交通运输场所类

交通运输场所类包含公交移动电视、地铁移动电视、列车移动电视、出租车移动电视和飞机/机场电视等多种形态。其中公交移动电视、地铁移动电视一般都是由广电机构和民营企业合作运营，广电机构负责内容制作与播出，民营企业负责商业运营。其他三种形态多为民营企业运营。这块业务是移动电视市场的主体，也是移动电视运营商的立身之本，由于区域割据、内容管控、广告资源等原因，各家运营商多选择与广告代理商合作共同经营媒体资源。其中，公交移动电视跨区域的媒体运营商有华视传媒、世通华纳、巴士在线等，地铁移动电视的代表企业包括华视传媒等，列车移动电视代表企业有鼎程传媒等，出租车移动电视代表企业包括触动传媒等，飞机/机场电视的代表企业是航美传媒。在本次调研中，我们发现越来越多的移动电视运营商开始自建广告部门，单纯依靠华视传媒、巴士在线等进行广告运营的比例在降低。

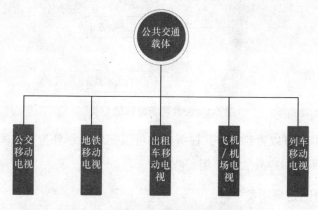

图 5-2　公共交通运输媒体的组成

3. 户外大屏幕类

户外大屏幕类是指通过户外公共场所的大型电子屏幕发布信息的视听节目服务形态。市场上既有国有企业，也有民营企业，国有企业代表如新华社，民营企业代表如新文化旗下的郁金香传媒。移动电视运营商中已经开展类似业务的有北京、大连、广西、重庆、青岛等城市的移动电视公司。

可以看出，在公共视听媒体的发展过程中，以广告代理为主要业务的媒体资源运营企业起到了举足轻重的作用，它们与广电机构一起推动了中国公共视听媒体的成长。简要回顾一下这些资源运营企业的发展之旅，将有助于我们更好地把控公共视听媒体发展的市场规律，探寻包括移动电视在内的各公共视听媒体市场运营创新的机遇。

二、公共视听媒体市场的轮回之旅

2003—2013 年是中国公共视听媒体正式开展商业运营的轮回十年，犹如中国 A 股市场，从萌芽到繁荣，而后重新回归低迷；2014—2017 年随着资本市场的活跃，公共视听媒体又重新成为资本的宠儿，分众传媒回归 A 股，巴士在线曲线上市，个别移动电视运营商登陆新三板……令人唏嘘不已。回首十余年来的风风雨雨，可以梳理出中国公共视听媒体发展的路线图。

1. 萌芽实验期

2003 年 1 月，主营公交移动电视资源运营的世通华纳文化传媒有限公司在厦门成立，但当时并未引起业界广泛关注；2003 年 5 月，经营楼宇 LED 屏幕广告的分众传媒的成立，算是真正带领中国公共视听媒体粉墨登场。同年 6 月，软银和 UCI 维众投资宣布对分众传媒注资，不仅让分众传媒得到了资金支持，也让公共视听媒体的发展前景迅速得到传统媒体的关注。

2003—2005 年，各种公共视听媒体公司纷纷宣告成立，抢占市场，聚众传媒、上海东方明珠、北广移动电视、长沙移动电视、华视传媒纷纷成立；2005 年，郁金香传媒正式进入户外巨型 LED 屏幕领域。在接受调研的移动电视运营商中，成立早于 2005 年之前的比例超过 40%，它们与这些媒体资源运营商一起见证了中国公共视听媒体市场的起起伏伏；而在 2011 年之后开始运营的比例也超过了 20%，青岛地铁文化传媒有限公司、宁波广电华视移动数字电视有限公司等更是 2015 年才成立（见图 5-3）。

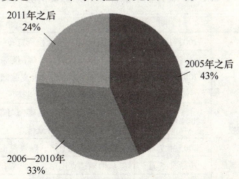

2011年之后
24%

2005年之后
43%

2006—2010年
33%

图 5-3　受调移动电视公司成立时间分布概况

资料来源：《2017 中国移动电视发展报告》企业调研。

2. 快速成长期

分众传媒作为中国户外视频广告的最早试水者，目前也是中国户外电子屏广告市场的最大占有者，其核心业务包括商业楼宇联播网（包括影院广告网络）、电梯海报框架网络与卖场终端联播网，非核心业务为传统户外大牌（包括 LED 等）。2005 年 7 月 13 日，以分众传媒登陆纳斯达克作为标志，拉开了中国户外传媒大发展的序幕。此后两三年间，分众传媒先后收购了框架媒介、聚众传媒、凯威点告、好耶集团、玺诚传媒等 60 多家户外媒体广告公司。根据公开信息估算，这些收购案花费了将近 10 亿美元的现金及股票，但分众也由此建立起一个立体的生活圈媒体群，从而推动其股价在 2007 年年底达到了 65 美元左右的历史高峰。

和分众以覆盖商业楼宇、卖场终端、公寓电梯、户外大型 LED 彩屏、电影院线广告媒体等渠道不同，成立于 2005 年的华视传媒切入的是更有资源垄断性的公交、地铁这个细分领域。航美传媒切入的则是航线、机场细分领域，炎黄传媒和互力传媒则以做医院领域的电视联播网为主。

2005—2009 年是中国户外媒体从业者们值得回忆的好日子。但凡能够放屏的地方——无论高尔夫球场、出租车甚至厕所都成了户外传媒争夺的媒介资源。这背后则是海内外众多投资者的集体癫狂。根据公开资料初步统计，仅 2006 年数字广告媒体公司就获得了 1.9 亿美元的风险和私募（VC/PE）投资。公共视听媒体业部分融资情况如表 5-1 所示。

表 5-1　公共视听媒体业部分融资情况

企业类别	企业名称	时　间	融资情况
楼宇电视	分众传媒	2003 年 6 月	软银和 UCI 维众投资宣布投资分众传媒
		2004 年 3 月	UCI 维众投资、鼎晖国际和 TDF 基金联手 DFJ、WI-HARPER 中经合及麦顿国际投资等注资分众传媒数千万美元
		2004 年 11 月	UCI 维众投资、高盛公司和英国 3i 公司共同投资 3000 万美元入股分众传媒
		2005 年 7 月	在纳斯达克上市，融资额 1.717 亿美元
		2013 年 5 月	从纳斯达克退市，完成私有化
		2015 年 6 月	拟借壳宏达新材，遇挫
		2015 年 12 月	正式借壳七喜控股，正式登陆 A 股
		2016 年 3 月	公司名称变更为分众传媒
车载电视	DMG（地铁视频）	2006 年 12 月	OAK 橡树投资 DMG 3000 万美元
		2009 年 12 月	华视传媒 1.6 亿美元收购 DMG
	华视传媒（公交电视）	2007 年 7 月	麦顿投资 4000 万美元
		2007 年 12 月	美国纳斯达克上市，融资额 1.08 亿美元
		2015 年 6 月	华视互联获得百度 7000 万元投资

企业类别	企业名称	时　间	融资情况
车载电视	巴士在线（公交电视）	截至2007年12月	崇德投资、IDG、建银国际等投资巴士在线共计7200万美元
		2015年5月	新嘉联以16.85亿元收购巴士在线科技有限公司100%的股权，同时上市公司更名为巴士在线股份有限公司
	世通华纳（公交电视）	截至2008年2月	分别获得国泰财富基金、鼎晖创投、华登国际、成为基金和霸菱基金共计9500万美元投资
航空视频	航美传媒	截至2007年4月	鼎晖投资（CDH）、SIG、Och-Ziff基金共投资5200万美元
		2007年11月	美国纳斯达克上市，融资额2.25亿美元
		2013年5月	德豪润达向航美传媒投资6.4亿元
		2015年6月	北京市文化投资发展集团有限责任公司旗下的龙德文创基金和文化中心基金作价21亿元，收购航美传媒75%的股权
		2017年4月	航美传媒欲借壳*ST昌九，但由于航美传媒股东内部矛盾，诉讼不断，前景不明
巨型LED屏	郁金香传媒	截至2007年12月	获得JC Decaux、美国华平基金和瑞士信贷等共计7000万美元投资
		2014年6月	被新文化以12亿元收购

资料来源：公开资料整理。

易目唯整理。

2005—2008年可以说是中国公共视听媒体市场的快速增长期，其营业收入、利润的增长率都保持在100%以上，表现出强大的市场活力。随着全球金融危机在2008年年底和2009年对中国市场的影响显现，公共视听媒体营收增长率放缓，领头羊分众传媒出现负增长，这一点从分众传媒2008—2010年的营收变化可以得到清晰的体现（见图5-4）。同样地，尽管在2009年10月，华视传媒斥资1.6亿美元收购数码媒体集团DMG，财务报表中充满了各种好消息，不断扩充的地铁、公交等媒体资源等，2009年年末，华视传媒的股价在达到12美元的小高峰之后一路下行。业绩表现大幅下滑，很大一部分原因是由于2008年全球性经济危机所带来的行业性寒冬。

作为当年的公共视听媒体第一股，分众传媒的好日子在2008年戛然而止。尽管当年分众的净营业额仍然大幅飙升，但由于盈利状况的调整，使分众首度出现7.68亿美元的亏损，分众的股价连续跳水，前景一片黯淡。2009年，曾退出"江湖"想过清静日子的江南春临危受命，再度回到前台。

噩梦并未就此结束。自 2011 年 11 月 21 日，美国浑水公司多次发布调查报告，质疑分众传媒。一时之间，被做空的分众传媒成为中国概念股的负面教材。

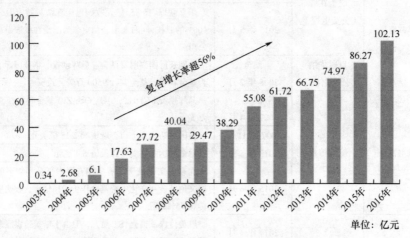

图 5-4　2003—2016 年分众传媒营收变化情况

资料来源：分众传媒。

3. 去泡沫化后的低迷期

度过艰难的 2009 年，各家公共视听企业开始重整旗鼓，在 2010 年分众传媒、航美传媒营业收入增长率分别达到 48.3% 和 54.9%。华视传媒由于在第四季度对并购数码媒体集团产生的相关商誉及无形资产计入了 5660 万美元的一次性非现金减值费用，2010 年营收增速继续放缓。但在经历了 2010 年和 2011 年上半年短暂的反弹之后，公共视听媒体市场从 2011 开始呈现去泡沫化的走势。

分众传媒在 2011 年年底遭遇浑水公司大肆做空后，虽几经反击，但是股价迟迟不见有大的起色，以至于 2012 年 8 月 13 日，分众传媒董事长江南春联合方源资本、凯雷集团等投资方提交私有化建议书，拟将公司私有化。而华视传媒更由于股价一度低于 1 美元，在 2012 年 7 月 18 日收到纳斯达克通知函，存在被强行退市风险。直到 2012 年 12 月 13 日，华视传媒被迫实施 20 合 1 并股计划，股价才由 0.20 美元自动跃升至次日开盘的 4.12 美元，暂时消除了退市风险。相比较而言，航美传媒的发展还算健康，但是利润空间明显逐年降低。公共视听媒体主要企业资源状况如表 5-2 所示。

表 5-2　公共视听媒体主要企业资源状况

企业类别	企业名称	资源状况
室内固定场所类	分众传媒	电梯电视，120 个城市，总数量为 18 万块
		电梯海报，46 个城市，110 万块
		晶视影院，300 个城市，2000 家影院，银幕 12000 块
		卖场终端，150 个城市，1800 家卖场，电视屏 60000 块
公共交通类	华视传媒	全国 94 个城市，公交终端 21.48 万块，地铁终端 9.55 万块
	世通华纳	覆盖全国 34 个主要城市，50 多个三四线城市，共计 10 万多辆公交车，约 15 万块屏幕
	巴士在线	全国 124 个城市，20 万辆公交车；19 个城市，1949 辆地铁列车；32 万块屏幕
	航美传媒	机场电视，全国 21 家机场，约 104 块 LED 巨幕
		数码刷屏，24 个城市，25 家机场，1400 多块
	触动传媒	全国 5 万块屏幕，7 个城市，月覆盖 7000 万人
户外大屏幕类	郁金香传媒	户外大屏幕，近 90 个城市，200 多块屏幕

资料来源：根据相关公司官网以及财报等数据整理。

易目唯整理。

随着分众传媒在 2013 年 5 月完成私有化进程，成为私人持股公司。据分众传媒对外披露，在私有化之后其 2013 年楼宇媒体再次实现近 20% 的同比增长，分众楼宇的客户量已超过 2300 家，同比增长近 7%。这与分众将主营业务下沉至二、三、四线城市所取得的成长不无关系。在分众下沉区域，全国 100 多座城市中，有 2/3 隶属直营，其余 1/3 属于加盟商。而华视传媒在 2013 年大力发展体育营销和游戏营销，业绩亏损幅度大幅收窄，带动华视传媒股价从 2013 年第四季度开始一路飙升，短时间内涨幅达到 10 倍，成为中概股 2013 年第一股。2013 年，航美传媒虽然引入 A 股上市德豪润达 6.4 亿元的投资，推出了在加油站媒体网络中加装 LED 显示屏、组建跨媒体电影院线平台等举措，但是 2013 年的航美传媒延续了 2012 年的低迷走势，整体业绩呈现出下滑走势，总营收同比下滑 5.6% 至 2.765 亿美元，净营收同比下滑 5% 至 2.723 亿美元，管理团队将这一下滑原因归结为"终止了某些不盈利或低利率合约业务"。

4．业务创新，拥抱互联网

经历了 2005—2008 年的高速成长及其后近乎 4 年的低迷期，中国的公共视听媒体开始重新回归业务本身，并尽力抓住互联网与移动互联网带来的新的发展机遇。

随着移动互联网的发展，公共视听媒体在创新方面也开始发力，如分众传媒在 2013 年年底彻底抛弃之前的"Q 卡"方式，推出了一项与移动互联网相结合的运营模式——自带 WiFi 热点。在分众楼宇视频 LCD 内安装免费WiFi，进入该范围内的人们都能通过智能手机免费上网，实现江南春所说的"向上云战略、向下 O2O 战略"。拥有 WiFi 和 ibeacon 点的分众屏幕通过覆盖全国主要的大城市，形成所谓的数字化的地理位置标签，从而让用户有机会体会 LBS "城市生活圈"带来的便利。2016 年年底，分众传媒更推出新一代互动屏，增加了感应支付功能，让观看者不仅可以体验跨越的视频效果，更可以通过手势感应互动，带来全新的感应支付体验。同样"触网"的还有航美传媒，2014 年 10 月，航美传媒与南方航空签署移动互联网合作项目，此前已经与广铁集团、上海铁路局及海航集团进行了相关合作。

随着移动互联网的普及，通过布局 WiFi 热点来争夺移动互联网入口一度成为众多企业的共识。2014 年，巴士在线宣布投资 10 亿元打造国内最大的公交 WiFi 平台——"MYWiFi"，计划 2014 年年底前完成 15 万辆公交车的WiFi 覆盖，之后会扩大到全国的 30 个城市。目前，随着公交 WiFi 遇冷，包括七彩传媒、巴士在线、华数传媒等在内的各家公交 WiFi 试水者的投入开始大幅回收，在未找到清晰的商业变现模式的情况下，部分企业甚至关停了这块业务。

5. 回归或曲线上市，重获资本认可

随着 2014 年、2015 年 A 股市场的活跃，相对具有估值优势的公共视听媒体公司开始重新受到资本市场的追捧，回归 A 股、通过收购等曲线上市开始成为众多公共视听媒体资源企业的选择。2010—2016 年公共视听部分企业利润状况如表 5-3 所示。

2014 年，原世界游泳冠军庄泳作为董事的郁金香股份被上海新文化传媒以 12 亿元的价格收购，揭开了公共视听媒体新一轮资本运作的序幕。2007—2012 年郁金香曾试图赴纳斯达克上市，最终因为户外媒体概念走弱和中概

股在美遇冷等诸多原因而夭折，其后 2013 年欲转战 A 股市场而受挫。2014 年 6 月，新文化以发行股份及支付现金的方式对价 12 亿元购买郁金香传播 100%的股权，其中以 5.09 亿元现金购买 FameHill 等股东所持郁金香传播 42.38%的股份，至此一直谋求上市无果的郁金香股份终于通过被收购实现了曲线上市。

表 5-3　2010—2016 年公共视听部分企业利润状况

企业	利润状况	2010 年	2011 年	2012 年	2013 年	2014 年	2015 年	2016 年
分众传媒	利润（亿美元）	1.843	2.009	2.38	20.78 亿元	24.15 亿元	33.89 亿元	44.51 亿元
	增长率（%）	99.78	12.99	18.41	45.02	16.31	40.33	31.33
	利润率（%）	34.50	25.35	27.38	31.13	35.95	32.21	43.58
华视传媒	利润（亿美元）	0.171	−0.125	−2.29	−0.24	−0.311	−0.199	—
	增长率（%）	−71.31	−173	−1932	85.92	−29.58	36	—
	利润率（%）	12.39	−6.91	−196	−22.86	−29.90	−25	—
航美传媒	利润（亿美元）	0.326	0.0047	0.036	−0.106	−0.257	1.496	—
	增长率（%）	1624	−98.56	665	−394	−142	—	—
	利润率（%）	13.76	0.002	1.23	−3.83	−10	—	—
巴士在线	利润（亿元）	—	—	—	—	0.249	0.644	0.936
	增长率（%）	—	—	—	—	—	158	45
	利润率（%）	—	—	—	—	12.29	27.75	14.22

　　2013 年 5 月完成私有化的分众传媒，更是一直没有放弃重新上市的打算。与其他公共视听媒体相比，由于具有先发优势和规模优势，分众传媒的运营更为稳健，整体收入一直保持着稳定的增长态势。2015 年 6 月，宏达新材的一纸公告揭开了分众传媒借壳上市的面纱。在这份公告中，宏达新材拟以全部资产及负债与分众传媒 100%股权的等值部分进行置换。交易完成后，分众传媒创始人江南春将成为上市公司的实际控制人。但是之后不久由于宏达新材实际控制人朱德洪受到证监会的调查，分众传媒借壳一事中途夭折。短短两个月之后的 2015 年 8 月 31 日，刚刚与宏达新材"和平分手"的分众传媒迅速找到了借壳上市的下家——七喜控股（002027）。当日发布的重组预案称，公司拟通过重大资产置换、发行股份及支付现金购买资产和配套募集资金方式实现分众传媒借壳上市，后者交易作价与拟借壳宏达新材时一致，仍为 457

亿元。根据方案，七喜控股以截至拟置出资产评估基准日全部资产及负债与分众传媒全体股东持有的分众传媒 100% 股权的等值部分进行置换。其中，拟置出资产作价 8.8 亿元，分众传媒 100% 股权作价 457 亿元。差额部分由七喜控股以发行股份及支付现金的方式自分众传媒全体股东处购买，发行价格为 10.46 元/股，合计发行数量为 38.14 亿股，支付现金金额为 49.30 亿元。2015 年 12 月 17 日，七喜控股发布公告称，分众传媒的借壳重组方案已获得证监会通过，这也意味着，分众传媒成为首个从美股退市，再登陆 A 股的上市公司。

分众传媒的借壳之路虽然一波三折，但成功打响了中概股回归 A 股市场的第一枪。同为公共视听板块的航美传媒似乎也从分众传媒的资本运作中获得了灵感，先是终止了联建光电的 5% 股份的收购协议，然后 2015 年 6 月传出以 CEO 郭曼为代表的私有化财团拟以每股 6 美元的价格进行私有化的消息，这一价格比前一天的收盘价溢价 70% 以上。但在航美传媒私有化前夕，北京市文化中心建设发展基金和北京龙德文创股权投资基金（有限合伙）与航美盛世等签署股权转让协议，合计收购航美集团 75% 的股权。在拿到 75% 的股权后，文化中心基金及龙德文创基金便决定将相关股权与 A 股上市公司金桥信息进行重组，这一方案则立马遭到航美传媒原股东航美盛世等的反对。股东内部的纠纷导致航美传媒的回归之路变得更加坎坷，2017 年 4 月，江西航美传媒广告有限公司入主*ST 昌九的计划再次遭到了航美盛世及管理层等航美传媒股东的反对，是否会重蹈借壳金桥信息的覆辙值得关注。

与这些中概股回归相对复杂的运作相比，尚未上市的公共视听媒体企业更喜欢郁金香股份曲线上市的模式，如巴士在线。2015 年 5 月 25 日，A 股公司新嘉联发布重组预案，公司拟以发行股份和支付现金相结合的方式，购买巴士在线 100% 的股权，交易金额为 16.85 亿元。公告披露，截至 2014 年年末，巴士在线总资产为 4.13 亿元，净资产为 0.64 亿元；其 2013 年和 2014 年分别实现营业收入 2.01 亿元、2.32 亿元，净利润分别为 2490.83 万元、6437.54 万元。值得关注的是，主要从事公交移动电视媒体广告运营业务和移动互联网营销业务的巴士在线是首批获牌的虚拟运营商，目前，巴士在线移动视频自媒体社区"我拍"和 H5 公交移动生活社区"我玩"已完成开发并上线运营。

其实，对于公共视听媒体运营企业来说，除了抢占交通工具、电梯、影院等不同场景下的稀缺资源外，规模优势不容忽视，分众传媒持续稳定的经营收入和利润空间足以说明这一点，而要扩大规模又必须获得资本的支持，因此资本运作势必成为各企业在未来相当长一段时间内的必由之路。同时，随着资本力量的渗透，不同企业之间的并购重组将成为一种常态，而公共视听资源市场将会成为寡头之间的游戏，从而带动中国公共视听媒体市场进入一种新的平衡状态。因此，借助资本力量抢占资源、扩大规模成了公共视听媒体发展的必由之路。例如，青广无线在 2014 年 8 月就正式完成股份制改造，并于 2015 年 2 月在全国中小企业股转系统（新三板）成功挂牌（证券代码：831703）。再如，杭州广电移动电视公司 2017 年的工作重点就是以公司股份制改造为契机，通过股份制改造搭建上市平台，A 轮融资完成后，在新三板挂牌。

另外，随着智能手机、平板电脑的迅速普及和移动互联网的发展，微信、微博、手机视频、手机阅读等应用填补了深度互联网消费者的"碎片"时间，尤其在一、二线城市这种趋势更加明显。因此，传统公共视听媒体的广告效果势必会受到影响，因此在大力拓展三、四线市场的同时，如何抓住移动互联网带来的机遇和冲击值得每位业者深思，如巴士在线的 LIVE 直播、游戏等就是对于移动互联网业态的尝试，也为包括移动电视运营商在内的全产业链在媒体运营创新方面提出了新的课题。同时，移动新媒体不仅重新定义用户获得信息的方式，更改变用户的消费行为，尤其是冲动消费变得更容易，从获取信息到产生实际购买之间的阻碍基本不再，随时在线的状态、O2O 的便捷、NFC 及手机支付等让随时消费成为可能，而如何抓住其中的商机迫在眉睫。

第二节　移动电视广告运营创新案例

2017 年伊始，央视市场研究 CTR 发布了《2016—2017 年中国广告市场回顾与展望报告》，对于 2016 年中国广告市场的变化和趋势予以总结。报告数据显示，2016 年全媒体广告刊例价花费同比下降 0.6%，传统媒体发展放缓，支柱型行业的带动作用减弱，有待其他行业的突破；具有场景化性质的媒体，能够较为精准地锁定用户，吸引网站、软件等垂直品类，同时对于一些快消品行业也有一定的吸引力；在各方竞合之下，传统媒体的市场地位依旧，但是市场份额正在被其他媒体分流，在这种格局潜移默化的变化中，每个媒体都有突破的机会，关键要找准背后的驱动力。

尤其值得关注的是，CTR 在报告中认为，新规模的媒介圈正在形成，互联网媒体与生活圈媒体正在与电视媒体形成三足鼎立的格局。其中，在互联网电视市场进入快速成熟期后，智能电视广告也将进入快速增长期；以 APP 为代表的移动互联网广告处于聚集增长期，尤其是一些高频次使用的 APP 或者垂直类 APP；户外生活圈媒体抓住用户的生活场景，容易构建品牌的场景化营销生态，获得了越来越多的广告主的关注。在这种新型广告系统的增长过程中，内容将成为用户沟通的唯一聚合力。

总之，伴随广告市场变化及发展，场景化和互联网化正以革命性的方式改变着媒体生态。Social、Local、Mobile 是互联网主打的重要武器，也能充分满足目前广告主宣传的需求。杂志从大众家庭化向高端分众化转变，广播从固定收听转向移动收听，移动电视一方面从丰富多彩的视频化广告转向画面化广告，另一方面在运营模式、资源整合、管理体系等多个方面积极尝试创新。

一、精细化运作与内部挖潜

移动电视不仅具有平面媒体、户外广告的商业价值，而且移动性、收视强制性、受众面广等特点又提升了它的广告价值。广告收益是前期运作中最主要、最直接的收入来源。但我们必须要注意的是，以智能手机为代表的移动新媒体的高度便捷性打破了公共视听媒体的时空局限，彻底改变了信息的传递方式，深刻影响着传统媒体的生存和发展。在传播方式及互动性没有得到大幅改进之前，更对移动电视运营商的内部管理能力和精细化运作能力提出了更高的要求，如北广传媒城市电视的精细化运作就是一种值得关注的尝试。

1. 北广传媒城市电视广告资源精细化运作

北广传媒城市电视自 2016 年始，为灵活应对目前的户外广告市场环境，通过客观分析研究，采用多家广告代理及自营销售团队相结合的广告运营模式，确立了楼宇媒体平台以自主开发政府委办局、公益客户为主，配合楼宇电视终端点位部署，优化政府核心渠道；另外，户外大屏媒体以广告公司代理合作为主的发展方向，开发商业客户及广告产品模式。同时，在多方合作的基础下拓展思路、积极创新，尝试进行分行业代理、包时段代理等合作方式。

在互联网广告的冲击下，户外媒体正面临着广告效果不可测量、无直观数据等局限，传统广告售卖模式已无法满足商业客户的需求，城市电视通过不断开发更多类型广告产品与内容展现形式来应对相应问题：

- 品牌冠名整包大屏、分屏定板广告，以及生活服务类信息（如天气预报、空气质量、洗车指数）品牌植入等产品。
- 进一步将大型活动产品化，提供户外大屏发布会直播、明星庆生等定制内容形式的广告服务，能够做到定时、精准化投放，继而联合社交媒体平台引发话题传播；楼宇媒体方面开发出视频广告与静态图片联动展示的产品，以及分渠道、分区域甚至定点投放等特殊广告产品。
- 在内容营销方面，根据客户需求，生产定制原创等广告内容，创造更多的商业元素植入空间，以满足不同行业品类客户的高端需求。

2. 公交移动电视广告形式创新——"电视灯箱片"

32 英寸公交移动电视是北京公交移动电视在 2016 年最新推出的新型媒体终端设备，电视播放时分为上下两个部分，上方屏幕与 15 英寸、19 英寸显示屏同步播出北广传媒移动电视相关节目，下方屏幕播放静态图片广告。其宽大的显示屏幕，明亮的显像色彩，清晰的收视效果带给市民全新的视觉感受。

电视灯箱片最吸引广告客户的优势，莫过于它可以按公交线路定点投放，精准锁定目标客户，让每一分投入发挥至极大效果，如培训机构可选择在学校周边的公交沿线投放，公交车将乘客直接送达消费目的地，直接拉动销售。另外，电视灯箱片的性价比也非常高，同样的广告预算，较其他户外广告媒体的价格，32 英寸下屏的"电视灯箱片"可以使广告投放周期更长，达到更好的宣传效果。

随着北京市区老旧公交车的更新换代，32 英寸显示屏已成为北京公交集团新出厂车辆的标准配置之一，逐渐取代 15 英寸、19 英寸显示屏，为乘客观看节目带来更好的视觉享受。

世巴传媒新型广告形式示意如图 5-5 所示。

图 5-5　世巴传媒新型广告形式示意

其实，无论是北广传媒城市电视广告资源精细化运作，还是世巴传媒广告模式创新，都是希望通过内部管理提升广告投放的科学化与精细化。

二、资源整合型

目前，移动电视广告资源的运营主要包括自主经营、独家代理、多家代理模式（见图 5-6）。随着广告市场形势的变化，各移动电视运营商也在变换广告运营方式，开拓代理渠道，并积极拓展媒体资源。

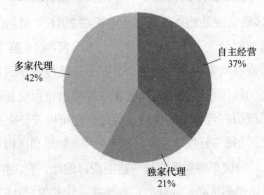

图 5-6　移动电视运营商广告经营状态

资料来源：《2017 中国移动电视发展报告》企业调研。

1. 青岛公交移动电视：多渠道多形式

青岛公交移动电视的广告管理自 2015 年 1 月 1 日全面开始自主经营。公司将广告客户分为 20 个行业，根据广告投播地域将外埠广告及本地广告分别进行了广告代理的公开招标。广告代理分为广告总包、分行业代理及客户代理等形式，最终，几家广告公司分别代理了部分行业的广告投放，另有广告公司独家代理了部分品牌客户资源。2016 年以来，形成了媒体+产品+渠道+落地+市场活动的区域性品牌孵化营销模式，为客户提供了除单一广告时段之外的其他增值服务，完成了客户对某一产品媒体推广、产品进入渠道、市场落地做促销等方面的全面诉求，通过该模式，公司已与泸州老窖、澳宝日化、青啤原浆等知名品牌建立了战略合作伙伴关系。

2. 青岛地铁传媒：自营+代理齐头并进

近年来，由于受新媒体冲击，传统电视媒体、纸媒的广告经营创收出现了大幅度甚至是断崖式下滑。在目前的形势下，市场营销以传媒公司全媒体平台为基础整合营销，进行广告客户的开发、招商工作，制定并实施符合传媒公司实际情况的发展经营策略。同时，把媒体作为一种载体，加强产业合作，联合有潜力的企业和产品走产业发展之路。依据集团年度宣传工作战略部署，执行集团地铁宣传及文化系列活动，不断提升集团整体形象。在此基础上策划执行商业活动，实现社会效益和经济效益"双赢"。

2016 年年初，在参考外地城市运营方式方法的基础上，结合青岛地铁媒体特点进行市场调研并与多家广告公司详细沟通，最终确定采取直营和跟代理广告公司实行保底分成相结合的经营思路，并于 8 月初完成招商，目前共有汽车、房产、教育培训、医疗四个行业招商成功，其余行业实行直营方式。同时，配合地铁集团及公司的各项活动，将品牌化与市场化统一起来，实现社会效益和经济效益的"共赢"，在活动中，通过与社会各界的广泛合作，为下一步传媒公司的产业开发和经营模式转型奠定基础。

3. 黑龙江龙视移动传媒：打造城市电视综合体

黑龙江龙视数字移动传媒有限责任公司努力建设移动视频、公交电视、社区电视三大媒体平台，构建城市电视综合体，满足城市商业休闲、高校生活区、医院就诊、公共出行、社区服务等环境中的主流媒体覆盖及新媒体收视，实现市场垂直整合，受众群体细分，促进产业与媒体深度融合，将专业化做到极致。公司旨在黑龙江省推广城市电视综合体，以省会城市哈尔滨为中心，逐步向全省辐射，先行选择省会哈尔滨市及在黑龙江经济社会发展中具有举足轻重地位的大庆市作为样板城市重点打造。

4．厦门移动电视：立足厦门，抢占漳泉

为满足泉州移动电视及即将开播的厦门地铁移动电视、厦门图文频道多套节目的运作需要，2017年厦门移动电视将整合现有资源，实现人力资源、节目资源、企划资源等多层面的资源共享，集约化经营，实现资源价值最大化，进一步提升厦门移动电视频道影响力。一方面，巩固厦门市场广告主营业务，开源节流，积极推进股改合作及新平台建设，不断探索培育创新业务；另一方面，由城市媒体向区域媒体发展，实现"厦泉一家，双城联动，辐射闽南"，迈出"立足厦门，抢占漳泉"战略定位的第一步。

针对移动电视广告资源，是自营或者是独家代理有优势，还是引入竞争机制的多家代理更为有效，可能每家运营商都有自己的一本账，但是通过资源整合、栏目与内容创新、开拓新资源，甚至是通过建设城市电视综合体"走出去"的方式，每家运营商都在寻找最适合自身发展的运营模式。

第三节　移动电视的线下活动运营创新案例

当前新媒体如雨后春笋般崛起，与传统媒体的市场竞争日趋激烈，活动策划成为各媒体的核心竞争力之一。移动电视广告受移动互联网冲击更为明显，只有扬长避短才能保持自己在媒体市场中的优势，活动尤其是大型公益活动是不可或缺的制胜法宝。因为活动能引起社会广泛的关注度，能激活广告市场大量而迅速地吸金，而且活动也是提升媒体影响力最有效的手段。

目前，不少移动电视运营商都意识到广告经营的压力，积极拓宽营收来源和运营思路，举办各种形式的线下活动就是重要的方式之一。这些活动不仅可以与线上活动相结合，更可以通过各种媒体宣传，扩大运营商的品牌知名度和美誉度，更重要的是可以与微博、微信等社交媒体充分互动，挖掘出移动电视"沉默"的用户群，为以后的互动传播奠定基础。调研数据显示，在接受调研的公司中，超过50%的公司积极开展形式各异的线上和线下活动（见图5-7），并初步形成了规模，已开展活动的移动电视运营商在活动方面的收入平均达到了总收入的13.5%，已经成为重要的收入来源之一。

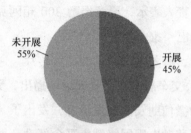

图 5-7　受调移动电视公司开展线下活动情况

资料来源：《2017 中国移动电视发展报告》企业调研。

一、公益宣传类

移动电视作为党和人民的喉舌，作为公共交通事业的衍生物，理应关注城市公益，服从和服务于城市管理体系，为弘扬城市文化，建设和谐社会承担义不容辞的责任。无论在政府重要决策和政策的宣传、重大节庆的安排方面，还是在公共交通信息的通报和城市大型活动的开展等方面，公交移动电视都一直在发挥自身优势，在第一时间向市民进行宣传、告知。坚持社会效益与经济效益协调发展，"扩大主流声音、参与社会管理"是移动电视运营商的使命所在，各种社会公益宣传类的活动在移动电视运营商举办的活动中占据着重要比例。

1. 杭州移动电视：爱心义卖　大爱无疆

2017 年元旦前夕，由杭州援疆指挥部、杭州移动电视，联合援疆企业阿克苏丰果农业，共同发起了一场爱心义卖活动。

新闻背景：2016 年 12 月 16 日央视 7 套的官方微博发布了一则《女儿病重在床，老人十几吨"救女苹果"滞销》的消息。杭州移动电视援疆记者李科威，在杭州援疆指挥部的帮助下，联系到了故事的主人公，并到她家中实地了解情况。原来 21 岁的维吾尔族姑娘麦尔哈巴，因患病举债十几万元求医无果。2016 年 9 月，麦尔哈巴病情突然恶化，麦尔哈巴的父亲，想尽快卖掉家里 10 亩地的苹果，换钱给女儿治病。

在杭州援疆指挥部和当地政府的重视下，在援疆记者李科威的多方联系下，麦尔哈巴家的苹果顺利被当地供销社收购。其间，了解情况的援疆企业阿克苏丰果农业相关负责人表示，愿意捐赠 300 箱阿克苏苹果进行义卖，所有款项全部捐给麦尔哈巴一家。

义卖活动发起之后，有关这次活动的"宣传片"通过杭州移动电视的平台，在杭城 6700 多辆公交车载电视上全天滚动播出，受关注度极高。很多爱心市民，还通过自己的微信朋友圈转发消息，发出了"买一箱苹果，献一份爱心"的号召。在杭州移动电视网络销售平台新动商城里，义卖的苹果从上架到售罄，前后不到 24 小时的时间，总计筹集了 24000 元的爱心义卖款，并及时转交到了麦尔哈巴的手中。

2. 深圳移动电视：纪念建党 95 周年红色骑行

2016 年 7 月时逢建党 95 周年，为了隆重纪念并向深圳市民普及党建知识及红色革命的历史，深圳移动电视频道倾力打造"纪念建党 95 周年红色骑行"专题活动；活动以"重走红色路，再燃创业情"为主旨，以"95 周年建党献礼、95 名骑手、95 里骑行"为活动举办形式，并结合环保与健康运动，为市民奉献一场崇高、健康、爱国、爱党的公益活动。

2016 年 7 月 2 日在深圳广电集团举行了隆重的启动仪式，市民报名非常踊跃，最后实际参与人数远超 95 人。活动通过微信、微博等互联网新媒体传播方式迅速在市民中间引发热烈讨论，同时深圳各大主流报纸、广播、电视媒体及各大门户网络对活动进行了全方位、有步骤的报道，形成报纸、电视、网络的全媒体覆盖、立体式宣传态势，全面、深入、准确地报道了活动盛况，在深圳全城引起了强烈的反响（见图 5-8～图 5-10）。

红色骑行活动自 2015 年首次成功举办后，再经过 2016 年的砥砺奉献，在深圳市形成了良好的品牌影响力，成为深圳广电乃至深圳市的一个知名品牌活动，受到了深圳市政府和社会各界的广泛关注和支持。"红色骑行"活动以重温红色革命、先辈人物和红色事件为主题，推动了市民尤其是年轻市民爱国爱党的热情，为社会塑造和传播了正能量，不仅极大地提升了深圳移动电视的品牌影响力，而且得到社会各界包括港澳同胞、社会知名人士的一致好评及市场商家的一致认可。

图 5-8　95 名骑手在深圳广电大厦蓄势待发

图 5-9　95 名骑手合影

图 5-10　骑手骑行

3. 青岛广电无线传媒：公益活动进社区

青岛公交移动电视媒体的线下活动，以配合客户落地宣传为主，同时兼顾公益事业。2016 年 5—9 月，青岛公交移动电视通过开展"互联社区"行动，走进社区，为百姓提供优质产品，为商家提供渠道，同时增强媒体自身价值和品牌的公信力。同时，青岛公交移动电视承办地铁空间文艺活动，通过开展英语角、主题诗会等活动，丰富市民娱乐生活，优化市民出行环境；中秋节之际，青岛公交移动电视还联合崂山矿泉水向辛苦坚守的地铁建设一线的工人们送去中秋祝福和各类生活用品。

杭州移动电视的爱心苹果义卖、深圳移动电视的红色骑行及青岛公交电视公益活动进社区等都紧扣公益主题，充分挖掘移动电视平台亲民的优势，发动普通百姓关注并积极投身于社会公益活动，起到了良好的宣传效果。其实，在公益宣传方面，移动电视更是政府的好帮手，从本次调研数据看，多家移动电视都对公益宣传予以了高度重视，平均每天的公益内容播出时长超过 1 个小时，领先于体育、动画等内容。

二、线下互动类

与传统电视节目不同，一个移动电视频道或者栏目要想成功地创造并占领市场，必须依靠有效的营销来缩短栏目、节目与观众之间存在的空间距离、认知距离和情感距离，使节目得以迅速地进占市场。高品质的线下活动是移动电视及品牌栏目的延展，是强化品牌的有效途径，尤其是针对一些生活服务类节目，举办线上线下的互动活动具有天然的亲民优势。

1. 深圳移动电视：社科知识大闯关

由中共深圳市委宣传部、深圳市社会科学联合会、深圳广播电影电视集团联合主办，深圳移动电视频道具体策划与承办的"社科知识大闯关"电视知识竞赛活动，已经连续举办了八届。一直以来，"社科知识大闯关"系列活动都秉承着"零门槛、重参与、广普及"的活动理念，力图营造全社会热爱学习、崇尚知识的良好风尚，拉近社会科学与市民的距离。

以史为镜可以知兴衰，社科知识的积累有助于独立人格、逻辑思维和爱国情怀的养成，青少年人文素养的提升，更寄托着国家民族的未来希望。2016年是中国共产党建党 95 周年和红军长征胜利 80 周年，为了更好地传承先辈的伟大品质，凝聚强大的精神力量，"社科知识大闯关"再次走进校园，激励学子，带动家人，发动社会，共同提升人文素养。

本届比赛发动深圳市 70 多所高中近万名学子，进行了为期两个月激烈而紧张的校内比拼，层层选拔，优中选优；最后，来自深圳市 10 个赛区的 13 支优秀校队，成功晋级半决赛；在生动而有趣的半决赛比拼中，8 支顶级校队脱颖而出，冲入总决赛。总决赛继续采用了团队赛制，8 支校队，每支校队 3 个人，各个环节的比赛都体现了团队的互相配合。在比赛题目设置方面，除了传统的必答、抢答、主观阐述环节外，还设置了妙趣横生的"心有灵犀"你说我猜环节，不但考察了队员的反应能力，还考察了团队成员之间的默契度。

除此之外，总决赛还将热点话题与辩论形式巧妙结合，通过新颖的形式，呼吁同学们铭记历史，传承时代精神。同学们妙语连珠、旁征博引，正反双方各抒己见、频频过招，将比赛的氛围推向了高潮。这些小大人灵活的思维和缜密的逻辑，赢得了在场观众的热烈掌声。2016 届"社科知识大闯关"再次为城市营造了求知上进的热烈氛围，使得"社科知识大闯关"以一种全民参与的态势，融入每个深圳人的生活中（见图 5-11 和图 5-12）。2017 年，"社科知识大闯关"活动还将延续，更多精彩期待您的继续关注。

图 5-11　总决赛现场

图 5-12 总决赛现场实况

2. 广州移动电视：广东羽联百分赛联赛

世界上可能再也没有一座城市像广州这样与羽毛球的关系如此紧密：300多万羽毛球人口，约占城市总人口的 1/3；两万多块羽毛球场地，城市里几乎所有能改建为羽毛球场的体育馆、仓库和室内建筑都已被羽毛球场占领。羽毛球馆、羽毛球人口及消费人口数量均居全国之首，羽毛球已融合为广州城市文化的一部分。

广州市广播电视台移动频道作为广州最大的户外移动电视媒体，在 2016年深入羽毛球行业体育活动，与广东羽联共同创立了一个民间自助创新的羽毛球赛制——羽毛球百分赛，本次赛事通过媒体传播吸引了 3000 余名业余羽毛球爱好者参与，从 2016 年 9 月开赛至 11 月，举办了 16 场分赛站，覆盖广州市 8 个区，得到了广大羽毛球爱好者和体育行业的热烈关注。另外，本次赛事还引入掌播体育与热度传媒，共同打造体育网络主播平台，各分赛站平均在线收看人数约为 10 万人，是体育与网红之间的一次大胆的尝试。

"节目与活动，对于电视媒体而言，犹如一架马车的两个轮子，车轮齐头并进，才能让马车平稳、迅速地行驶。"因此，线下活动对于移动电视的重要性不言而喻，深圳移动电视的"社科知识大闯关"继承了电视台的优势，与央视的"中国汉字听写大会""中国诗词大会"等类型节目有异曲同工之妙，弘扬中国传统文化；广州移动电视举办的羽毛球比赛则旨在深入体育领域，吸引更多的体育爱好者关注，更重要的是，该羽毛球赛事还引入掌播体育与热度传媒，共同打造体育网络主播平台。因此，移动电视运营商在举办线上线下的互动活动时，除了要做好线上的宣传工作、客户拓展工作，更重要的是要通过举办活动形成线上与线下的互动、电视与网络的协同、社会影响与经济利益的双丰收。

三、选秀评选类

中国电视媒体的真人秀活动和节目起步不晚，但是直到 2012 年才实现真正意义上的"繁荣"，成为具有普遍意义的社会文化现象。随着经验的累积和国外真人秀专家们的指导，越来越多的中国真人秀已经开始崛起，并得到国外观众的认可。从发展情况看，电视真人秀节目在 2012 年"异军突起"、2013年 "蔚为大观"，到 2014 年可谓是"延续辉煌"。移动电视真人选秀类活动与电视上的真人秀节目有很多相似之处，但是比电视节目更本地化、生活化、平民化，也更容易为普通大众接受和认可。

1. 陕西移动电视：大学生公益形象大使选拔活动

"2016 陕西大学生公益形象大使选拔活动"由陕西省精神文明办、省委高教工委、省委网信办、省工商局、团省委共同主办，陕西广播电视台移动电视频道、西部网与省广协联合承办，陕西各高校合力协办，旨在弘扬社会主义核心价值观，彰显陕西高校特色、唱响陕西公益声音，宣扬陕西大学生参与公益活动的好人好事，展现年轻一代热心做公益、爱公益、献身公益事业的精神面貌，唤起大学生的公益意识和社会责任，鼓励更多的大学生参与公益事业、参与公益广告创作，营造积极向上的校园文化氛围，促进大学生文化素质和思想道德素质的不断提升，为"厚德陕西"建设汇聚力量。

"2016 陕西大学生公益形象大使选拔活动"从筹备到执行，历经近半年的时间，并举行了 15 场线下活动，覆盖 42 所陕西省内高校，共计 1300 名选手，100 余支高校公益团队参与。同时开通网上报名投票渠道，截至活动结束共计 416462 人次进行网上投票，参与方式从线下延伸到线上，从而吸引更多的大学生参与并关注本次活动。同时，积极整合全媒体，对活动全程进行立体式的投放和传播，包括电视、报纸、广播、户外大屏、公交移动电视、互联网、微信公众号平台及直播平台等，活动的相关信息和新闻报道受到广泛关注，据不完全统计活动总曝光量约为 3700 万次。

"2016 陕西大学生公益形象大使选拔活动"已经圆满落下帷幕，虽然活动取得了一定的成果，但仍有些许不足之处，如活动的策划时间不足，致使招商情况不乐观，后续活动影响力没有得到有效的发挥。鉴于此，在未来的工作中，将整合所有资源，提前策划大型活动，发挥活动提升媒体和经营的实效作用。

2. 深圳移动电视："深圳十大文化名片"评选

"深圳十大文化名片"评选活动是由深圳市委宣传部和深圳市社科院主办，深圳移动电视频道具体策划承办的大型城市公益文化活动。活动通过梳理城市文化名片，解读城市文化密码，传承优秀城市精神，激发市民的荣誉感和归属感。

"深圳文化名片"评选系列活动自 2016 年 4 月启动，历时两个多月的时间。从方案策划到具体实施，从全民征集到初评会、专家复评会，再到全民投票，再到"十大文化名片"终评会和电视发布会，彻底地在深圳市上下掀起了关于评选"深圳文化名片"的讨论热潮。其间，还组织策划了入围候选的 30 家单位同台路演推介、火爆 PK，更是引发文化名片评选的高潮。经过统计，本次活动获得了 400 多万名深圳市民的直接参与、支持和认可，获得了 3300 多万人次的网络转发、投票和点赞，成为深圳市空前的"现象级"文化活动。

评选活动于 2016 年 6 月 24 日下午在深圳广电集团举行电视发布会，最终莲花山邓小平塑像、深圳义工、深圳十大观念、深圳读书月、中国（深圳）国际文化产业博览交易会（文博会）、设计之都、华侨城、大鹏所城、华为、腾讯获选成为"深圳十大文化名片"。

"深圳十大文化名片"评选活动凝聚了城市文化发展的力量，成为记录城市文化发展、引领文化创新的桥梁，不仅被深圳市委宣传部评为"2016 年深圳十大宣传文化事件"，也获得了省、市领导的高度评价。深圳移动电视频道的执行团队经过不懈努力，为深圳市奉献了这次文化盛宴，更受到了深圳市政府及各界的一致好评，并被深圳市委宣传部授予"最强执行团队"的荣誉称号（见图 5-13）。

图 5-13　深圳十大文化名片代表与揭晓嘉宾领导合影

3. 杭州移动电视："最美车厢"评选

2016 年，举世瞩目的 G20 峰会在杭州召开。为了全面提升杭州城市国际化水平，不断提高杭州公交服务质量，创新服务方式，提升服务品牌，同时进一步促进杭州公交的峰会保障工作，为市民乘客和中外游客提供更加整洁、舒适、干净、明亮的乘车环境，杭州移动电视联合杭州公交集团，共同举办了 2016 杭州公交"最美车厢"评选活动。

本次"最美车厢"评选活动，在杭州公交集团的大力支持和积极协助下，公交各分公司组织有力，广大市民群众踊跃参与，总投票数 24.4 万张，阅读量超过 50 万人次，移动电视微信粉丝数增加了 8.7 万个，取得了良好的社会效益和微信增粉效果。杭州移动电视为每辆参评公交车拍摄了宣传短片，并制作、播出了"最美车厢"评选活动的宣传片，充分展示了"杭州城市国际化、公交优先伴您行"的成果，受到市民乘客和中外游客的广泛赞誉。

活动期间，8 月 1—10 日，杭州公交集团下属的一分公司、二分公司、三分公司、电车分公司、五分公司、六分公司等各大营运单位，以环保、绿色、孝文化、禅文化、爱情文化、书香文化等具有公交和杭州特色的元素为主题，对车厢进行了精心布置。经公交集团对参评车辆进行打分和初选，好中选优，选出 10 辆公交车，进入了最终评选。8 月 11 日起，杭州移动电视对参加终选的 10 辆公交车厢分别拍摄了宣传短片并播出。9 月 28 日—10 月 7 日，"最美车厢"投票评选正式启动，在杭州公交车上，"最美车厢"评选宣传片同步滚动播放。经过 10 天的投票，一分公司 16 路 1-7411、五分公司

2 路 8-9470、电车分公司 55 路 6-9675 三辆公交车，获得了 2016 杭州公交"最美车厢"荣誉，其余 7 辆车获得"最美车厢"提名荣誉。10 月 19 日上午，"最美车厢"颁奖仪式在杭州公交交通管理学院隆重举行，标志着活动圆满落幕。

4．深圳移动电视："幸福深圳"DV 大赛

"幸福深圳"DV 大赛是由深圳移动电视频道具体策划与承办的大型文化活动，自 2010 年 6 月起，已成功举办了 7 届。2016 届大赛以"幸福深圳，活出精彩"为主题，共征集到了来自深圳各界相关机构和普通市民报送的 100 多部反映深圳市民幸福生活、感人故事的原创 DV 作品。他们用自己的镜头讲述了深圳发生的真实故事，这些故事都以幸福深圳为主题，从不同的侧面记录了深圳人的精彩生活和追梦历程。

经过评选，大赛最终颁出了一等奖 1 名（获奖作品：《你是我的天使》，见图 5-14），二等奖 2 名（获奖作品：《好人老魏》，见图 5-15；《拆书帮：让阅读释放能量》），三等奖 3 名（获奖作品：《让深圳"下雪"的插画师》《阳光的味道》《职业的尊荣》），以及优秀奖 10 名（获奖作品：《伴月而居的年轻人》《街头歌手柴晓飞》《一路梦想 深圳飞扬》等）。与前几届作品相比，2016 届大赛作品题材覆盖面广泛，贴近百姓、贴近生活，提炼出来的"秀·格调""潮·风尚""爱·温度""拼·人生"四个主题既对历届大赛的传统主题有所延续，也对深圳当下新的城市风尚有准确把握。

颁奖活动结束后，大赛还深入社区、走近市民开展展映会等一系列活动，将深圳市民的原创 DV 作品和幸福感受更直接地在市民间传递和展现。7 年来，大赛通过深圳人普通的生活故事，传达了一种朴素的幸福理念，表现了一种温暖的情怀，进一步增强了市民群众对城市的认同感、归属感，有效地推动了城市精神文明建设的发展，成为深圳市精神文明建设的重要项目之一。

这类选秀评选类活动一般都会有一定的周期，需要协调和调动的资源比较多，对于团队的战斗能力、资源开拓能力等要求比较高，在具体的执行过程中，需要每个部门的人员团结协作，激发每位工作人员的工作活力和自信心。在资源开拓和调度方面，由于此类活动多带有一定的政府色彩，通过活动的举办可以有效整合政府资源，有效地引入行业及媒体资源，充分发挥媒体作用，并通过线上线下的有效互动做好融合媒体的运营工作。

图 5-14　一等奖获奖作品《你是我的天使》

图 5-15　二等奖作品《好人老魏》

四、特别策划类

这类线下活动一般是针对特定节假日、纪念日或者某一主题举行的活动，活动形式与类型千差万别，除了品牌营销宣传外，这类活动一般具有比较明确的经济指标或者销售支持任务，可以有效带动移动电视的销售收入。

举办此类活动，策划要点在接地气。节点指特定节日或纪念日，比如 3·8 妇女节，3·15 消费者权益保护日，5·1 劳动节，5·4 青年节，5·12 护士节，6·1 儿童节，6·5 环境保护日，6·25 国土日，7·1 建党节，8·1 建军节，9·10 教师节，中秋节，国庆节等，这些节点都可以作为活动契机。除了时间接地气外，活动的主题设置要尽可能地贴近普通大众，参与方式要平易近人。

1. 大连移动电视："众筹购房"地产营销新模式

自 2010 年开始，大连地产市场风光不再，地产企业面临着去库存的巨大压力，地产广告市场也极不景气。在这种大环境下，大连移动数字电视利用媒体的影响力、公信力和其他社会资源，主动与资深地产营销团队合作，采取地产营销团队以现金、团队、资质为投入，大连移动数字电视以宣传资源为投入，双方共同成立合资公司。合资公司以众筹购房模式为营销手段，致力于在为开发商解决库存问题的同时，为消费者提供综合优势明显的产品。众筹购房，就是利用媒体的影响力，集合有购房意愿的消费者，与开发商协商出比市场价更加优惠的价格，让消费者得到实惠。众筹购房模式一经推出，就获得了地产商和消费者的双重肯定。合资公司从 2016 年 8 月组建到 10 月承接第一个众筹项目，在 40 天内销售房屋 150 套，在大连地区赢得了良好的口碑，奠定了市场地位。众筹购房项目发挥了媒体资源的优势，抓到了市场的痛点，在地产市场不景气的情况下，撬动了地产广告市场，弥补了移动电视地产营销收入这块短板。

2. 广州移动电视：疯狂年货季

春节作为中国人最重要的传统节日，备年货成了除夕前家家户户必备的消费行为习惯。考虑到除夕前庞大的消费力度，广州市广播电视台移动频道特别策划 2016 年首届"疯狂年货季"活动，旨在整合商家资源，为市民带来物美价廉、品类丰富的年货商品。

活动以频道微信公众号为主要参与入口，通过在公众号内设立活动专题页面的抽奖小游戏进行互动，领取各类丰富的礼品和优惠券，并在合作商家指定的领取点领取奖品及消费，为商家在春节前夕带来了庞大的消费流量，受到了快消品、商业地产行业的一致认可。而在受众效果方面，1 月 8 日活动宣传片一经播出，就受到了广州市民的密切关注，并通过线下"财神上公车"活动衍生出限定栏目《财神到》，真正将节目、活动和公交车场景相融合，节点主题清晰，观众反应强烈。

据统计，从 1 月 8 日至 2 月 3 日活动期间，线上参与人数近 10 万人次，派出礼品 6067 份，折扣券 8272 份。本次活动在为客户带来优质活动效果的同时，也提高了广州市广播电视台移动频道的品牌形象，真正达到了媒体活动与商业的良好结合，使媒体、客户、受众三者间实现了共赢。

3. 北广传媒移动电视：青少传媒学院项目

为响应《国务院办公厅关于发展众创空间推进大众创新创业的指导意见》，北广传媒移动电视于 2016 年正式成立北广传媒移动电视青少传媒学院。

该项目的突出亮点是以北广传媒移动电视为依托；以电视台、电台一线主持人、记者、摄像师，以及专业的高校师资为主要教学人才；以北广传媒移动电视为输出平台，以结合全社会适合学生采风、采访和主持的活动等为实践基地；以 5～17 岁的中小学生为主要教育对象而进行的青少年电视艺术等相关行业的培训机构。

该项目打破了移动电视依靠广告收入为主要经济收入来源的单一性，结合自身优势和资源，盘活固定资产的闲置使用率，是将更多优势资源面向学校、面向社会全面展开的一种新尝试，也为传统电视行业的经济收入提供了新的来源，并将媒体的社会属性和责任发挥到最大化。

4. 深圳移动电视：520 深圳地铁第二届大型集体婚礼（见图 5-16 和图 5-17）

在"5·20"这个充满爱意的日子里，由深圳地铁集团、深圳广电集团主办，深圳广电集团移动电视频道承办的 "下一站，我们结婚吧"520 深圳地铁第二届大型集体婚礼于 5 月 20 日下午在亚洲最大地下火车站福田站盛大启动。腾讯 QQ 空间全程同步直播，与数亿网友共同祝福百对新人，见证爱的时刻。

5 月 20 日下午两点，百对新人在福田站聚合，每一对新人都经过量身定制后美丽"变身"，成双入对的新人挽手并肩、簇拥而来，瞬时点亮了整个地铁站厅。仪冠齐楚的新郎牵手美丽优雅的新娘，持递专属车票，踏上期待已久的"幸福号"专列旅程。下午四点，新人们乘坐的地铁专列抵达世界之窗站，佳偶随携，畅赏游园，在世界的缩影下见证他们唯美的爱情，放飞只属于彼此的爱情信物，留存意义非凡的合影。

晚七点，新人抵达盛装璀璨的凯撒宫千人宴会厅，佳人眷侣相携互挽，伴随庄严隆重的婚礼进行曲，一对对新人踏上红毯，缓缓步入幸福殿堂。婚礼仪式结束后，在场亲朋好友欢庆举杯，现场气氛欢闹热烈。

本次 520 深圳地铁第二届大型集体婚礼得到了众多赞助商与合作伙伴的大力支持，引起了广泛的关注，又一次提高了深圳移动电视频道的品牌影响力。

图 5-16 新人在地铁等待出发

图 5-17 100 对新人在世界之窗参加婚礼

5. 北京城市电视："全城视爱·弹情说爱"活动

2016 年，2 月 14 日晚，城市电视在其位于朝阳区东大桥路的世贸天阶大屏及东三环双井富力广场大屏，举办了"2·14 全城视爱·弹情说爱"的主题互动活动。当行人群众身处世贸天阶或富力广场两块大屏附近时，便可使用手机发送自己的"一句情话"或"三行情书"，留言即以弹幕形式滚动现在大屏幕上，晒下属于自己的爱情宣言，让自己的"爱"与大家分享。

据统计，活动当晚有数千人参与活动，弹幕数量多达万条，无数甜言蜜语跃然在世贸天阶和富力广场的大屏幕上。参与者既有互诉衷肠的情侣，也有表达爱意的夫妇，但更多的是单身男女通过大屏幕进行爱情表白。

特别策划活动种类繁多,除了像深圳移动电视针对特定日子——"5·20"、北京城市电视针对情人节及广州移动电视针对春节的策划活动,大连移动电视的"众筹买房"、北广传媒移动电视的青少传媒学院项目可谓是各具特色。其中,北京城市电视的情人节活动,充分将移动互联网和大屏相结合,打造户外电子大屏与移动智能终端互动模式。受众把自己情话、新春祝福和感言通过手机发送到内容管理平台上,仅需数秒,即可在大屏电视上展现,和所有参与者一起分享。这也给所有移动电视的运营者提供了一个思路,如何打通移动电视屏幕和手机屏幕,举办更多富有炫酷创意和前沿传播科技的互动活动,这样才能有效激发观众向用户的转变。

通过上述部分活动案例,我们可以看到,一个线下活动的成功与否,首先要找好活动定位;然后,前期的活动策划方案必须详尽、周到完善,如活动主题、活动时间、活动地点、参与对象、参与形式及招商、活动流程及具体安排、工作人员明细、奖项设置、待准备物资、经费预算等;还有就是要做好活动宣传,充分发挥新闻媒体的作用,可通过咨询电话、网络报名、活动亮点媒体展示等环节,扩大宣传的覆盖面,提高市民参与度,增强活动宣传效应;另外,要高度重视互联网,尤其是移动互联网的作用,充分利用新闻网站和微博、微信等社交媒体,扩大活动宣传的渗透力、影响力。

第四节　移动电视宣传与品牌营销创新案例

"移动电视不但为乘坐公交车、地铁等公共交通工具的人群提供了获取新闻资讯的重要渠道,而且为广播电视开辟了新的宣传阵地,拓展了新的产业发展领域。"国家新闻出版广电总局对于移动电视的这一评价代表了主管部门对于移动电视这一新型广播电视服务的充分肯定。

然而,移动电视作为媒体领域一次重大的技术变革,也面临着诸多挑战,尤其是智能手机等替代品的威胁不容忽视。我们必须面对的现实是,随着公交移动电视广告繁杂、同质化节目较多等现象日益突出,现在消费者对于公交移动电视的热衷度已经大大下降;另外随着手机技术的不断提升和移动互联网的普及，手机视频功能日趋成熟，已对移动电视市场造成巨大的威胁。在这种替代性的挑战面前，除了做好内容之外，还必须要做好移动电视的宣传与品牌营销工作。

目前，移动电视运营商在运营策略上虽然有各自的侧重点，但是难逃同质化严重的问题，因为其目的都是相同的——吸引广告商来提高企业的盈利水平。还有就是各家运营中凸显"差异化"的特色和个性设置还不够，商标特色化也不够明确。另外，移动电视节目缺少自主品牌，很多内容都是对传统电视节目简单剪辑或者直接投放于移动电视上，很少能够拥有独具特色的移动电视节目。种种现实也在不断督促着移动电视运营商重视品牌宣传与营销工作。

一、创新传播模式

随着观众获取信息的来源越来越多元化，网络开始占据人们越来越多的闲暇时光，包括传统电视台在内的媒体正在不断遭受一波又一波的考验，观众流失、收视率下降……对于移动电视运营商来说，同样面临着类似的困扰。这种大环境下，除了做好内容外，定位准场景，创新传播模式亦是重要的环节。

2016年9月15—16日，中秋节假日团圆之时，城市电视策划并举行了主题为"超级月亮"慢直播的大型户外赏月活动。城市电视为此集合旗下 6 处户外大屏，利用专业天文设备将震撼的满月景象及难得一见的月表、环形山、月海等天文景观采集下来，以近距离超高清形式在户外大屏上实时呈现一轮"超级月亮"，令身处各大屏现场的观众不仅能够用肉眼直接观赏到最具视觉冲击的天文级月球画面，而且还可以同步观赏到中秋圆月从升起到天顶的全过程。

此次"超级月亮"慢直播的赏月活动以城市电视所属的世贸天阶大屏为活动主场开启，另外在中汇广场（东四十条桥）、富力广场（双井桥）、来福士（东直门）、王府井工美大厦、丰联广场（朝阳门外）的5处户外大屏同时进行了直播；同时，城市电视携手北京新媒体集团"北京时间"为"超级月亮"的月球全景、月表局部、拍摄幕后花絮及世贸天阶活动现场进行了全程多路网络直播。活动当晚，世贸天阶活动现场的观众还加入了直播互动，为亲朋好友送去中秋的祝福，直播画面即刻在世贸天阶城市电视大屏上实时展现，让在场观众体验到十足的参与感。中秋节当晚，数千人来到了北京世贸天阶活动现场观看了城市电视"超级月亮"慢直播，大批观众在世贸天阶大屏下驻足拍照记录下震撼的一幕；同时，通过"北京时间"观看了"超级月亮"网络直播点击量逾 50 万人次。

从上面的介绍可以看到，北京城市电视首次推出的"户外大屏慢直播"概念活动，区别于普通赛事转播或发布会等网络直播，城市电视不仅将户外大屏当成纯粹的内容发布媒介，而是真正利用户外 LED 大屏创建了一个充满创意的伴随式场景，将大屏直播闯入式的震撼画面变成一道特殊景观吸引受众的围观，制造传播话题引爆热点事件，达成直播平台的网络引流，为受众提供与众不同的中秋赏月体验。

时至今日，直播已经成为移动互联网的基础标配，由于直播带给受众的临场感与交互性已经使其成为重要的流量入口。但是随着有关部门对网络视听节目直播服务的监管越趋严厉，相关规定对直播行业的冲击和制约也带来了不可忽视的负面影响。而作为广电系统下的媒体，移动电视不仅具备完善的内容播出资质，而且具有广电级网络播出技术及过硬的播出安全保障，同时在传播内容的策划上深具经验，在保持大众主流媒体属性的前提下融合互联网基因与前沿技术后形成独特创意，借力直播经济运用多元化开放式的营销传播手段更好地服务客户。

二、活动带动品牌建设

一个频道要想成功地创造并占领市场，必须依靠有效的营销来缩短频道、节目与观众之间存在的空间距离、认知距离和情感距离，使频道及节目得以迅速地占领市场。这类活动前面多有涉及，在此就不再重复介绍。

1. 深圳移动电视：第 3 届深圳青年影像节

深圳青年影像节是由中共深圳市委宣传部、中国视协纪录片学术委员会、深圳市文学艺术界联合会、深圳广播电影电视集团联合主办，深圳市电影电视家协会、深圳移动电视频道承办的大型影视评比活动。该活动立足深圳，辐射全国（包括我国港澳台地区）和世界各地，是一年一度的影像作品视觉盛宴，旨在成为展示推广青年优秀影视作品的窗口，发掘和培养影视新人的摇篮。众多海内外青年影像爱好者从这里起步、成长，并走上了国内外的奖台。越来越多的青年影视人向深圳青年影像节汇聚，其影响力与日俱增。

第3届深圳青年影像节于2016年11月中旬举行。本届深圳青年影像节与中国电视艺术家协会电视纪录片学术委员会联合举办"第22届中国纪录片学术盛典暨第3届深圳青年影像节"。这是中国纪录片界规格最高的专业奖项评选活动首次在深圳举办。

这次活动为深圳市民奉献了一场年度影像盛会，中国内地、中国港澳台，以及美国、加拿大、韩国等各地的专家学者、业界大腕、青年影视新人齐聚深圳，优秀的作品不断呈现，加以专业的交流、思想的碰撞、创新的观点，成为本届影像节的主旋律（见图5-18～图5-20）。

图 5-18　深圳青年影像节活动现场

图 5-19　活动现场

图 5-20　著名歌手陈红担任现场表演嘉宾

2．青岛广电无线传媒：助学韩国游

2016 年青岛广电无线传媒联合威东航运开展了"感恩十年、威东助学韩国游"活动，来自青岛市各区品学兼优、家境困难的优秀学生代表 20 余人获得了此次免费公益韩国行的机会。这些第一次踏出国门的贫困学子，通过此次公益活动有机会体验了大田科学公园、安东河回村、汽车博物馆、景福宫等著名韩国历史、文化景点，开阔了自身眼界。青广无线传媒集团对此次活动做了专题报道，播出后社会反响强烈，好评如潮。通过此次活动，不仅树立了企业重教、乐于回报社会的良好形象，扩大了企业的知名度和社会影响，更帮助无线传媒下一步开展韩国亲子游等旅游活动积攒了超高人气，是一次品牌宣传与企业营销的成功案例。

3．青岛地铁传媒：我与地铁共成长

2016 年年底，青岛地铁 3 号线北段开通一周年之际，联合商户策划举办"我与地铁共成长"地铁萌宝评选活动，面向岛城征集出生日期与地铁开通日期相近的青岛宝宝，并联合岛城有影响力的新媒体平台进行同步票选，有近 36 万人次参与，最终评选产生十大地铁萌宝。活动不仅使"幸福地铁"品牌形象更具象，更有亲和力；也使合作商户本月度营销额明显上升，这是对青岛地铁品牌活动商业化的又一次成功尝试。

在 2016 世界杯帆船赛杯期间，青岛地铁文化传媒有限公司充分利用地铁晨报、地铁新生活、地铁移动电视全媒体平台，推出系列专题活动，为地铁

乘客提供全方位的比赛信息。同时，进一步强化互联网思维，创新宣传方式，推出网红直播，发挥新平台、新媒体的作用，取得了很好的宣传效果。

另外，为提升青岛地铁运营服务品质，让地铁乘客享受到便捷、贴心的服务，自 2016 年 6 月 7 日起，联合地铁运营分公司在青岛地铁 3 号线北段 10 个车站率先设置便民伞领取点，配备雨伞 1200 把，供市民在雨天免费借用。活动与地铁沿线商户合作，开发伞架、伞面等多处广告位，在免去雨伞购置与维护更新费用的同时，增加了广告收入。

移动电视频道的定位从一开始就是要与大众紧密结合，成为一档对草根市民有用的、有影响力的移动户外媒体。因此，移动电视通过策划和组织活动，能够立竿见影地树立媒体形象，而策划组织社会公益性活动在这方面效果尤为显著，往往能够取得弘扬社会正义与树立媒体形象的双重作用，达到政府、群众都满意的效果。例如，青岛地铁传媒组织的雨天免费用伞就非常接地气，极易获得地铁用户的好感；再如，前面提到的陕西移动电视承办的"2016 陕西大学生公益形象大使选拔活动"就覆盖陕西省各个高校，通过物料展示和主持人互动，向大学生传播移动电视作为媒体的影响力。通过这类公益性活动的策划、组织和执行，不仅使公众感受到了移动电视频道的可亲可敬，也是展示良好形象的好方式。

三、因地制宜"走出去"

在接受调研的移动电视运营商中，云南无线数字电视文化传媒有限公司（以下简称云数传媒）是比较独特的一个。云数传媒经过多年的发展，在国标地面数字电视网络用户规模发展，公交电视、楼宇电视、机场电视等新媒体应用与广告运营方面探索出了成熟的商业模式；同时，云数传媒也是我国首家将中国 DTMB 标准成功推广到海外，并在当地进行大规模地面数字电视网络用户发展、运营服务的企业。

2017 年 1 月云数传媒实施的"DTMB 系统国际化和产业化的关键技术应用"项目获得 2016 年度国家科技进步一等奖殊荣。云数传媒是最早将我国地面数字电视标准（DTMB）在海外规模化建设和应用的文化传媒企业，也是云南省唯一一家基于我国DTMB地面数字电视传输标准进行综合运营服务的传媒公司。经过多年的发展，云数传媒在国标地面数字电视网络用户规模发展，公交电视、楼宇电视、机场电视、DTMB+OTT（无线三网融合）等新媒体应用方面探索出了成熟的商业模式。

在其收入结构中，来自移动电视的广告收入仅为32%左右，与收视服务费等增值收入基本相当，而来自老挝、柬埔寨等海外工程的收入达到36%（见图5-21）。这种因地制宜走出去的运营模式不仅有效提升了公司的品牌形象，还保证了公司业务的健康成长。

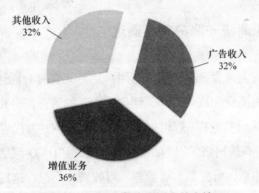

图 5-21　云数传媒营收构成基本情况

第五节　统一账户与用户运营创新探索

在互联网+的大潮中，智慧广电已经成为电视业向互联网偏移的体现，在这一不可逆的趋势中，如何真正与互联网相互融合的问题变得比以往任何时候都显得急迫。反观互联网产业，基于开放平台的统一账户运营，早已成为当下互联网巨头们的战略入口，不管入口的具体承载形式是浏览器还是 APP 客户端，其可度量、可测量的价值，均源于用户认可的统一账户，以及捆绑在该账户上的行为、信用和社交关系。而在移动互联网环境下，网络统一账户与手机号、手机通讯录的绑定，将物理世界中的社交关系完整、真实地映射到网络世界中，其商业价值不言而喻。

从用户的角度看，账户是一个产品问题；而从产品黏性、用户培养与数据经营等角度来看，统一账户则是一个战略命题。从用户体验的角度看，如果 QQ 通信、QQ 游戏、QQ 音乐、QQ 运动等采用不同的账户，用户每使用一个产品就登录一次的话，会是什么结果可想而知。如果企业是一个平台公司，那么统一的账户体系是必需的，平台的服务与能力需要基于统一账户体系汇聚、封装、输出，典型的例子是支付宝，内部打通了阿里在金融和信用方面的能力，对外则与各大电商平台及商家达成基于账户的合作。这种统一账户体系就是平台型公司的战略选择。

一、电视距离统一账户并不遥远

而对于电视行业来说，统一账户与用户运营无疑具有同样的商业价值。综观各种媒体的发展历史，从"观众"到"用户"的演进，也并非互联网的独有商业模式。在全球付费电视/视频的版图上，以 HBO 为代表的付费频道、以 Comcast 为代表的有线网络、以 NetFlix 为代表的"DVD-网络"租赁服务商，都有自己的用户体系，可感知、可管理、可收费；不过，这些体系的基本单位是家庭，而非个人。在中国，全球罕见的免费开路频道数量，使传统电视内容运营从来就没有"用户"的概念；粗犷的运营机制和条块分割的运营区域，使拥有家庭用户数据的有线网络公司，很难利用这些数据进行有价值的挖掘和再生产。即便如此，我们看到歌华有线等有线运营商也在积极通过大数据等手段挖掘用户的收看习惯。与此同时，互联网电视和 IPTV 的蓬勃发展，让基于电视的账户体系变得触手可及。由于互联网电视、IPTV 具有双向互动的天然优势，可以采集到用户所有的使用情况记录，这些代表了"群体智慧"的数据记录又可以在播控平台进行大数据处理分析，从而实现大数据的最终目标——"进行判断和预测"，并从中获取价值，成为电视运营决策的根本。

而对于移动电视运营商来说，统一账户似乎存在比有线电视运营商更大的难度，从近两年的实践来看，进展也确实不明显。但是我们认为必须迎难而上，将基于个人的统一账户引入移动电视的运营中，尤其要看到新兴技术对于统一账户带来的便利。例如，二维码的概念和应用习惯普及，使统一账户移植变得前所未有的方便，只要"扫一扫"电视屏幕上的二维码，就可以实现与用户既有账户的对接。统一账户体系的建立，意味着"一云多屏"的内容分发，可以轻松跨越"感知用户需求"的门槛，并在统一的 APP 框架环境中（如微信），实现统一体验的按需提供；更重要的是，统一账户体系的建立，通过开放平台，对接支付系统、社交关系管理系统和第三方服务信息推送系统，使移动电视业对观众的测量从群体下沉到个体，并能按需提供各种信息或商业服务。

二、移动电视统一账户的探索

随着移动电视运营商微博、微信等社交媒体运营的推进，以及电子商务平台的建设，统一账户运营对于移动电视运营商的营收和内容服务具有越来越实际的帮助。下面我们结合青岛等移动电视运营商在用户账户运营方面的探索，简要进行分析。

要进行用户统一账户的运营，首先要对移动电视的观众进行摸底调查。例如，前文提到的青岛地铁传媒的电视节目调查问卷，就是通过联合地铁晨报、地铁新媒体及地推方式共同推进调查工作，同时结合运营提供的客流数据进行受众分析。经过对调查数据的分析，他们发现地铁乘客普遍年轻，以21～45 岁占主导，平均年龄 31.7 岁，是消费活力最强的人群。而受众总体学历较高，66%以上乘客学历大专以上，消费观念也相对前卫，更愿意尝试新事物；85%的地铁乘客为在职人士，拥有较好的工作职位，社会层次相对较高，收入稳定且相对较高，购买力强。早高峰的地铁乘客多为上班白领，上下午时段多为老年人乘坐地铁出行，晚高峰学生放学乘坐地铁时间也较规律，晚上 8 点以后较多年轻人乘坐地铁在周围商圈购物。正是根据这些调查数据和分析结果，青岛地铁电视首先在内容设置方面对节目进行科学调整，将地铁宣传、新闻资讯、公益广告、商业广告等内容进行科学化配比，既让受众看到喜闻乐见的节目内容，又能各取所需，避免视觉疲劳。

而青岛移动电视则将统一账户的重点放在微信、微博用户运营方面，定期推出各种活动吸引手机用户参与，如用户参加砸金蛋、转转盘等小游戏，就有机会中奖获赠电影票或者小礼品；在论坛里留言即可参加美食代金券幸运抽奖等，使电视观众不再像以往一样只能在公交车上被动接受节目信息，而是主动参与到节目互动中来。在用户运营正式开始之后，青广无线又在2016年5月正式上线了全球优选商城平台，商城主营进口美妆、母婴、食品、家居日化等品类，商品覆盖全球200多个国家的数百个知名品牌。商城搭建的主要目的是发挥青广无线的现有媒体资源优势，提前布局，加强在移动端对于客户的争抢，同时借助媒体+平台+产品的综合运营方式，打破区域困局，向山东省乃至全国进行布局。当全球优选的媒体联盟形成后，公司就拥有了一个新的移动端媒体和产品展示、销售平台，未来可以成为公司目前区域局限的有益延展和补充。

仔细研究上面的用户营销探索，我们可以发现其充分利用全媒体的营销手段，已经可以影响到希望影响的人群，算是步入了统一账户营销的初级阶段。例如，青广无线就借助了青岛移动电视的多媒体渠道的传播优势，同时还结合了二维码、微博、微信、网站等多种互联网、移动互联网终端进行传播。从家庭用户到出行人群，从互联网网民到移动互联端的个体用户，节目的传播和活动的互动是全方位、无障碍的互动，更符合时下融媒体传播的发展趋势。公司同时也开辟了电子商务平台，形成在线交易。这样，就可以实现由电视节目、线下活动将目标用户吸引到自己关注的区域，线下活动形成第一次营销机会；通过活动的举办，将用户引流至在线销售区域，形成第二次销售机会。

另外，目前这种用户运营暂时还处于初级阶段，接下来则需要将其在移动电视运营商系统内的账户与其既有的账户对接，如微信账户、支付宝账户等。这种对接不仅可以让运营商直观地了解到谁在观看节目，帮助广告客户更好地进行广告投放，还可以为以后开展O2O业务等提供必要的保障。

第六节　O2O服务与移动电商的发展与探索

O2O是Online to Offline和Offline to Online的缩写，是利用互联网使线下商品或服务与线上相结合，线上生成订单，线下完成商品或服务的交付。因此，O2O

的核心是通过信息、打折、促销、服务预订等方式把线上的消费者带到现实的商店或者交易中，让用户在线支付购买线下的商品和服务后，到线下去享受服务，如餐饮、健身、看电影、美容美发等。这种模式与淘宝的 C2C，京东商城、苏宁易购的 B2C 等电子商务模式有着一定的不同。O2O 商务模式如图 5-22 所示。

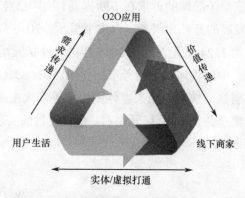

图 5-22　O2O 商务模式

O2O 商务模式的关键是在网上寻找消费者，然后将他们带到现实的商店中。它是在线支付模式和为店主创造客流量的一种结合（对消费者来说，也是一种"发现"机制），实现了线上的购买，线下的服务。它本质上是可计量的，因为每一笔交易（或者是预约）都发生在网上。这种模式应该说更偏向于线下，更利于消费者，更丰富的信息、线上的详尽咨询和优惠的价格，让消费者感觉消费得较踏实。因此，O2O 的优势在于把网上和网下的优势完美结合，把互联网与地面商店或者服务完美对接，实现互联网落地。让消费者在享受线上优惠价格的同时，又可享受线下贴身的服务。从这其中可以看出，O2O 的核心在于在线支付，一旦没有在线支付功能，O2O 中的 Online 不过是替他人做嫁衣罢了。

一、O2O 市场进入快速发展期

如今，随着电商和实体店的快速结盟发展，包括服装、旅游、餐饮、娱乐等行业在内的生活服务的方方面面，都在快速进入 O2O 时代。移动数据监测公司 Trustdata 在 2017 年 2 月发布的《2016 年本地生活服务 O2O 白皮书》显示，2016 年国内 O2O 交易额约为 7291 亿元，同比增长 64%（见图 5-23）。O2O 业务形态摆脱了团购的单一形式，逐渐演变为到店、到家、外卖三大板块。

　　白皮书显示，2016 年到店服务快速发展。O2O 到店服务整体交易规模为
4231 亿元，在整体市场中占比为 58%。口碑和美团点评成为到店服务的主要
玩家，分别占据了 41% 和 44% 的份额。美团点评的份额领先主要是由团购业
务带来的。Trustdata 对线下商家调研发现，团购模式存在损伤利润、品牌等
先天缺陷，如今商家对于品牌的诉求在不断提高，团购已经逐步被商家抛弃。
在 2016 年迎来大发展的是外卖服务。白皮书显示，2016 年外卖市场爆炸式
发展，交易规模约为 1524 亿元，相比 2015 年的 459 亿元增加了 232%。

　　据白皮书统计，中国整体线下服务市场前景巨大，O2O 服务还有巨大可
开拓的空间。仅以餐饮、快消、丽人、休闲娱乐等几大主流领域计算，整体
线下市场的交易规模总共在 11 万亿元左右。但是，目前实现"互联网化"的
还不足 10%（见图 5-24）。

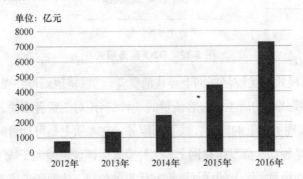

图 5-23　2016 年生活服务 O2O 交易规模

资料来源：Trustdata。

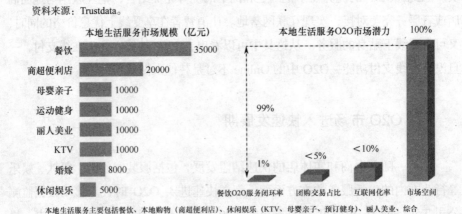

图 5-24　2016 年本地生活 O2O 化情况

资料来源：Trustdata。

二、移动电视的 O2O 机遇

从上面的数据可以看出，线下市场的互联网化才刚刚起步，O2O 市场具有巨大的发展潜力。从营销的角度看，O2O 服务的优势在于把网上和网下的优势进行结合，把互联网与实体商店或者服务巧妙对接，实现互联网落地。在这种大环境下，移动电视如何利用 O2O 进行创新确实是一个课题。

与其他 O2O 服务商相比，移动电视等媒体从事 O2O 服务具有一定的天然优势，如其自身的媒体公信力与影响力可以弥补电子商务诚信缺失的短板，在内容方面的优势可以引导生活消费潮流等。目前，传统电视已进入不变则亡的时代，而变传统的"观众"为"用户"，正是电视媒体在互联网思维下不断探索的重心。首先，移动电视的内容本身即是一种产品，让节目与商业联姻，满足观众（用户）"可见即可买"的消费心理，以一种新的方式帮助广告客户迅速找到适合的消费者，向他们传递适合的信息。从场景实现的角度看，O2O 商业模式的真谛是线上预付与线下消费，目前线上支付的环节基本上被支付宝、微信等巨头垄断，移动电视用好线上支付的手段就好；但是在线下消费的场景中，移动电视应该大有可为，尤其是用好自己的都市生活圈媒体的优势功能，通过公交电视、地铁电视、城市电视、楼宇电视及微信公众号、微博等渠道做好信息发布和导流工作，在餐饮、KTV 娱乐、美容健身、母婴等诸多领域应该具有自己的优势。其次，一些移动电视运营商对于电视购物曾经进行过一定的尝试，作为一个年营收千亿元的大市场，电视购物确实很有吸引力，然而面对网络电子商务的蓬勃发展，传统电视购物模式正在遭受冲击，这同样是移动电视运营的机会，如果利用好线上购物，将可实现集移动电视、网络、数据营销、广告服务、实体店等于一体的 O2O 全产业链服务。在 O2O 业务的拓展上，线上和线下的协同，尤其是用户统一账户体系是重中之重，也需要移动电视运营商借助数据挖掘、社交媒体运营等多手段、全方位地深耕。

在用户挖掘和引导方面，不少移动电视运营商可谓是各出妙招。例如，重庆移动电视就开通了《移动摇钱树》项目：通过在公交车安装 IBEACON

蓝牙摇一摇设备，用户打开微信摇动手机即可获得对应信息，进入微信公众号、H5页面等O2O平台。杭州移动电视在持续增加微信粉丝数的基础上，做好微信内容的编辑和推送，利用大小屏联动，使之成为移动电视另一个重要的宣传阵地和营销增长点。安徽移动电视立足媒体特质，整合优质资源，以传播带动O2O，把数字化、移动化、社交化的媒体生态融入用户生活，吸引用户注意力，构建立足合肥、辐射安徽的集"媒体+生活+消费+直播+社交"于一体的安徽动视优生活生态圈。

从上文可以看出，为了迎合市场变化，多家移动电视运营商开始与互联网接轨，通过微博和微信公众号等渠道进行频道和栏目品牌宣传和推广。随着粉丝量的不断增加，商机逐步成熟，除了可以将微信等作为新的营销渠道，通过一系列线下活动增加受众的互动黏度，更可以通过微信交易平台实现快速、简单的一站式交易，方便快捷。在这种环境下，移动电商业务也变得水到渠成，比如，广州移动电视结合广州移动频道官方微信订阅号，建立起"全球优选商城"（移动电商平台），搭建起一个移动电视+互联网的跨平台营销模式。面向广告主，可以此模式解决其品牌宣传+销售转化的需求，达至"品销"结合的营销目标。面向受众，实现边出行、边观看、边购买的完整营销过程，达至户外场景的"闭环营销"。大连移动电视则以现有电商平台为载体，汇聚辽宁省内乃至东北地区的特色土特商品，形成以产品为目的地的旅游产业及体验、互动式的购物。曾经发起"爱心苹果义卖"的杭州移动电视也发布了《新动商城制度管理规范》，充实商城货品，完善货品上架、宣传、销售、售后等流程，使之日趋规范成熟。而厦门移动电视则成立了XM6微商城网上销售平台，销售当季畅销产品及文创类商品。

对于这类依托微信公众号的营销模式，最好的办法就是开展体验式微营销，如可以搭建公共交通工具内的WiFi环境，以移动互联网为主要沟通平台，配合移动电视媒体，用户只要轻轻一扫或者一点，即可链接到热点主页或者微商页面，通过有策略、可管理、持续性的O2O线上线下互动沟通，建立和转化、强化顾客关系，实现客户价值。

第七节 智慧城市发展与融合运营探索

1993 年以来，智慧城市理念即在世界范围内悄然兴起，许多发达国家积极开展智慧城市建设，将城市中的水、电、油、气、交通等公共服务资源信息通过互联网有机连接起来，智能化做出响应。全球在建的智慧城市主要分布在美国，欧洲的瑞典、爱尔兰、德国、法国，以及亚洲的中国、新加坡、日本和韩国。2009 年 8 月 7 日，中国时任国务院总理温家宝在江苏省无锡市高新微纳传感网工程技术研发中心考察时，首次提出了"感知中国"战略，"感知中国"随后成为新一轮信息技术革命背景下推动国家产业升级、迈向信息社会的顶层战略。中国的智慧城市建设热潮随即兴起。

2014 年 8 月 29 日，经国务院同意，发改委、工信部、科技部、公安部、财政部、国土部、住建部、交通部八部委印发《关于促进智慧城市健康发展的指导意见》，要求各地区、各有关部门落实本指导意见提出的各项任务，确保智慧城市建设健康有序推进。意见提出，到 2020 年，建成一批特色鲜明的智慧城市，聚集和辐射带动作用大幅增强，综合竞争优势明显提高，在保障和改善民生服务、创新社会管理、维护网络安全等方面取得显著成效。

目前，中国移动、中国电信、中国联通三大通信运营商已经与 300 多个城市达成"智慧城市"战略合作协议，仅"十二五"期间，我国"智慧城市"投资总规模就达 5000 亿元。在这场万亿元规模的投资大潮中，移动电视运营商至少可以在应急服务、智慧交通、智慧政务等几个领域发挥自己的优势，至少要做到不缺位。

一、中国智慧城市整体发展情况

从 2009 年开始起步，到 2014 年的遍地开花，中国智慧城市建设虽然风生水起，但是整体上仍然处于起步和探索阶段，缺乏成功案例与典型代表，从 2015 年开始进入重构阶段。2015 年是"十二五"和"十三五"规划制定的承上启下之年，"智慧城市"首次写进国家政府工作报告，相关政策文件也层出不穷，李克强总理在国内、国际的会议中多次提及智慧城市，中国智慧城市的运营商也已走出国门。从发展趋势看，智慧城市建设已然成为我国解决城市发展难题、实现城市可持续发展不可逆转的潮流，但随着新型城镇化与两化融合的推进，"互联网+"、O2O、互联网金融、工业 4.0 等新机会、新模式、新理念的出现，我国智慧城市建设即将转型探索发展期。

2015 年，继"智慧城市"首次写进政府工作报告后，7 月 1 日，国务院发布《关于积极推进"互联网+"行动的指导意见》，提出了"互联网+" 益民服务、便捷交通、绿色生态等重要策略，均是智慧城市重要的组成内容；9 月，财政部出台《关于在公共服务领域推广政府和社会资本合作模式的指导意见》，鼓励政府在公共服务领域推行政府和社会资本合作模式，创新智慧城市融资模式；随后，工业和信息化部启动"智慧城市专项技术人才培训考试认证"项目，旨在为智慧城市的可持续发展提供人才储备；此外，国家还针对智慧医疗、智慧交通、信息产业、互联网金融、大众创业万众创新、大数据监管等领域出台了相关政策，进一步为智慧城市的转型发展保驾护航。中国智慧城市投资规模预测如图 5-25 所示。

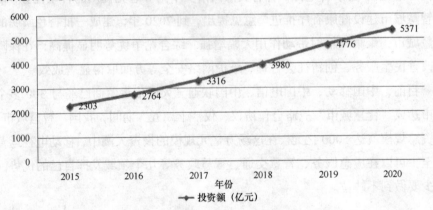

图 5-25　中国智慧城市投资规模预测

资料来源：IDC。

其实，智慧城市的应用已经发生在我们身边，在交通领域，如 ETC 不收费停车和交通一卡通，家庭领域里的视频监控、远程冰箱控制，金融行业的无线 POS，教育领域的电子书包，政府领域的电子政务，能源行业的远程抄表、能量数据的远程上传与监控等，不胜枚举。因此，智慧城市的应用按照领域可以粗略划分为智慧家庭、智慧商业、智慧环境、智慧文教、智慧政务、智慧安全、智慧市政、智慧医疗、智慧社区、智慧能源、智慧交通和智慧金融，应用领域十分广泛。对于移动电视运营商来说，智慧城市建设是大好机会，但是不能一哄而上，要在"一城一策"的顶层设计下，找准时机，找准落点。

二、移动电视参与智慧城市建设的探索

1．智慧交通平台

从 2014 年 1 月开始，青广无线传媒集团获得独家建设、运营青岛出租汽车服务管理信息系统的资质，为青岛市 1 万辆出租车安装全套信息系统车载智能终端及 LED 等媒体发布系统。通过与出租车协会及青岛市 20 多家出租车公司合作，为青岛市近万辆出租汽车安装智能终端系统，取得这些出租车后置 LED、GPS 定点语音广告发布等约定媒体广告经营权，并在其中 4000 辆上安装互动式智能终端，用以发布新媒体信息及广告。2016 年，公司承建的青岛市出租车智能监控指挥、数据资源、电召服务中心（呼号 95128）已经建成并投入使用，累计为 9800 辆青岛市出租车安装智能终端设备，为青岛市 24 家出租车公司布设信息系统管理在线二级平台，监控中心管理员 7×24 小时值守，实现了出租车车辆智能调度、北斗+GPS 混合双模定位、信息化支付等多种功能。2016 年，该系统实现收入超过 1100 万元。

另外，山西大众移动电视也在与太原交警部门合作，准备利用地面数字播出网络和 4G 直播技术，开办专业化交通频道，参与太原市智慧交通的建设。

2．智慧社区平台

在大连市委宣传部的支持下，大连移动电视推出了大连社区智慧学习平台，在支持政务公开、服务社区居民、引导全民学习、打造新的传播阵地方面进行了有益的探索。社区智慧学习平台安装在社区居民聚集的场所，为其提供基本的传媒信息服务，利用地面数字电视的传播和网络的 IP 化播出方式，满足居民个性化和大众化的需求，既可以直播电视节目，又可以根据社区不同的需要制作和播出与之密切相关的内容。目前，大连移动电视继续与大连

市政府相关部门合作，寻找投资合作方，推进户外社区大屏的建设。

另外，四川广电星空数字移动电视有限公司也在积极投身智慧城市建设，利用移动电视平台，与连锁超市、公共交通集团合作，引进资本和新技术，对超市顾客、公交乘客和电视观众的数据进行分析，参与智慧城市建设，寻机介入人工智能应用，使公司转型为智慧系统服务商。

从整体上看，各移动电视运营商都看到了互联网及移动互联网对于传统业务的冲击，更值得欣慰的是很多运营商都在开始通过各种不同的尝试，探索移动互联网时代下移动电视运营的规模和范式，无论最终是否成功，这种探索都是推动移动电视转型的驱动力。

以上案例多是根据受调公司提供的材料整理而成，虽然挂一漏万，但是我们也希望通过这些案例的梳理，能给业界提供更多的运营参考和思路。除了上述案例之外，我们也发现不少移动电视运营商在搭建公共 WiFi、移动电商等方面正在进行积极的探索，虽未成型，但值得关注。结合上述案例，我们在此提出几点建议：

（1）移动电视要想在媒体融合时代获得足够的发展高度和腾挪空间，需要内容 IP、广告、流量、电商、社交协同等多个子平台共同支撑，需要为商业合作伙伴和用户均提供相应接口和入口，重点是做好统一账户体系和多屏分发。

（2）新媒体、车联网、智慧城市、O2O……诱惑很多，但要做好"单点突破"工作，这也是互联网/移动互联网成功企业的普遍重要特征。腾讯在桌面互联网时代的 QQ、移动互联网时代的微信，就是单点突破的最佳案例。

（3）小步快跑、快速迭代是互联网的基本业态，在快速迭代中高速成长，是互联网公司的成功法则，因此移动电视运营商在进行业务和运营创新时不要试图一步到位，也要学习互联网公司的快速迭代手法，无论是简单的 APP 开发，还是微电商，抑或是其他新兴业务。我们在调研中发现，有些公司在新业务尝试时从立项到推出经常耗时半年以上或者更长时间，这一点尤其要注意。

（4）要跟踪新型技术和应用，随着智能手机等终端的普及，受众打发"无聊时间"的途径正在增多，因此移动电视运营商需要挖掘车厢内成功的场景模式，同时不要放弃移动电视这一传统入口的争夺，充分运用好二维码等初

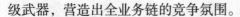

级武器，营造出全业务链的竞争氛围。

（5）内容是立身之本，深入研究受众的心理需求和观看习惯，多创作或者集成能够吸引受众并且适合移动电视传播的内容，多引入能够与受众进行互动的节目或广告。

（6）要学会合纵连横。四级办台、条块分割是中国广电业的历史遗留问题，而对于以城市区划为核心的移动电视来说，规模问题同样是制约企业发展的瓶颈。只有通过合纵连横，走出去，才能做大做强，不仅可以通过规模采购等手段有效降低企业运营成本，还可以增加与广告商的议价能力。在这方面，移动电视分会可以发挥更大的作用。

（7）资本力量也是移动电视探索新兴市场的助力，分众传媒、巴士在线等成功经验告诉我们，运用好资本往往可以起到事半功倍的效果。

第六章 移动电视产业链与挑战

作为产业经济学中的一个概念，产业链其实是指各个产业部门之间基于一定的技术经济关联，并依据特定的逻辑关系和时空布局关系客观形成的链条式关联关系形态，包含价值链、企业链、供需链和空间链四个维度。这四个维度在相互对接的均衡过程中形成产业链，这种"对接机制"是产业链形成的内模式，作为一种客观规律，它像一只"无形之手"调控着产业链的形成。

在技术融合化、网络泛在化等外部环境催生下，移动电视行业在不断夯实传统产业链的基础上，正积极孕育着新型产业链关系——移动电视产业生态；同时，产业生态的出现也为产业链条中所有新老玩家，创造出新的市场需求。

如前文所述，移动电视新的发展愿景，是"在全业务、全流程、全网络的数字化基础上，与移动互联网深度融合，从拥有单一的数字电视的移动播出"功能"，到具备多元的智慧城市与便捷交通多媒体服务"智能"，成为"互联网+便捷交通"不可或缺的组成部分、成为在移动场景下有效汇聚受众与用户需求的多媒体智慧平台、成为O2O服务的重要入口与核心场景。"

显然，实现这一发展愿景的过程，就是移动电视新兴产业链进行延展、跨界和整合的过程，也是移动电视运营商寻求自我突破、跨界拓展市场的过程，更是一个建立真正意义上移动视频运营生态的探索过程。

第一节 移动电视新型产业链的内涵与外延

如前文所述，移动电视传统产业链大致可分为设备提供商、内容运营商、网络运营商、内容提供商、空间提供商、媒体广告运营商、用户等环节。经过十余年发展，在移动电视的传统产业链条上，各环节分工明确、角色清晰，市场格局也基本稳定。

而跨入"互联网+智慧广电"时代的移动电视，其所面对的是横跨广播电视、交通运输服务、新闻传媒与信息娱乐、互联网O2O服务业四个象限的融合型业务矩阵，远远超出了单一的移动化的广播电视播出业务范畴。

面向融合的移动电视新型产业链结构示意如图6-1所示。

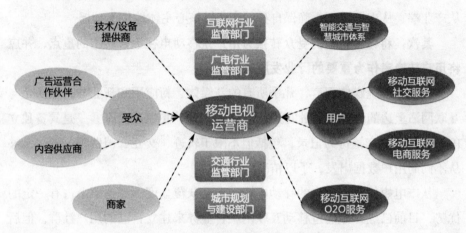

图6-1 面向融合的移动电视新型产业链结构示意

一、重塑移动电视产业链

要塑造移动电视全新产业链，主要要做好两个工作——一个核心和一个转换。

首先，保持移动电视运营商产业链核心主体的地位不变。

整个移动电视全新的产业链中，保持移动电视运营商的核心主体地位不变，客观上是由移动电视产业的特殊性所决定的，即其具有先天的广电媒体宣传属性，承担着党和政府公共宣传喉舌的重要使命，亦肩负着应急广播等社会公共治理的重要责任。移动电视的媒体属性，是产业链其他环节无法替代的优势。因此，移动电视既融合了传统电视媒体的属性，满足了受众移动收看电视的需求，同时还将带动了商业节目及广告业务的开发。它的转型发展不仅意味着电视传播技术的变革，更是电视传媒业在传输方式、内容生产、传输功能和媒介文化上的变革，引发了新一轮的"媒介融合"。

同时，新产业链的形成，并非空穴来风，而是技术发展之后的水到渠成，基于移动互联网的管道和终端普及、基于云端和大数据的建设完善、基于"互联网+"政策体系下的"智慧广电、智慧交通、智慧城市"等信息化建设布局、基于共享经济和 O2O 的风起云涌……面对全新的内外部发展环境和技术变革，移动电视运营商主观上需要顺势而为、乘风借力、开放合作，才能真正从产业端、从市场层面，确保自身的产业链核心主体地位不动摇。

其次，将移动电视的受众转换为用户是移动电视运营转型的重点，并应将用户转换率作为重要的行业发展指标。

相当于传统媒体而言，几乎所有的新媒体、新应用和新业务，只要是与互联网沾上边的，首要考量的就是"用户"。用户的基本特征，一是具备独立ID；二是具有完整行为记录，包括但不限于轨迹、交互、消费等；三是能够从不同的用户数据出发，予以精准画像。

从广电媒体衍生出来的移动电视，在受众覆盖度、到达率上占有一定的优势，目前已经开始通过移动互联网融合业务来建立自己的用户社群，但后者目前还远远不够。这是因为，在面向融合的新型移动电视产业链中，如果移动电视运营商不能具备完整的用户数据体系、完善的用户运营体系和完备的用户服务体系，那么很容易成为互联网合作伙伴的"用户入口"，而无法沉淀下自己的用户数据。

以互联网租约车领域为例，在与"滴滴"这样的互联网公司合作时，生意是各自的生意，用户却是同一批用户，数据更是同一批数据——只有全力以赴地将移动电视的受众转化为用户，并将用户转化率作为行业发展的重要参考指标，才能确保在新型产业链中，移动电视运营商能够享有与互联网合作伙伴平等的竞合关系。

而要做好用户转换工作，让"低头族"抬头，挖掘交通媒体的商业价值，就需要充分关注公交场景。公交场景，意味着移动和交互。移动不仅是指用户是移动的、交通工具是移动的，同时媒体也是移动的。在移动互联网的支持下，随着 WiFi 技术的普及，交通媒体成为连接公众的平台，在此基础上打造基于位置、兴趣、实用等服务的交互生态。因为只有更好的用户体验，才意味着更有号召力的平台，才能激发用户对产品的兴趣，实现立体化传播。

二、全产业链融入"互联网+"转型大格局

在全新的"互联网+"的语境中，社会经济形态中并立的多个部门和业态，也正通过互联网，通过云端，通过大数据，快速地交融着彼此的业务边界——从电商物流到传媒娱乐，从智能交通到清洁能源，从智慧城市到便民服务，等等，不一而足。

业务边界的交融进程，意味着移动电视行业不能局限于既有成绩，应该也必须更加积极地加入这一进程。事实上，作为"传媒"的移动电视，作为"接入节点"的移动电视，作为"社群交互界面"的移动电视，作为"具备实时多媒体展现能力的"移动电视，都是基于同一物理载体的不同业务形态，对应着不同的市场层面。

借助 WiFi、大数据、LBS（基于位置的服务）等，公交移动电视可以更好地贴近用户需求，让传统媒体与新媒体、手机端与移动电视端在此融合，"公交场景"的移动性与连通性将大大增强，从而与各种生活场景实现无缝对接。

而这种对接与融合，大致需要在三个层面上予以实现——业务、标准和政策，即业务对接、引领并推动标准（含行业规范）制定、影响相关政策的战略方向——显然，其深度与难度均依次递增。

具体来看，移动电视的转型，首先要基于现有基础，不断扩大移动电视与相关领域的业务对接的广度和深度。 移动电视与市政、交通、电商、生活圈、社群、O2O 等相关领域的业务对接，最容易实现的是作为移动音视频媒体网络和终端，成为其他业务的宣传和分发平台。以往的移动电视内容多照搬电视，缺乏创意，专业化生产遵循电视单向传播的逻辑，在新媒体时代缺乏双向互动。因此，如果仅限于媒体属性的经营，其效果是肯定有限的，经营天花板也触手可见。尤其在未来相当长一段时间内，宏观经济处于 L 形下行通道，企业的广告预算总盘子增加的概率降低，能够分到移动电视屏幕上的预算份额更加有限。因此，将移动电视从媒体运营模式转换为合作伙伴联运模式，将会更加有效地扩大移动电视与相关领域业务对接的广度和深度，

并帮助移动电视运营商快速切入相关领域的核心产业链环节。例如，在智能交通领域，交通运输部在"互联网+"政策指引下，提出并建设"互联网+便捷交通"计划，移动电视作为车载移动多媒体网络的运营服务提供者，可以通过资源互换等方式与网络约车、共享单车等数据进行共享，通过云端的数据同步，参与可视化的智能交通网络系统建设，成为面向广大乘客的第一显示终端，则将成为"互联网+便捷交通"不可或缺的组成部分，进而大大拓展自己的产业链范围。

随着生态链系统建设多样性与复杂度的提高，围绕移动电视运营商的软硬件技术设备与系统提供商群落，也将大大丰富，对上游的采购拉动力和博弈能力也将更强，从而形成产业链合力。

其次，做好用户的账户系统，基于用户的数据挖掘，努力参与到相关行业标准规范的制定过程中。对于任何一个细分行业或产业来说，发展初期最重要的任务和成果，即通过不断的尝试和探索，形成一套符合客观实际的行业标准规范，指导整个行业规范健康发展。俗话说，三流的企业做产品，二流的企业做品牌，一流的企业做标准，移动电视产业同样如是。

移动电视是直接面向最终用户的信息门户，也是直接与用户发生互动的交互界面，只要移动电视运营商能够建立起围绕用户的社群和大数据体系，则基于用户的数据挖掘和对用户行为偏好的深度理解，就可以参与到相关行业标准规范的制定过程中。例如，在过去两年风风火火的O2O创业潮中，有不少创业团队的商业计划都指向这一理念："用户上下班的路线+消费偏好+社群集聚地商圈=精准的O2O服务"，但真正能够做到的乏善可陈，目前即使是"滴滴"及摩拜、ofo小黄车等企业，恐怕依旧力不从心。其中一个很关键的因素，是其很难有效进入公交、地铁等应用场景，即使是通过智能手机+移动互联网，依然要面对定位不准、数据不清及数据对接的问题。

假设一下，如果移动电视运营商能够凭借公交、地铁车载屏幕这一终端，通过有效的运营真正将用户数据聚合并运营起来，那么就有足够的资格参与到相关行业的标准规范制定中，从而在延伸产业链中占据更为主动的地位。

最后，积极参与相关行业的政策战略研究，并施加影响力。虽然市场经济大潮中，市场为先导，但任何一个行业都不可忽视政策的影响力。尤其是在"互联网+"转型大潮涌来之时，各行业都在密集出台各项推进政策。可以预计，在未来相当长的时间内，这些政策还需要根据产业发展变化予以调整、补充和完善，并围绕技术进步带来的模式创新，出台新的政策激励。

围绕这一进程，移动电视运营商应积极介入相关行业的政策战略研究，虽然这是一项长期才能见效的工作，但保持自身的参与权和发言权，在产业勃兴初期比什么都重要。因此，在移动电视政策研究与制定的过程中，移动电视分会可以集思广益，发挥更多的作用，做好会员单位与政府之间的桥梁和纽带。

第二节　平台化：移动电视运营商发挥核心作用的关键

在移动电视新型产业链的业务版图中，用户是核心、数据是纽带、平台是关键、生态是保障。

正如本书开篇所述："一般来说，'互联网+'产业链结构是'四部曲式'的递进语境——'应用/内容→入口→平台→生态'，中国移动电视运营商需要做出符合实际情况的战略取舍，才能有效应对挑战、充分抓住机遇。"实际上，对出身于广电体系的移动电视来说，做好内容不是一件难事，但要是做好入口、平台和生态，则挑战性很大。

从产业实际发展情况看，移动电视产业链的关键企业，包括运营商、跨地域广告运营商等，都不甘心仅仅作为"应用/内容"提供方。它们或充分利用现有的移动互联网平台开展带有明显入口属性的业务，或推出了自己开发的多屏联动应用入口。

客观来讲，现在再造一个独立的互联网入口，其成本相当高昂。以移动互联网领域为例，从团购到O2O，无一不是以全行业烧掉几十亿甚至上百亿美元的代价，才产生了美团、滴滴等寥寥几个具有独立流量获取能力的入口型企业。对于还受到体制约束的移动电视行业来说，这种依靠风险投资源源不断烧钱的方式显然不可取，而且由于监管政策等限制的存在，风险资本大举进入移动电视领域的意愿同样不强烈。

如果换个思路，反其道而行之，先从平台的角度切入，反过来再获取入口的属性和能力，可行性如何呢？我们不妨观察一下移动电视行业的基本立足点，在这个严格的牌照管制细分领域，移动电视运营机构必须也只能由广播电视播出机构控股，这就为"先平台、后入口"的策略带来了可能的机会。

所谓平台，通俗地讲，一是要求开放，二是能帮助合作伙伴赚钱，三是能给大家分钱。综观线上或线下的平台型企业，如淘宝/天猫、苏宁，商业模式均是如此。对于移动电视运营商来说，要确保自己在新型产业链中的核心地位，除了政策的保护之外，平台化建设则是关键。我们认为，移动电视要成为在相当程度上开放运营的新型"互联网+移动视音频"平台，在确保政策要求的舆论安全前提下，实现开放化的平台运营，需要做到以下两点。

首先，通过云端的媒资库共享体系，实现预播出平台的开放，允许通过审核的合作伙伴接入并发布经审核内容。对基础产品服务（音视频服务）的开放，是移动电视运营商在安全把控环节最擅长的，也是相对可靠的，更何况有诸多网络视频平台的成功经验可以借鉴。通过开放聚合，辅之以实时竞价（RTB）系统，为内容制作机构、个人工作室创作者和广告主、广告公司提供了一个自由度更大的内容分发通路和交易撮合平台。同时，依据战略合作程度的不同，特定行业或特定机构（组织）可获得不同层级的内容发布权，这也是产业链话语权的一种体现。

其次，通过车联网环境，建设类应用商店的开放式分发平台，为O2O的合作伙伴搭建以用户位置为牵引的开放导流平台。以相对较低的成本，寻找并获得潜在用户，并向其推送应用或各种优惠券，是O2O服务商的刚需，也是实际运营成本高企不下的重要因素。对于移动电视运营商来说，"固定线路+车载WiFi"环境，是实施精准用户群覆盖推送的极佳手段，相当于全天候不间歇的O2O地推平台。但必须注意，这种开放导流必须要求O2O服务商分享完整的用户数据，这要比现金回报有价值得多！在这种交通工具的移动场景中，由于乘客乘坐的时间有限，车载WiFi的使用环境必须更加人性化，而目前登录难、速度慢等问题是导致车载WiFi无法吸引用户的重要因素之一。在这种恶性循环之下，公交WiFi运营步履维艰也就成了不可避免的现实。

同时，建设并运营开放式分发平台，意味着要担负起更多的应用安全审核职责，这对于移动电视运营商来说是个挑战，建议可以采取与相关领域合作伙伴联运的方式来实现，通过强强合作来弥补彼此的短板。

移动电视的平台化运营要想快速见效，意味着移动电视运营商必须借助合作伙伴的合力，快速获取用户，形成自己的用户群落。同时，移动电视的内涵在用户心目中也将发生质变，即从"车厢里的电视"变成"车厢里的移动互联网枢纽"，从"可有可无的伴随式媒体"变成"拥有无穷多可能的交互界面"——这，是关键性的一跃。因为一旦用户对移动电视屏幕的认知发生改变并形成习惯，其关注度会大大提高，移动电视屏幕成为"互联网+"独立入口的可能性也大大增加；反之，独立入口的属性越强，移动电视开放平台对合作伙伴的感召力就越强，这是相辅相成的两面。所以，先平台、后入口，是移动电视运营商在新型产业链建构过程中发挥关键作用的有效步骤。

第三节 移动电视新型产业链发展的不确定因素及挑战

伴随着新型产业链和全新业态的建构，移动电视运营商也不可避免地面临一些不确定性因素，直面多重挑战。

首先，政策因素和技术因素，为移动电视产业拓展新型产业链带来了不确定性。

在政策方面，主要影响来自国家新闻出版广电总局，其作为行业主管部门，对移动电视产业发展的政策走向具有决定性作用，牌照和内容监管的效用毋庸置疑。一般来说，在"互联网+智慧广电"的发展态势中，面向新型产业链拓展和转型的移动电视大有用武之地。但同时在新型业态的重塑过程中必须考虑到，国家新闻出版广电总局对网络安全、内容安全和应用安全的要求非常高，而且监管政策日益趋严，这与开放化的平台运营之间，存在着一些天然的矛盾。与此同时，网信部门也开始对于网络信息加大监管力度，尤其是在新媒体领域，这也需要移动电视运营商学会适应新形势下的监管分工与要求。

同时，从技术的角度看，无线频率的频宽分配也对移动电视拓展新型产业链有直接的影响。目前，业界讨论的焦点，是被模拟电视传输占用的700MHz频段，该频段具有高穿透性、大覆盖性、低建网成本等特征，因此电信运营商一直要求广电释放该频段的空闲资源，用于4G建网及5G的相关布局。可以说，谁能获得在700MHz频段上的通信及移动互联网运营权，谁就可以拔得真正意义上的移动互联网宽带化的头筹。

2016 年，总局已明确将 700M 频段划给中国广播电视网络有限公司，同时成立"中广移动"负责 700MHz 频段的运营，但最终如何分配 700MHz 频段，未来市场如何发展，还有待观望。目前，国际上对于 700MHz 的整体规划比较市场化。全球范围来看，美国、德国、法国、韩国、智利、西班牙、加拿大等绝大多数国家都将 700MHz 商业化运营，竞拍成功的运营商多将 700MHz 频段用于 4G 网络和 LTE 网络的建设。在这场无线频谱的争夺中，究竟最后会形成怎样的技术格局尚未明晰，移动电视运营商如何能攫取最大的利益还有待集思广益。

其次，系统、运营和资本，是移动电视产业拓展新型产业链进程中的几大挑战。

移动电视运营商面临的系统挑战，源于产业链拓展对全新技术体系的要求。既有的移动电视系统，是一个较为简单的，依托于单频网、播出前端和车载终端的广播体系；未来的移动电视系统，是较为复杂的，横跨于融合网络环境，通过各种开放平台接口、双向对接合作伙伴与用户的"互联网+智慧广电"体系。

当然，这样的一个复杂体系不可能一天建成，也不需要完全依靠自己建成。在云计算的时代，将应用于衍生增值业务的平台对接、数据挖掘等需求放到云端实现，是一个基本思路；同时，也可以与既有的、本地化的移动数字电视单频网之间构成有效的防火墙。

系统逐渐完备之后，运营及运营团队的挑战就摆在面前。既有的移动电视运营团队，一般来说具备较为明显的"媒体型"特征，尚需补足"数据型"和"平台型"人才团队，才能有效应对新型产业链的运营需求。其中，数据型团队的核心竞争力在于对用户数据的收集整理和挖掘，形成用户画像，这是数据时代最有价值的资产；平台型团队的核心贡献则是如何有效地构建平台生态，与广大产业链合作伙伴共建一个商业逻辑自洽的共赢共享平台。

任何一个细分行业或产业，要想实现加速发展，离不开资本杠杆的助力，这一点在互联网领域表现得尤为明显，即使在移动电视产业发展历史上，也曾经被验证。不过，囿于历史发展原因，目前风险投资和资本市场对移动电视的热度有所减退，这是移动电视产业跨入下一个加速发展阶段、拓展新型产业链时面临的巨大挑战。所幸目前各移动电视运营商已经意识到资本市场的重要性，青广无线已经登陆新三板，杭州移动电视也在运作之中。但如何真正唤醒资本的热情，恐怕还要落在"开放"两个字上。通过开放的平台和开放化的平台运营，集聚大量合作伙伴的资源注入，共同将移动电视新的发展愿景勾勒于世，才能令这个细分领域重拾资本的密切关注，进而形成"资本-业务-生态"的规模协同效应。

与此同时，相关行业主管部门在政策约束方面的灵活变通，或许也是一个很关键的考量因素。

另外，随着新型业态的形成，移动电视产业链的长度、广度都会较之前的传统媒体形态有所拓展，产业协同共赢将成为新的要求。在本次调查中，空间租赁费用过高、市场竞争主体过多等问题屡有提及，甚至有运营商反映移动电视遭遇公交车司机拔电等现象。而随着移动电视向融合媒体的转型，向智慧城市建设领域的渗透，向移动电商服务的拓展，产业链上的合作伙伴会日益增多，如何在保证各方利益的前提下协同共赢将成为新的挑战。

附录 A　移动电视宣传委员会概况

中国广播电影电视社会组织联合会移动电视宣传委员会（以下简称中广联合会移动电视宣传委员会）成立于 2008 年 10 月 23 日，是由原中国移动电视协作体整体平移加入中国广播电视协会的会员单位。中广联合会移动电视宣传委员会的成立，是中国移动电视产业发展中的里程碑，标志着移动电视产业走向成熟化、规模化的重要事件。

中广联合会移动电视宣传委员会是由中必须国境内各省、自治区、直辖市及地级市以上的广电系统移动电视运营单位自组的全国性行业社会组织。现有会员单位 53 家。现会长单位是北京北广传媒移动电视有限公司。会员单位均具备以下基本条件："在工商管理部门或编办正式注册，具有独立法人资格的企事业单位；采用地面数字电视传输技术，具有一定规模播出平台；拥有移动电视节目制播权等独立操控能力；在移动电视系统前端建设上具有决策权或主要建议权的单位。"

委员会宗旨：团结全国移动电视运营商，顺应时代潮流，繁荣和发展具有中国特色的移动电视产业，加快构建传输便捷、覆盖面更广的文化传播体系，形成舆论引导新格局；坚持党管媒体，做好党和政府的喉舌，做好人民群众上情下达的纽带和桥梁，加强移动电视行业与社会各界、广大受众的紧密联系；促进移动电视工作者职业道德建设；维护分会成员的合法权益。

移动电视宣传委员会现有会员单位 53 家，如下：

会长单位：

北京北广传媒移动电视有限公司

副会长单位：

重庆广电移动电视有限责任公司
青岛广电无线传媒集团股份有限公司
北京北广传媒地铁电视有限公司
杭州广电公交移动多媒体有限公司
厦门广播电视数字传媒有限公司

常务理事单位：

安徽广电移动电视有限公司
长沙广电数字移动传媒有限公司
广州珠江移动多媒体信息有限公司
辽宁北方新媒体有限公司
南京广电移动电视发展有限公司
深圳市移动视讯有限公司
四川广电星空数字移动电视有限公司
大连移动数字电视有限公司
宁波广通传媒有限公司

理事单位：

甘肃广电数字移动电视传媒有限责任公司
黑龙江龙视数字移动传媒有限责任公司

湖南广电移动电视有限责任公司

江西传媒移动电视有限公司

山西大众移动电视有限公司

陕西广电移动电视有限公司

天津北方移动传媒有限公司

云南无线数字电视文化传媒有限公司

北京北广传媒城市电视有限公司

济南广电移动电视有限公司

洛阳广播电视台移动电视频道

广西广电移动多媒体传播有限责任公司

扬州电广新媒体传播有限公司

会员单位：

福州移动传媒有限公司

湖北广电城市电视有限公司

黄石数字移动电视有限公司

上海东方明珠移动电视有限公司

苏州华视数字移动电视有限公司

温州数字移动电视有限公司

乌鲁木齐广电移动电视有限公司

无锡广通数字移动电视有限公司

西安风上移动多媒体有限责任公司

西宁广通文化传媒有限公司

烟台广播电视台移动数字电视中心

芜湖广电交通传播投资有限公司

北京世巴传媒有限公司

汉川电视台

三亚广播电视台

海南广电旅游文化有限公司

武汉地铁移动电视传媒有限责任公司

常州广电无线传媒有限公司

南昌地铁电视有限公司

青岛地铁文化传媒有限公司

观察员单位:

北京京东方专用显示科技有限公司

巴士在线科技有限公司

北京京港地铁有限公司

广东九联科技股份有限公司

广州市锐安电子技术有限公司

2014 年,移动电视分会正式成立技术、节目、广告、活动、多种经营 5 个专业工作组。各专业工作组名单如下(按笔画排序)。

1. 技术工作组

主　任:重庆广电移动电视有限责任公司

副主任:长沙广电数字移动传媒有限公司

　　　　北京北广传媒移动电视有限公司

　　　　青岛广电无线传媒集团股份有限公司

委　员:上海东方明珠移动电视有限公司

　　　　四川广电星空数字移动电视有限公司

　　　　安徽广电移动电视有限公司

　　　　杭州广电公交移动多媒体有限公司

　　　　深圳市移动视讯有限公司

2. 节目工作组

主　任:北京北广传媒移动电视有限公司

副主任:大连移动数字电视有限公司

　　　　长沙广电数字移动传媒有限公司

　　　　四川广电星空数字移动电视有限公司

委　员:宁波广电华视移动数字电视有限公司

济南广电移动电视有限公司

黄石数字移动电视有限公司

3. 广告工作组

主　任：厦门广播电视数字传媒有限公司

副主任：北京北广传媒地铁电视有限公司

　　　　杭州广电公交移动多媒体有限公司

　　　　重庆广电移动电视有限责任公司

　　　　福州移动传媒有限公司

委　员：云南无线数字电视文化传媒有限公司

　　　　天津北方移动传媒有限公司

　　　　苏州华视数字移动电视有限公司

4. 活动工作组

主　任：长沙广电数字移动传媒有限公司

副主任：广州珠江移动城市电视有限公司

　　　　辽宁北方新媒体有限公司

　　　　杭州广电公交移动多媒体有限公司

　　　　深圳市移动视讯有限公司

　　　　厦门广播电视数字传媒有限公司

委　员：大连移动数字电视有限公司

　　　　北京北广传媒城市电视有限公司

　　　　黑龙江龙视数字移动传媒有限责任公司

5. 多种经营工作组

主　任：青岛广电无线传媒集团股份有限公司

副主任：云南无线数字电视文化传媒有限公司

　　　　南京广电移动电视发展有限公司

　　　　深圳市移动视讯有限公司

　　　　福州移动传媒有限公司

委　员：广西广电移动多媒体传播有限责任公司

　　　　烟台广播电视台移动数字电视中心

附录 B　会员单位简介

北京北广传媒移动电视有限公司

北京北广传媒移动电视有限公司成立于 2003 年 8 月 14 日，隶属于北京广播电视台，是经国家广电总局批准的北京地区唯一一家运营地面移动数字电视的机构，呼号：北京移动电视。2004 年 5 月 28 日，北京移动电视正式试验播出。

在北京，我们建设了 DVB-T 和 DTMB 两张中国最大的地面数字电视单频网，有效覆盖北京 3000 平方千米的区域；我们拥有最先进的全数字化高清播出中心。作为最有影响力的模转数解决方案提供商和地面数字电视运营商，北京北广传媒移动电视有限公司能提供无线广播电视基础设施建设、先进设备和高端技术支持，以及运营等一站式系统解决方案和完善服务。

北广传媒移动电视现每天实时奉上新闻资讯、新闻专题、生活服务三大类 38 档节目，17 小时精彩不间断。目前，移动电视在北京地区的 12000 辆公交车上已安装 24000 个电视终端，覆盖北京六环以里 470 条优质线路，涵盖长安街、CBD、中关村等数百个优质商圈和社区，锁定重点校区和火车站等交通枢纽，拥有北京 70% 以上的资源份额，日均覆盖受众超过 1300 万人次。

北广传媒移动电视先后与 80 余家政府机构、行业协会合作，切实践行"服务政府公共管理，服务市民精彩生活"的媒体宗旨。充分发挥党管媒体的正确舆论导向作用，在重大活动转播、突发事件报道、公益活动宣传等方面发挥出重要作用。

作为新媒体的代表，北广传媒移动电视紧跟时代发展步伐，官网视频直播、官方微博互动宣传、官方微信观众活动招募，一直走在全方位宣传的第一线。

重庆广电移动电视有限责任公司

重庆广电移动电视有限责任公司由重庆广电集团（总台）投资组建，采取自主经营、自负盈亏、独立核算的国有公司化运作模式。自 2004 年 12 月 13 日组建以来，重庆移动电视公司始终坚持重庆市委宣传部提出的"确保安全、提高质量、扩大覆盖、加快发展"的开办原则，将移动电视频道打造成为重庆市委、市政府"公共信息发布平台""城市管理应急平台""百姓生活服务平台"。

重庆广电移动电视有限责任公司现有注册资本 2600 万元，净资产 6094 万元，净利润率连续 5 年保持在 25%以上。在全国移动电视同行业内，重庆移动电视公司作为西部的一个内陆城市，其经营业绩一直名列全国同行业前茅。由于业绩突出，公司首家获得国家新闻出版广电总局颁发正式牌照的移动电视频道，并荣获"全国广播电影电视系统先进集体"和重庆市"文明单位"称号。

为提升频道形象，公司多年来坚持公益为先，先后组织策划了多个大型公益活动：

- ❖ 2005 策划举办"全国移动电视首届协作体研讨会"；
- ❖ 2007 策划举办"直辖之约·一路上有你"公交婚礼扶贫助困公益活动；
- ❖ 2008 策划举办"慈善福彩·情暖万家"公益活动；
- ❖ 2009 策划举办"建国 60 周年·祖国在我心中"首届全国移动电视记者异地采访公益活动；
- ❖ 2010 策划举办"元宵佳节送温暖·心系公交情意浓"公益活动；
- ❖ 2011 策划举办"新媒体·新重庆"全国移动电视重庆采访周活动；
- ❖ 2011 策划举办"首届重庆十佳公交明星"评优活动；
- ❖ 2012 策划举办"首届中国广播电视新媒体微视频大赛"；
- ❖ 2013 策划举办"广播电视新媒体微视频发展研讨会"及"首届中国广播电视新媒体微视频大赛"颁奖盛典；

❖ 2014 策划举办"重庆首届 3D 艺术展"活动；

❖ 2014 策划举办"全国移动电视峰会暨技术工作组成立大会"。

面对挑战，重庆广电移动电视有限责任公司正在积极思考推动二次创业。2017 年开始在加强内控管理，开源节流，提质增效的同时，还要努力拓展新业务方向和视野，采取多元经营模式，开发新业务。

精进团队业务技能，转变传统媒体的思维方式和运营方式。按照重庆广电集团（总台）牟丰京书记提出的"渠道生态化、平台网络化、内容产业化"的战略思想，走出一条适合自己的发展路子。

❖ 渠道生态化：突破传统媒体单向传播模式，由频道单一的播出平台转化为运营渠道，加速与新媒体的融合，变观众为用户，打造线上线下一体化的新平台。

❖ 平台网络化：结合频道自身特点，从节目策划、制作、播出、发布、营销等各个环节引入全新的互联网思维，使"平台＋网络"快速与信息时代融合，满足多屏时代下信息渠道和接收终端的多元化，以及受众需求的多样化。

❖ 内容产业化：提高节目质量，加强节目创新研发，由作品转变成产品，利用内容创收，逐步走向市场化发展模式。同时强化内部知识产权意识，规范版权管理流程。

青岛广电无线传媒集团股份有限公司

青岛广电无线传媒集团股份有限公司（原青岛广电移动数字电视有限公司）成立于 2005 年，是由青岛广电影视传媒集团控股、青岛日报报业集团、青岛万博联讯通信有限公司参股的地面数字电视项目专营公司。

成立至今，青广无线已逐步发展成为一家以无线数字电视平台为依托、横跨新媒资、无线数字电视全业务运营以及国内旅游、品牌销售、文化产权金融交易等文化创意类产业经营的综合传媒运营商。2014 年 8 月集团正式完成股份制改造，并于 2015 年 2 月在全国中小企业股转系统（新三板）成功挂牌，证券简称：青广无线，证券代码：831703。

作为科技带动文化企业发展践行者，2012年公司确立了"文化+科技=核心竞争力"理念，建设了青岛广电双国标地面数字电视产业示范基地，先后承担10多项国家级、市级科技文化产业创新项目研究与建设，在我国双国标应用和青岛市科技文化融合创新领域发挥了重要作用。

2014年青广无线获得独家建设、运营青岛出租汽车服务管理信息系统的资质，为青岛市1万辆出租车安装全套信息系统车载智能终端及LED等媒体发布系统。通过该系统的建设，青岛市已成为全国第一家获批开通"95128"出租车电召热线服务号码的城市，并获得出租车智能管理示范项目车载终端装机量最大、功能最全、信息化支付方式最多、首次将北斗与GPS双模定位应用于城市出租车信息系统的"五个全国第一"。

近年来，为提升企业核心竞争力，积极推进企业经营模式创新，摆脱单纯广告对企业吸引力减弱的尴尬状况，青广无线不断扩充渠道，打造"媒体+产品+渠道+落地+市场活动"的区域性品牌孵化新模式，为客户提供空中媒体宣传支持、渠道大面积铺货、市场活动地面推进等服务，完成对某一产品媒体推广、产品进入渠道、市场落地做促销等全面诉求，丰富了与客户的合作模式。

在品牌和平台建设方面，青广无线陆续落地了"青岛九子巷酒业有限公司"及"青岛文化产权交易中心"等一批重大项目，开启了青岛广电传媒与产业融合发展的新一页。2015年，为推动北方老酒产业发展，青广无线与青岛即墨九子巷黄酒公司合作，设立九子巷老酒品牌营销、渠道整合、产品销售专营公司——青岛九子巷酒业有限公司。以"媒体+产业"的深度融合模式，区域性、阶段性地向全国推出具有良好产业前景的北方老酒，最终将"九子巷"这个自有老酒品牌，打造成中国黄酒业知名品牌。青岛文化产权交易中心是由青广无线联合与中联文金控股股份有限公司作为主要股东，联合发起成立的山东省首家全国性、综合性国有文化产权与金融交易服务平台，该中心将借助媒体的传播力和公信力，利用国际文化金融交易所联盟的资源优势，为青岛市全力打造一条集文化收益权、债券、物权、股权交易服务于一体的综合性文化产权交易链条。

2016年青广无线全球优选商城平台正式上线，主营进口美妆、母婴、食品、家居日化等品类，商品覆盖全球200多个国家的数百个知名品牌。商城搭建旨在发挥青广无线现有媒体资源优势，提前布局，加强在移动端对客户的争抢，同时借助媒体+平台+产品的综合运营方式，打破区域困局，向全省乃至全国进行布局。当全球优选的媒体联盟形成后，青广无线就拥有了一个新的移动端媒体和产品展示、销售平台，未来可以成为公司目前区域局限的有益延展和补充。

公司的不懈努力、良好的品牌建设及经营业绩，获得了国内移动电视行业和各级领导的肯定：

- 青岛广电无线传媒集团股份有限公司是全国移动电视协会副会长单位；
- 在青岛市委、市政府组织的 2006 年"四个建设"工作亮点评选活动中，公司以"移动电视开拓岛城市民文化生活新空间"为由被选为青岛市文化建设工作亮点；
- 2009 年在青岛市文化创意产业"五个十"评选活动中被评为文化创意产业知名品牌；
- 原中央政治局常委李长春、原中央宣传部部长刘云山、青岛市委书记李群、青岛市委宣传部王伟部长等领导先后来公司视察指导，对公司发展予以肯定；
- 2011 年获"青岛市市南区服务经济发展突出贡献单位"称号；
- 2012 年获得"青岛市工人先锋号"称号；
- 2012 年公司荣获金长城传媒奖 2012 中国年度最具影响力移动电视殊荣；
- 2012 年发起成立青岛市数字文化产业技术创新战略联盟；
- 2012 年获"青岛市市南区服务经济发展突出贡献单位"称号；
- 2013 年获得"青岛市十大优秀新业态文化创意企业"称号；
- 2013 年由青岛市人社局批准设立青岛市广电传播技术研发专家工作站；
- 2013 年由青岛市科技局认定为青岛市数字文化工程技术研究中心；
- 2015 年由青岛市发改委认定为青岛市数字文化工程研究中心；
- 2016 年与中国海洋大学合作成立教学实习、实训基地。

北京北广传媒地铁电视有限公司

北京北广传媒地铁电视有限公司成立于 2007 年，是由北京北广传媒移动电视有限公司和北京市地铁运营有限公司共同发起并组建的有限责任公司。公司下设办公室、财务部、技术部、运营管理部、节目部 5 个部室。公司以强大的交通运营和传媒资源为依托，努力把地铁电视打造成为政府公共信息平台、城市应急预警平台、乘客生活资讯平台和企业广告宣传平台。

地铁电视节目播出时间与地铁运营时间同步编制的电视节目，达到 18.5 小时，主要是通过在北京市地铁运营有限公司目前具有运营权的地铁线路（地铁 1 号、2 号、5 号、8 号、10 号、13 号线和八通线）上的列车车厢、站台和站厅内的 10886 块电视终端来接收、播放。地铁电视公司在歌华大厦投资建设了独立的节目播控中心，并独家经营地铁电视广告业务（包括地铁电视节目的策划、制作、代理、发布等）。

北京北广传媒地铁电视有限公司继续加大地铁电视的建设力度，在原有线路 1 号、2 号、5 号、8 号、10 号、13 号线、八通线、亦庄线、昌平线、房山线、15 号线的基础上，又开通了 8 号线二期北段、10 号线二期。地铁电视目前在具有经营权的地铁线路上的列车车厢、站台站厅内的地铁电视终端屏，总量达到了 21705 块。

公司和北广科技公司共同开发的双天线输入车载专用机顶盒不仅提高了地铁电视车载系统的运行稳定性，消除了地铁内复杂电磁环境和安装运行条件给车载设备带来的不良影响，而且其"机顶盒的屏蔽结构"和"产品壳体结构"两项技术获得国家知识产权局授予的"实用新型"专利。

长沙广电数字移动传媒有限公司

一、媒体概况

长沙移动电视全面覆盖公交、地铁、磁浮三大公共交通出行空间。2014 年经国家新闻出版广电总局批准，授牌"长沙市电视台移动电视频道"，呼号简称"长沙移动电视"，并明确了频道在长沙行政区划内开办移动电视媒体的唯一性。其在长沙构建与国家中心城市相匹配的现代立体交通体系中，充当着至关重要的信息节点。长沙移动电视的刊播平台，除具备正常的电视传播功能外，更是城市公共信息应急发布平台、公共交通信息服务平台。

二、最具传播价值的媒体平台

1．内容优势

三大节目平台（公交、地铁、磁浮）全天不间断播出 19 小时，栏目近 30 个，专为出行市民和来长游客精心打造，以短小精悍、快捷频密为制播特色，涉及新闻、娱乐、生活消费、资讯服务、公益等众多与出行乘客息息相关的内容，高度契合 e 世代"碎片化阅读"习惯，并可根据客户需求定制商业型栏目。

本土人文原创微视频：传播长沙本土生活美学理念，选题涉及人文、艺术、潮流、生活各个层面，力图通过镜头捕捉都市脉动中的闪光点。

新闻资讯快速传递：结合出行人群碎片化的信息接收环境和习惯，网罗身边正在发生的大、小事件，提供最快、最权威的公众服务信息。

美食主题精彩推送：在长沙这个美食之都，去"哪儿吃？"一直是吃货们最纠结的问题，节目将以不同视角带你体验长沙本地最具特色、最具人气的美食。

谐趣娱乐短片集：集原创和表演秀于一体的幽默、搞笑、舞蹈、达人类短片，为受众提供"开心一笑、轻松一路"的出行状态。

倡导文明、公益出行：立足长沙文明创建，围绕文明出行、文明旅游，弘扬社会正能量，发挥户外媒体的公信力和公益引导能力。

生活服务性强：推荐各行业最新爆款产品，打造时尚生活的风向标，为出行消费人群提供购物引导，极佳的互动参与性，提高了产品的变现能力。

2．重大直播彰显媒体担当

2015 年直播"抗战胜利 70 周年 9·3 大阅兵"，2017 年直播朱日和建军 90 周年大阅兵……每一次都掀起广大市民的爱国热忱。

历年春晚多平台全程直播，作为户外唯一媒体平台，移动电视将春晚节目同步传递到城市的每一个角落，奔驰的车厢里也能感受到浓浓的年味。

2017 年 3 月，移动电视与长沙市食药监局共同策划主题为"民以食为天"的大型直播，为长沙创建国家中心城市创造良好的公共安全环境提供了展示平台。

2017 年 7 月 1 日 13 点，长沙广电全媒体大直播紧急播出特别节目——

《防汛第一线》。移动电视作为长沙唯一户外应急媒体紧急响应，公交、地铁、磁浮三大平台同步纳入直播，全力报道防汛消息，为市民出行带来了便利。

从"3·15"消费者权益日到赈灾晚会，从春节、五一到中秋、国庆……历次重大直播画面的及时传递，让长沙移动电视三平台（公交、地铁、磁浮）的关注度和社会影响力迅速提升。

3. 渠道优势

受惠于近年来长沙交通井喷式的大发展，长沙移动电视已当仁不让地成为长沙公共交通出行中接触率和到达率最高的视频媒体，每天覆盖城市出行人群超过 500 余万人次。凭借随时随地、随看随行的传播特性，正不断创造着巨大的媒介影响力和商业价值。

公交电视平台：覆盖长沙城区所有 125 条公交线路，贯穿六大核心商圈，屏幕数量 4092 块，全天影响 400 万人/次。

地铁电视平台：覆盖地铁 1 号、2 号线（含西延线），屏幕覆盖于站厅、站台、列车，屏幕总数共计 3366 块，每辆运行列车 48 块屏，全天影响 100 万人/次，未来还将覆盖正在抓紧建设的 3 号、4 号、5 号、6 号线。

磁浮电视：黄花机场唯一快速直达线，覆盖进出长沙城的中高端人群，屏幕覆盖磁浮全线站厅、站台、车厢，屏幕总数共计 69 块，磁浮快线无缝连接长沙火车南站和黄花国际机场这两个重要的交通枢纽，18 分钟高速往返，让长沙加速成为"空铁联运"一体化的国家交通物流中心城市。

4. 区位优势

地铁 1 号线贯通南北：长沙地铁 1 号线自汽车北站一路南下，追逐浏阳河，途经旅游和省内人气双旺的黄兴路步行街、南门口，与地铁 2 号线交汇于五一广场，往南途经省政府，穿越人口密集的长沙城南，与长、株、潭核心交通枢纽对接。

地铁 2 号线及西延线纵横东西：长沙地铁 2 号线及西延线依傍麓山，横跨湘江、浏阳河，抵达梅溪湖，连接重要交通枢纽西客站、火车站、高铁站，途经长沙七大最繁华的核心商业圈，奔驰于星城的东西两端。

5. 三大媒体平台的受众优势

三大媒体平台庞大的受众群体，是引领星城消费的主力军。

公交电视：日均乘车人流量 400 万人次，71%的受众在 15～45 岁，核心受众为家庭生活消费人群。

地铁电视：日均乘车人流量 100 万人次，受众以中青年白领为主，平均年龄 29 岁，月均消费支出在 2000 元以上。

磁浮电视：日均乘车人流量 1 万人次，80%的受众为城市行政及企业高端人群，对生活和消费品质充满追求。

6. 长沙移动电视的核心竞争力

无竞争的强制传播空间：抓住了人们出行途中短暂的无聊，"掠夺"他们的视觉注意力，传播方式具有明显的强制性，受众"无处可逃"。

类似电台的受众伴随能力："电视长了脚，跟着观众跑"，独一无二、声画俱全的伴随电视，催生随时、随地、随身、随行的影响力。

低干扰的情绪共鸣空间：封闭车厢、唯一的电视媒介，低干扰的传播环境，有效增强了目标受众对信息的关注度和记忆度。

三、长沙移动电视线下活动服务

线下活动系媒体对外触角的延伸，移动电视活动团队可为各类客户量身提供活动策划、项目全案整合推广、舞美场景设计、视觉设计、会场搭建、现场导播、现场统筹执行、文艺演出、摄影摄像等多层次全方位的贴心服务。

移动电视在打造体育、旅游、美食等类线下品牌活动方面，具有显著专业优势。

代表案例如下。

（1）城市定向越野大赛：倡导绿色出行、健康生活的城市定向跑活动，已连续举办两届，每届参与人数都在千人以上，实现了为客户门店聚客、引导商业流量转化的初衷。

（2）龙虾战夏夜：以吃虾为主题的大型美食节活动（2015 年），跨度 7 天 7 夜，计有 10 万人次莅临万达开福金街现场参与饕餮狂欢，尤其是 iBeacon 微信摇一摇之红包大放送，单日吸粉超万人，创造了 APP 神话；更有加多宝、哈尔滨啤酒、上海大众、奥克斯诸多品牌纷至沓来，大幅提升了移动电视的媒体影响力。

（3）发现浏阳河——全国移动电视在行动：2017 年 6 月，在长沙移动电视牵头组织下，全国 16 家移动电视同行，组成强大宣传矩阵，通过深接地气的集中采访、报道，向世界讲述"九道湾"的动人故事，为推进浏阳河文化旅游产业大计书写了浓墨重彩的华章。

（4）妙手车厢——全国首档公共交通平台竞技活动：把演播室搬到公交车内，围绕生活技能的模拟、竞技，与乘客开展游戏互动——随机报名、丰厚奖品、多机位实景拍摄、网络直播……手法形式的创新，拉近了客户产品与消费者的距离，迅速成为市民眉飞色舞的热点话题。

（5）夏日漂流节：移动电视每年夏天都会整合长沙周边水上景点，举办一系列夏季漂流主题活动，通过官微和线上渠道进行宣传、报名，参与人数异常火爆；外场主持的全程引导，和互动体验效果的拍摄写实……打造了超越传统旅行产品的特色服务。

广州珠江移动多媒体信息有限公司

广州珠江移动多媒体信息有限公司（以下简称珠江移动）是根据广州市委、市政府批示，由广州市广播电视台、广州珠江数码集团股份有限公司、深圳力合数字电视有限公司出资成立，专营广州市唯一经过国家广电总局正式批准开播的广州移动数字电视业务的国有企业。

珠江移动致力于媒体资源管理、媒体控制、系统建设、相关技术应用研发及无线数字电视网络运营工作，是广州唯一整合户外移动电视（公交电视、楼宇电视、出租车电视、水巴电视），有线电视和互联网跨媒体资源的城市新媒体，日均覆盖市区公共人群超过 2000 万人次。

珠江移动一直专注于地面数字电视网络的建设和运维，熟知广播电视行业，对 DTMB 和 AVS+ 技术有着极为深刻的理解，并拥有一支技术过硬的地面数字电视网络集成建设和运维团队。2010 年为十六届亚运会组建无线电视专网，荣获广电总局 2011 年度科技创新二等奖；2013 年受广电总局委托承办国级"AVS+DRA"地面数字电视应用实验项目，实验成果荣获第七届王选新闻科学技术二等奖。

经过这几年的建设和发展，珠江移动逐步发展成为拥有无线数字电视全业务能力的广电媒体单位。今后公司将在以下几个方面加大力度：

- ❖ 公司将加大楼宇平台的建设力度。
- ❖ 公司将通过政策捆绑、业务捆绑，以共赢共享的合作理念，探索公交平台更多切实可行的商业模式，与公交企业共同经营公交电视平台，共同分享收益。
- ❖ 2016 年，公司在媒体产业化的商业模式上进行了有益的探索与布局；2017 年，将进一步探索实践媒体产业化运作，使之成为公司创新有效的商业模式，努力寻求突破，获得经营收入，为广播电视产业做探路者。
- ❖ 公司将继续开展技术服务业务，探索承接广播电视系统运维、监测、设备代理、售后服务等业务的可行性，从而增加业务收入，打造全新的广播电视技术服务经营平台。

杭州移动电视频道

杭州移动电视频道是国家新闻出版广电总局批复开办的移动数字电视频道，全称为"杭州市广播电视台移动电视频道"，呼号为"杭州移动电视"。它是由杭州文化广播电视集团和杭州市公共交通集团共同投资组建的、基于地面数字移动电视技术的电视频道，2005 年 5 月 17 日正式开播。杭州移动电视利用文广集团无线电视频率资源和公交集团公交车辆平台资源优势，搭建了领先的数字移动电视单频网络，移动电视信号覆盖杭州主城八区及周边县市 6600 多辆公交车辆。移动电视每天播出节目 18 个小时，内容涵盖新闻资讯、生活服务、影视娱乐、出行信息等，日均接触观众 400 万人次。索福瑞调研数据表明，杭州移动电视的节目、广告到达率领先杭城各媒体，其业态架构、终端规模、节目质量等在全国同行业中名列前茅。

2017 年，公司将重点做好以下几个方面的工作。

- ❖ 精办栏目内容：丰富节目内容，提升节目品质，加强创新力量。
- ❖ 强化技术保障：加强公交车载设备的定期维护与更新，消除安全隐患，完成 600 多辆公交车辆的设备更新；维护播控中心的正常运营。

❖ 优化产业经营：整合体制机制，延长产业链条，丰富广告活动，完善商城搭建。

❖ 拓展产业开发：依靠广电无线数字网络发展迅速的时代背景，拓展物联网业务与应用，以公司股份制改造为契机，对接资本市场。

❖ 对接资本市场：利用股份回归搭建上市平台，进行股份制改造，A轮融资完成后，在新三板挂牌。

辽宁北方新媒体有限公司

辽宁北方新媒体有限公司为辽宁广播电视台的全资子公司。旗下拥有五套全国付费电视频道（游戏竞技频道、家庭理财频道、网络棋牌频道、新动漫频道、电子体育频道，在全国 200 余个城市落地，覆盖 2 亿机顶盒用户，形成以北京、沈阳为核心的制作、播出基地，业务范围辐射全国）、省内 VOD点播业务（内容包括电影、电视剧、综艺娱乐、纪录片、交通旅游等信息资讯）、辽宁移动电视频道。

辽宁移动电视频道是依据国家新闻出版广电总局新广电函〔2015〕28 号，由辽宁广播电视台开办的省内拥有合法播出资质的公交车载数字电视频道，该频道采用无线方式传输并将覆盖辽宁全省，在公交车、地铁、轻轨、出租车及国家广播影视行政部门认定的其他公共交通工具上向流动人群提供电视节目服务，是辽宁省内最权威、覆盖范围最广、播出终端最多的户外媒体平台，截至 2016 年 12 月已在沈阳城区 85 条公交线路的 2000 辆公交车上安装了收视终端 4000 台。频道秉承主流媒体公益定位，以服务社会、助力城市精神文明建设为己任，延续主流媒体社会职能，在重大新闻报道、公共舆论引导、突发事件预警、政令法规发布等方面发挥了重要作用。

南京广电移动电视发展有限公司

南京广电移动电视发展有限公司是由南京广电集团等单位发起创建，整合节目、传输、资金等资源创办的移动电视数字新传媒公司。2004 年 7 月，南京广电移动电视公交平台正式试播；2005 年 9 月，南京广电移动电视地铁平台正式试播。

南京是全国较早正式试播移动数字电视的城市之一，南京广电移动电视发展有限公司一直是全国移动电视协作体和中广协移动电视分会常务理事单位。

南京广电移动数字电视的收视终端广泛覆盖南京及省内苏州地铁平台，已形成了规模庞大的户外立体交通移动数字电视信息平台。目前拥有地铁、公交视讯播放终端约 2 万个。

南京广电移动电视每天播出 17 个小时的节目，包括新闻、资讯、娱乐、服务、互动等节目类型，单位时间有效信息量大，贴近市民的工作、生活、娱乐休闲。随着媒体价值的不断提升，南京广电移动电视日益成为南京区域影响力不断提升的广告信息传播新媒体。

深圳移动视讯有限公司

深圳移动视讯有限公司是深圳广播电影电视集团下属企业，公司成立于 2004 年 11 月 3 日，注册资本 4666 万元。公司主要建设和运营深圳广播电影电视集团移动电视频道，负责经营深圳地区移动数字电视的节目制作与传播、网络传输覆盖及移动电视商业运营。目前公司已建成两张核心网络资源，即无线信号覆盖优良的移动数字电视单频网络，拥有 7 个主发射基站，信号覆盖率达 95% 以上；终端覆盖网络即移动电视终端覆盖网，遍及户外各个领域，各类终端已经超过 20000 个，媒体运营平台包括地铁移动电视平台、公交移动电视平台、楼宇户外三大户外电视宣传平台，形成深圳最大的户外电视新闻广告联播网。

深圳移动电视是传统室内电视的延伸以及与传统电视形成唯一优势补充的户外电视宣传平台，是整个广电宣传媒体的重要组成部分，具有覆盖人群广泛、贴近百姓生活、信息发布及时、内容正面积极、宣传导向安全、舆论影响快捷等显明特点。作为党和政府的喉舌和重要舆论宣传平台，深圳移动电视一直恪守党媒公益属性，坚持以社会效益为主，致力于传播重大新闻事件、民生资讯及应急信息发布，确保及时宣传深圳市委、市政府方针政策，以积极正面的节目内容向社会传递正能量。

经过 11 年的建设，深圳户外电视宣传平台的社会影响力越来越大，已成为深刻影响市民并得到普遍认可的媒体平台，据统计目前日均影响市民近1000万人次，在数次重大事件如奥运、大运会、国庆阅兵、嫦娥号飞月、十八大及每年两会等国家重大时刻发挥了重要的宣传和舆论影响作用。

随着移动互联网的快速发展及传统电视媒体的式微，传统移动电视越来越受到严峻的市场挑战。为创新与转变，释放经营空间，深圳市移动视讯有限公司在2014年提出移动电视2.0版项目，即通过车载多媒体信息发布系统，利用32英寸大屏幕并将屏幕分割成不同画面，分别传播实时电视节目、滚动广告画面及移动互联网增值业务，搭建一个全新的公交移动电视平台，扩展深圳移动电视的公交平台传播效果，以全面提升公交移动电视平台的形象、经营价值等。

另外，为尽快扭转经营困局，深圳移动视讯公司积极寻找有实力的社会资本投资方进行洽谈合作。2016年完成了与资本方的洽谈合作，移动电视将借助资本的优势，大力展开公交、地铁、楼宇等移动电视平台的建设和发展，建立全面立体的新型户外移动电视媒体体系，以稳固经营和宣传平台，夯实移动电视的发展基础。

四川移动电视

四川广播电视台移动电视频道（以下简称四川移动电视）以"乐享随行、多屏互动"为定位，以出行人群为主要服务对象，是全川最大的户外电视媒体。四川移动电视传播核心价值观、传递正能量，担负着"党和政府舆论宣传、城市应急预警、乘客生活资讯、企业广告发布"等"四位一体"的功能和任务。

四川移动电视通过公交车载电视屏、连锁卖场电视屏、小型车载电视屏、四川电信 IPTV 电信电视、四川省地面数字电视网无缝覆盖全川，通过四川网络广播电视台 sctv.com 同步直播。同时，成都市的机动车保有量将近 400 万辆，排名全国第二，并保持逐年递增态势，小型车载电视具有很大的消费潜力。随着乘坐公交、地铁等公共交通工具出行的占比越来越大，作为以公共交通工具为主要载体的新媒体平台，移动电视发展空间广阔。

四川移动电视覆盖成都市 106 条公交线路，其中多条百万级公交线路,10%

以上为 18 米超长公交车。拥有约 2300 多个 LED 屏，占成都市公交总线路的 65%，覆盖 80%的二环内公交线路，贯通南北东西，途经春熙路、盐市口、天府大道、骡马市、城南、红照壁、城东、建设路、城北、五块石等繁华商圈。

四川移动电视遍布成都市近 400 家红旗连锁超市卖场，26 英寸屏分布于店内醒目位置。

四川移动电视还在公交车上安装 iBeacon 设备，借助微信公众号，通过车载电视屏、卖场大屏、手机、电脑、家庭电视的互联互通，实现媒体融合、多屏互动，在节目的互动性上取得了显著的效果，成为市民最贴心的出行伙伴。

播出时间：6:00—24:00，全天播出 18 个小时，节目"短、频、快、炫"，涵盖新闻资讯、生活服务、综艺娱乐，内容精彩纷呈。

作为推进媒体深度融合的一项战略任务、系统工程，2017 年四川移动电视将利用移动电视平台，与连锁超市、公共交通集团合作，引进资本和新技术，对超市顾客、公交乘客和电视观众的数据进行分析，参与智慧城市建设，寻机介入人工智能应用，使公司转型为智慧系统服务商。

利用移动电视封闭性、强制性、重复性等特性，与四川广播电视台融媒体中心对接，做好四川广播电视台电视节目的对外宣传，成为四川广播电视台节目的预告、展示平台，提升四川广播电视台社会影响力。成立团队经营广告，对外合作开展新业务，探索多元化经营的路子。

厦门移动电视

厦门移动电视于 2006 年 5 月正式开播，现独家拥有厦门全部 BRT 视频终端及普通公交视频终端，是按照中共厦门市委宣传部（厦委宣〔2006〕23号）文件精神开办的福建首家户外移动电视媒体，获得了国家新闻出版广电总局首批发放的正式许可牌照，是厦门唯一户外电视频道和厦门市政府"政务信息发布平台"和"城市应急信息发布平台"。

厦门移动电视经过十年来的历练和积累，目前有以"资讯、服务、互动"为特点的 30 多档线上节目，与节目相对应的，在线下频道不断通过开展各类活动激发城市活力，实现活动节目化，节目活动化，频道的品牌形象得到了受众的认可，是展示美丽厦门的重要窗口。

2016 年 11 月 3 日，厦门移动电视中标取得泉州公交车车厢内广告位置经营权，独家拥有泉州公交移动电视的终端播放，迈出了区域化发展的第一步。泉州移动电视主营业务包括：公交车厢内全媒体（泉州移动电视、拉手、看板）、影视宣传片制作、品牌活动策划执行、厦门区域全媒体整合营销、全国移动电视联播。

截至 2017 年年初泉州移动电视共有屏幕终端 1000 多个，看板 2000 多块，拉手 20000 多个，涵盖泉州市中心城区，同时辐射晋江、石狮、南安等县级市。线网长度 392.1 千米，线路总长度 1394 千米，年营运里程为 5600 万千米，年营运班次 134 万班，总客运量为 3.1 亿人次。每天覆盖城市 85 万人次。未来泉州移动电视将根据市场环境、受众特点和自身资源，立足于泉州本土深厚的文化和厦门移动电视多年丰富经验，进行科学、精准的战略定位，实现"一地投放、两地播出、双城联动、辐射闽南"的创新蓝图。

大连移动数字电视

大连移动数字电视隶属于大连广播电视台，于 2006 年 1 月 22 日正式开播，拥有公交终端 3000 余个，每日覆盖人群超过 200 万人次。大连移动数字电视是具有广播电视资质的大连唯一户外电视频道，是展示美丽大连的文明窗口，是大连市重要的公共信息发布平台和新闻宣传平台。

诞生于创新，成长于创新，大连移动数字电视"十年磨一剑"，在移动与互联网的平台上找到了新的定位，开启了观·点时代。"做有观点的媒体，以公益为载体引领社会关注，以全媒体服务点击未来"。大连移动数字电视正致力于打造基于新媒体技术的平台化媒体，致力于提供全媒体体验和全媒体服务。

面对市场压力，大连移动数字电视积极向新媒体转型，运用互联网思维开拓发展空间，一是对外与天津、青岛等城市发起成立"环渤海移动电视联盟"，借地利促融合，形成规模优势；对内设立商品、渠道专干，对接市场资源，形成整合上下游、组合营销的能力，与多家单位达成协议，开发自主产品。二是确定媒体新的发展定位，做有观点的媒体，改变以往单纯的广告传播，选择更为精准的综合传播，凸显移动电视广告的实用性、新媒体的黏合性、营销方式的公益性，为商家提供全媒体服务。三是架构移动电视平台化媒体，平台化媒体是把媒体的资源与社会的其他资源相互配置，带动产业发展的一种媒体形态。当前，中央政府大力倡导的"大众创业，万众创新"正逐渐变成社会的一种价值观，"互联网+"带给传统行业重组的机遇，转型升级和供给侧结构性改革的政策支持等，这些都成为移动电视进行平台化媒体运作的有利条件。大连移动数字电视目前正在建立的平台有：自媒体联盟、大学生实习创业基地、社区活动平台、集体婚礼平台、少儿剧团、少儿民族乐团、新媒体销售平台、地产和旅游产品销售平台等，部分项目已经进入实质性运作阶段。

2017 年大连移动电视以创新为动力，以服务为核心，发挥资源优势，推动公司向新媒体转化，形成以策划传播为手段，创新服务为增长模式的经营思路，目标是传统业务不掉队，新兴业务高成长。

❖ 推动要素重组，形成脱虚入实的业务结构。广播电视的业务结构单一是移动电视目前遭受影响的主要原因：在实体经济领域经验不足，缺乏与产业的深度融合，广告传播进一步"虚拟化"。当互联网传播成为重要渠道的时候，媒体与广告主在信息传播中处于几乎同样的起点，有些资源甚至超越传统媒体，这样导致了广告主广告的投放意愿下降。但广告主并非不需要传统媒体的资源，如何促进合作共赢，途径就是双方的市场要素重组。

❖ 推动供给侧结构性改革，提供符合市场需求的产品和服务。市场依然存在，而且很大，只是移动电视提供的产品与服务跟不上市场的需求，因此改革供给成为 2017 年的主题。将广告转化为公益，将宣传转化为服务，是 2017 年要重点解决的问题。

❖ 形成自主的管理和团队优势，创造市场需求。互联网语境下，创新与执行是市场主体的两大任务，需要管理的跟进和团队的优化。只有不断引进和培养各方面的人才，形成创业干事的氛围，才能适应不断变化的市场，才能创造出不断迭代的需求。

甘肃飞天广电数字移动电视

甘肃飞天广电数字移动电视是由国家新闻出版广电总局批准成立的甘肃

省内唯一一个移动电视频道，是甘肃电视台旗下最大的户外电视新媒体。频道拥有高效的信息传播手段、稳定优质的播出平台和开拓敬业的制作团队，收视覆盖兰州市四大主城区，日受众超过 300 万人次，深刻影响着数百万城市居民的生活。

频道在甘肃飞天广电数字移动电视传媒有限责任公司的统一管理和经营下，始终坚持"服务政府公共管理，服务市民精彩生活"的宗旨，使移动电视成为公共信息的发布平台，百姓生活的服务平台，品牌商发布广告的营销平台；与各级政府、兰州公交集团及社会各界紧密合作，开办《最兰州》《移动资讯》《时尚汇》《公交伴你行》精品自办栏目 4 档，采编栏目 10 档，内容贴近生活、关注民生、服务社会，具有浓郁的本土特色和时代气息，深受广大观众的喜爱与认可。移动电视的强制性、实时性的特点产生了与其他电视频道不同的品牌效应和市场效应。

甘肃移动电视频道接收终端在覆盖兰州公交 36 条线路、1100 余辆公交车的基础上，又落户甘肃电视台官网丝路明珠网、手机 APP 牛肉面客户端，这无疑让频道影响力进一步提升、覆盖受众进一步扩大，也让频道蕴含了更加巨大的潜力与商机！为此，公司将继续加强移动电视终端的覆盖，提高频道影响力，改变单一节目模式，探寻"互联网+媒体"路径，将节目和广告商有效连接，突出媒体的社会化、公益化和广告产品的社会化。

黑龙江龙视数字移动传媒有限责任公司

黑龙江龙视数字移动传媒有限责任公司是黑龙江省唯一具备移动电视运营服务、节目制作、节目版权交易、代理交易、动漫和广告等业务资质的国有企业。为适应互联网+时代新媒体发展需求，公司以城市电视建设与运营为发展战略，围绕强化一个概念、建设两个样板城市、打造三大媒体平台、开办三档特色新闻栏目而展开，提供开放共享服务，集聚各类创新资源，融合新媒体，拓展合作新空间。

公司秉承"大气、实干、创新、超越"的企业精神，矢志不渝地建设移动视频、公交电视、社区电视三大媒体平台，构建城市电视综合体，满足城市商业休闲、高校生活区、医院就诊、公共出行、社区服务等环境中的主流媒体覆盖及新媒体收视，实现市场垂直整合，受众群体细分，促进产业与媒体深度融合，将专业化做到极致。公司旨在在黑龙江省推广城市电视综合体，以省会城市哈尔滨为中心，逐步向全省辐射，先行选择省会哈尔滨市及在黑龙江经济社会发展中具有举足轻重地位的大庆市作为样板城市重点打造。

公司拥有技术先进、功能强大的广播电视多媒体节目传输平台，以及国内领先的无线网络传输技术和节目制作团队。公司下设综合部、财务部、技术部、广告部、公交电视频道、社区电视频道、移动视频及大庆分公司八个部门，现有员工 28 人，实习人员 2 人，节目制作人员和技术人员占总人数的72.5%，市场人员占总人数的 15%；员工队伍平均年龄 30 岁。

2017 年，公司将发力建设移动视频、公交电视、社区电视三大媒体平台，开发智慧公交与智慧社区 APP，构建城市电视综合体，参与智慧城市建设。计划开展县级自媒体电商项目，结合黑龙江省县域实际需求，拓宽农产品销售渠道，带动农业生产的组织化和标准化，积极推动县域电子商务各项工作提速高效发展。

江西移动电视公司

江西广播电视台移动电视是江西唯一获国家广播电视电影总局批准的，从事地面数字电视系统的集成与传输、电视节目的制作与播出、电视广告制作与发布的地面数字电视项目，目前，移动电视频道已在南昌市区 0.74 万平方公里范围内的公交车、商务车、私家车和政府机关及商业楼宇、车站、商场、银行、酒店、高校、医院、社区等公共场所安装电视接收终端。满足了人们户内户外随时随地获取信息的需求，填补了受众在移动状态下的收视空白。

目前，江西移动电视覆盖 800 辆公交车和 800 多个楼宇，根据 CTR 市场研究报告，城市覆盖人群每日达到 500 万/人次。江西广播电视台移动电视频道已成功开通三套精彩的数字电视节目，自办的一套节目有 33 档精巧、时尚、快捷、动感的精品节目，每天 17 小时滚动播出，实时转播、新闻资讯、文化娱乐、信息服务，节目内容注重时效性、娱乐性、服务性、实用性、贴近性和可看性。

山西大众移动电视有限公司

山西大众移动电视有限公司成立于 2005 年 4 月，是由太原广播电视台、山西广播电视无线管理中心、山西泰森科技股份有限公司共同出资组建的新媒体运营企业。

公司专业从事地面数字电视信号传输、节目制作及节目播出，致力于地面数字电视播出平台的运营及终端网络建设，地面数字电视终端产品研发与市场销售，提供具有前瞻性和竞争优势的地面数字产品、技术与服务，业务领域涉及公交车、私家车、楼宇电视、社区电视、农村用户等，覆盖人群 300 余万人。

作为一个具有广阔发展前景的全新的电视传媒机构，公司依托先进的技术研发团队、丰富的文化产业资源和完善的地面数字节目传输网络，成功打造了公交车移动电视播出平台、楼宇电视播出平台、私家车移动电视播出平台及家庭固定点数字电视播出平台，以户外"公众移动电视媒体"形象，将实时新闻资讯、综艺娱乐、服务信息源源不断地呈现于广大受众面前，在公众中产生了巨大的影响。迄今，公司已在太原市 178 余条线路的 2700 余辆公交车上安装移动电视 3000 余台；在太原市政府机关、酒店及各种公共场所安装楼宇电视 500 余台；发展移动数字电视用户 12 万户，每天受众 250 余万人次。

山西移动电视针对公交车移动电视与楼宇电视受众特点，分别开设《城市生活》和《城市资讯》两个频道，全天各播出 18 小时。根据移动收视群体收看延续时间短、间断性明显的特点，频道节目以生活服务内容为主，以新闻资讯为辅，以娱乐节目为依托，采取短小、精致、快捷的编排制作方式，使观众喜闻乐见，从而充分发挥了移动电视媒介的优势，让受众在乘车的短暂时间内观看到比较完整的节目，了解到最新动态、资讯及各类信息，成为太原市流动的公众信息传播平台。

山西移动电视作为一个全新媒体，将充分发挥其无线接收的优势，始终坚持正确的舆论导向，积极挖掘多种文化产业资源，形成完整的视听节目传输网络，充分发挥自身传播优势，逐步打造山西省"城市公共信息宣传平台"，树立城市形象，成为普及政策法规的宣传平台、城市管理的应急平台和百姓生活的资讯平台。

目前，移动电视产业发展面临公交广告市场紧缩，广告业务逐年下滑，广告承包商退出等多重压力，单纯依靠现有的公交车及楼宇电视广告业务，难以维持企业健康发展。从 2012 年后半年开始，公司便尝试开始进行"移动电视固定化销售"，在太原有线电视覆盖盲区进行固定点地面数字电视机顶盒销售，经过 6 年的时间，已经发展用户 12 万户，播出 44 套数字电视节目，成为公司未来发展的又一支柱产业。2017 年，公司将针对家庭固定点用户、车载 WiFi 用户及地面数字电视一体用户，推出多款新产品，进一步拓展市场，促进企业发展。

陕西广电移动电视公司

陕西广电移动电视公司成立于 2007 年 12 月 26 日，是由原陕西电视台和深圳力合新媒体公司共同出资 3000 万元组建的有限责任公司，其中陕西电视台占有 53.5% 的股份，为控股方；力合新媒体公司占股 46.5%。2011 年公司整体划转陕西广电集团，公司目前下设市场综合部、广告运营部、节目部、技术维护部四个部门。

陕西广电移动电视公司从 2013 年起，按照确定的发展方向和奋斗目标，根据陕西的实际情况，借鉴国内同行成功经验，以深度挖掘和充分发挥现有资源效能为抓手，以西安市公交车载电视为切入点，积极拓展公交移动电视新媒体业务，基本实现了业务转型。

截至目前已在西安市 1500 辆各类公交车上安装了接收终端，设备完好率达到 95% 以上，每天覆盖 100 多万乘公交出行的乘客，不仅如此公司还成功在西安城东交通枢纽中心、三府湾客运站搭建站内多媒体电视播放平台，通过站务便民信息与电视节目同屏播出，实现了信息传播多样化，在户外新媒体全方位运营方面开始了新的探索。

2017 年，公司将围绕"做好存量、提高增量、开拓经营、创新发展"的原则，转变经营思路，深度挖掘和充分发挥现有资源效能，拓展经营渠道，积极争取整合省会西安市公交移动电视资源，同时探索实体经营，与实体销售相结合，尝试产业运营。

天津北方移动传媒有限公司

天津北方移动传媒有限公司成立于 2005 年 1 月，是天津北方网新媒体集团重点打造的公交媒体。

公司依托先进的无线数字技术和广播电视丰富的节目资源，进行无线数字电视的传播，经营无线数字新媒体业务。其中北方移动频道以其独特的无线数字发射及移动接收的方式进行电视节目传播，宣传天津改革发展取得的成就，服务市民精神文化生活，是天津市唯一实时播放数字电视的户外媒体。

目前，北方移动频道业务，涵盖 200 条公交线路 3500 辆公交车，6000 多个移动收视终端，公交车辆覆盖率达到天津市运营公交总量的 75%，媒体受众规模达到每日 300 万人次。移动频道节目内容丰富，每天连续播出 19 个小时，25 档栏目，实时转播新闻资讯、重大活动、体育赛事等，即时性、实用性、服务性与公益性相结合，满足公交各类人群收视需求。

北方移动把握新媒体发展的趋势，通过创新观念、内容、形式、方法和手段，积极拓展市场与规模，不断提高移动传媒产业的内容影响力和舆论引导力，同时加快、加强地面无线数字电视网络的建设，在公交移动平台成功运作的基础上，围绕天津移动电视的产业链建设，向规模化、产业化、集约化发展，走出一条新媒体经营的创新之路。

云数传媒

云数传媒是云南广播电视台、云南广电传媒集团有限公司下属子公司，是 2012 年中宣部表彰的文化体制改革先进单位，自 2009 年至 2016 年连续 4 届 8 年被商务部、中宣部、财政部、文化部、国家新闻出版广电总局评为国家文化出口重点企业，云数传媒建设运营的老挝、柬埔寨 DTMB 地面数字电视项目为国家重点文化出口项目。2015 年云数传媒被评选为云南省文化企业 30 强，2016 年云数传媒成为国家认证的首批云南高新技术企业。2017 年 1 月云数传媒实施的"DTMB 系统国际化和产业化的关键技术应用"项目获得 2016 年度国家科技进步一等奖殊荣。云数传媒是最早将我国地面数字电视标准（DTMB）在海外规模化建设和应用的文化传媒企业，也是云南省唯一一家基于我国 DTMB 地面数字电视传输标准进行综合运营服务的传媒公司。

经过多年的发展，云数传媒在国标地面数字电视网络用户规模发展，公交电视、楼宇电视、机场电视、DTMB+OTT（无线三网融合）等新媒体应用方面探索出了成熟的商业模式。同时，云数传媒也是我国首家将中国 DTMB 标准成功推广到海外，并在国外进行大规模地面数字电视网络用户发展、运营服务的企业。

北京北广传媒城市电视有限公司

北京北广传媒城市电视有限公司是北京市属开发运营电视新媒体的专门机构之一，成立于 2004 年 12 月 16 日，公司成立 13 年来，主要从事楼宇电视和户外大屏电视的经营管理。城市电视作为政府公共信息发布和城市应急预警平台，担负着政府政令、城市信息、城市预警等社会公共信息传播任务，旨在为大众提供完善、及时、权威的资讯服务。

城市电视采用最新一代国标机，以 PAD 式"城市派"外观设计为主打。独特的分屏设计可以实现画面分区域播出，并通过数据广播技术实现个性化播出，全天搭载天气预报、空气质量指数、出行信息、城市预警信息发布等公共服务信息，以便满足不同受众需求。

楼宇电视联播网采用地面数字广播进行传输，从中央电视塔播控中心发出的数字电视信号经过北京市 4 个发射塔的广播，各终端通过机顶盒直接接收信号，通过编码和解码转化为可视的电视画面。

城市电视充分借助首都资源优势，以打造最具影响力的户外政务信息平台为目标，逐步实现并扩大在北京市各级委办局、政府机关、高档写字楼等重点渠道的媒体布局，目前，城市电视是政府系统终端安装市场占有率最大的户外电视媒体。截至 2016 年 12 月 31 日，城市电视楼宇电视国标屏保有量达 6549 屏。

另外，城市电视大屏联播网建立在北京的核心商圈、交通枢纽等人流、车流众多的地点。采用 LED 显示屏技术，具有屏幕显示面积大、显示效果突出的特点，户外关注度极高。

截至 2016 年年底，城市电视大屏电视联播网共集合 7 处 7 块 LED 大屏幕的联播电视网络，多分布于城区交通主干线及核心商圈，如王府井、东二环、东三环等，地理位置优越，覆盖人群密集。城市电视户外大屏联播网承担着新闻宣传、政策导向等公共信息发布功能。该联播网已大屏联播网成功完成了中国共产党成立 95 周年大会、"神舟十一号"载人飞船发射、国企开放日等重大活动的实况转播，以及里约奥运会等重大活动的宣传报道任务。同时，每天定时转播的《新闻联播》《北京新闻》也收到了良好的社会传播效果，充分发挥了新媒体的舆论导向作用。

2017 年，北广传媒城市电视有限公司预计在北京通州新城地区及新兴商务区望京新增户外大屏媒体点位；加强楼宇电视渠道的建设，打造以国家部委、局委办、国有企事业单位等为核心的政务楼宇媒体平台，优化媒体终端部署，增加点位含金量；全面整合节目资源，持续加大节目与公益广告经营力度，在内容营销方面深入研究尝试，打造经典案例。在媒体融合发展的大形势下，利用互联网思维，积极探索移动互联网领域前沿的多屏互动技术，增加与互联网媒体资源合作，与各类媒体平台及行业机构合作，联合觉举行品牌宣传、互动推广活动，提升企业品牌知名度。

福州移动传媒有限公司

福州移动传媒有限公司成立于 2006 年，注册资金 1000 万元，公司位于台江区学军路 95 号商会大厦，办公面积 1500 多平方米，在职员工逾 100 多名。

公司于 2011 年创办福州电视台移动频道，是福州广播电视台旗下唯一户外数字移动电视媒体，共拥有 7000 多面高清液晶电视屏，覆盖 208 条公交线路、3850 多辆公交车。福州电视台移动频道作为福州广电集团旗下重要的新媒体平台，通过不断拓展福州公交车辆的移动数字电视接收终端群，以现代移动数字电视传输技术传播覆盖不断增长的户外移动人群；以精选的跨媒体/富媒体资讯、娱乐、生活内容编播为主要方式，实现以"主持人+导播"为主导并构建节目制作小组；以实时互动、电视广播化为栏目运营特色，有效突破了传统媒体的传播局限，其强制性收看将成为扩展与提升数字时代品牌传播效果的重要渠道。公司拥有多档王牌自制栏目，如《福州好味道》《淘最福州》《城市梦享家》《漫步福州》《九琥好工作》及大型综合性互动直播节目《最爱晚高峰》等，每天影响 700 万福州人，终端直达全城数百万移动人群，立体式传播覆盖，品牌影响力无限放大。

作为福州广告行业的新锐力量，福州电视台移动频道经过短短几年的发展历程就取得了令人瞩目的成绩，其广告效果深得广大客户的认同。在近些年的全国移动电视峰会上，参赛节目屡屡斩获佳绩。在"2014 年中国移动电视年会暨第七届全国移动电视高峰论坛"上，福州电视台移动频道更被聘任为中国移动电视"多种经营工作组副主任单位"及"广告工作组副主任单位"，更增强了品牌客户对福州电视台移动频道的认同感。

公司秉承"温馨环境、科学管理、创新理念、追求卓越、迅速改善、永续经营"的经营理念，以"客户满意百分百"作为公司全体员工为之奋斗的终极目标。坚持围绕"人才是企业发展第一生产力"的企业发展观，同时吸引、培养各岗位专业人才，打造一个能让员工充分发挥潜能的平台。经过多年的人力资本投资与积累，拥有专业的编导、主持人、技术保障力量等一支团结、奋进、敬业的精英团队：由 32 名员工组成的节目制作播出团队，不断推陈出新，优化节目打造新型节目，同时设专人专岗对所有播出内容进行制作、编排、初审、复审、监审，以确保节目及广告保质保量播出；由 33 名专业技术人员组成技术过硬的专业设备维护团队，为终端的传播到达率保驾护航。

2017 年，公司将通过移动电视频道在节目方面与其他行业伙伴的跨界合作，通过媒体影响力，实现在新的行业领域的拓展，以"移动互联网+移动媒体+传统行业"的方式，打造媒体在新领域的经济增长点，并逐渐实现新产业在新的领域的自我完善发展和造血，同时在此基础上，向多种经营发展。

广西广电移动多媒体传播有限责任公司

广西广电移动多媒体传播有限责任公司（以下简称广电移动传媒）是广西电视台的全资子公司，成立于 2008 年，全权负责广西电视台移动电视频道（南宁公交电视）的广告经营、节目制作、节目播出等。广西电视台移动电视频道目前覆盖南宁市白马公交、公交总公司、超大公司旗下的近 2100 辆公交电视、4200 块电视终端，98 条公交线路，每天影响近 180 万人次，是南宁市最具影响力的户外媒体平台。同时广电移动传媒 2016 年与乐达国际传媒正式合作，成为南宁地铁 1 号线电视独家运营商，拥有南宁地铁电视的广告资源。

2015 年广电移动传媒布局南宁市户外 LED 联播网，目前拥有高端行政医疗商圈（双拥青山路口宜尚大酒店、桃源教育路口国宾美景大酒店）、朝阳黄金商圈（丽原天际、悦荟广场中庭、澳门街）、琅东商圈广西国际金融中心、会展航洋城、三祺广场、北大中华路口共 9 块 LED，每天影响近 120 万次车流，300 万人次。同时广电移动传媒还能整合台综艺、都市、新闻、影视等频道资源，为大型活动提供全媒体支持。

2016 年广电移动传媒整合运营广西网络广播电视总台（广西电视网），打造了一个全新的传统电视+户外电视+LED 联播网+网络新媒体的超级媒体资源平台。

济南广播电视传媒有限公司

济南广播电视传媒有限公司是济南广播电视台于 2012 年 11 月 8 日出资成立的台属、台控、台管的公司，是全台的市场运营平台和对外执行团队。

济南广播电视传媒有限公司的注册资金 5336.57 万元，根据运营业务范畴，分为媒体广告资源平台和文化产业项目两大部分。广告资源分别为移动电视、城市电视、出租车 LED 广告屏、《济南画报》、济南电视塔景观屏五大媒体平台；文化产业项目分别为上海文交所（山东）文化交易中心、济南市公益广告设计制作中心、济南广电艺术培训学校、电子商务营销及大型会展、演艺、拍卖活动的策划执行，并积极进行跨媒体、跨地域拓展，构建完整产业链。

济南广播电视传媒有限公司拥有济南广电移动电视有限公司、济南广传文化传媒有限公司、山东大舜国际拍卖公司、济南广播传媒有限公司 4 家子公司，以及上海文交所（山东）文化交易中心、济南市公益广告设计制作中心、济南广电艺术培训学校、济南慈善超市等文化产业项目运营机构。

目前，济南广播电视传媒有限公司下设广告业务部、技术部、播出部、节目制作部、财务部、行政统筹部、编辑部、发行部 8 个职能部门，现有员工 110 多名。经过传媒公司多年的培养，打造了一支实力雄厚的广告营销业务团队，他们的客户群有来自北京、上海、广州等地的品牌客户，也有来自国内著名 4A 公司的代理品牌。营销团队致力于以本土化优势结合国际化思维，向金融、通信、房产、家电、快消品、汽车等各行各业的企业提供专业的广告推广营销服务。

在经济下行的压力下，公司创新求变，转型突破。公交移动电视、户外城市大屏、出租车 LED 广告屏、《济南画报》、公益广告设计制作中心稳步提升，新媒体融合、互联网+、电子商务、产权交易、艺术品拍卖多元并举，产业升级。充分运用新媒体、多媒体的传播方式，建造舆论新生态，打造立体化、全媒体格局，抢抓宣传制高点，加速传统媒体市场化、产业化发展。

"展现泉城魅力，传播齐鲁文化"，济南广播电视传媒有限公司已经成为济南市具有较大影响力的文化产业集团和战略投资者。

洛阳广电数字电视有限公司

洛阳广电数字电视有限公司成立于 2012 年 3 月 30 日，由洛阳广播电视台独资控股成立，现有员工 20 人，下设节目部、广告策划部、工程部、综合部 4 个部门。主要开展公交电视等户外媒体全覆盖，完善公共文化服务设施网络。

"数字洛阳、移动电视、精彩河洛、百姓之家"。以市场化、品牌化、本土化为目标，通过国际领先的无线数字传输技术传播节目信号，面向大众，逐步形成品牌突出、内容丰富、针对性强的系列节目。

全天播出 16 小时，涵盖以生活、资讯、休闲、娱乐、服务为主的 20 多个节目，平均每档节目 3～5 分钟，采用录播的方式播出。在原有引进、转载等节目基础上，自办 6 个主力栏目。由主力栏目开展的美食大比拼，青少年成语故事大赛海选、复赛、半决赛、总决赛，深受老百姓的欢迎。

❖《公交快讯》：以"资讯'包裹'话题、服务'搭载'帮忙"立足，做百姓身边的民生新闻。

❖《典籍趣事》：历史典故、方言趣说。以洛阳为轴心，趣说文化热点，讲述老百姓喜闻乐道的故事。

> ❖《吃喝游乐购》：了解城市新生活，引领都市新风尚。贴近生活、服务百姓，健康美食大搜索，寻找让您垂涎的洛阳味道。
>
> ❖《最美公交人》：真诚待客、服务为民，讲述公交方方面面岗位人背后的故事。
>
> ❖《完美辣妈》：为母婴群体观众选择适合自己的孕、产、育、教方式，实现专业科学的栏目互动。
>
> ❖《周四大赢家》：每周四下午走上街头、公交站亭、公交车，认真聆听大家对播出节目的意见和建议，为乘客、观众送去欢乐，形成零距离有效沟通。

"绿色公交，城市未来。方寸荧屏，精彩呈现"。截至 2017 年 3 月，公交电视终端总量已达 1200 台，覆盖全洛阳 85 条公交线路，每日与 200 万城市主流人群的亲密接触。2017 年，洛阳移动电视将通过活动与商户联合，启动线上线下互动模式；做好软植入扩展，联合兄弟单位、互通联合推进等工作。

宁波移动电视

宁波移动电视成立于 2007 年 4 月成立，公司注册资本 1000 万元。拥有国家广电总局批准的电视播出资质和轨道交通线网代理权，是宁波市唯一一家经国家广电总局批准在地铁、公交车等公共交通工具上开展移动数字电视运营业务的经营主体，也是宁波市地铁移动数字电视唯一的投资、建设和运营主体。

移动电视自开播以来，坚持"主流媒体占领舆论宣传主阵地"的宗旨，积极开发终端建设和网络建设，利用无线数字电视技术播出丰富多彩的新闻、资讯、信息、娱乐、体育等的电视节目。全天播出时间 16 个小时，开设有《资讯快车》《甬动全城》《大宇见笑》《地产风向标》《捷出美食》《百姓爱理财》《行游天下》《巴士招聘》《天天向上》《我爱科学》《环境眼》《菜篮子》等 10 多个特色节目，成为宁波市民喜闻乐见的户外电视新媒体。

目前，宁波移动电视拥有宁波市内 1970 辆公交车，超过 3000 个视频终端，电视节目实行地铁电视和公交电视的双平台联播，日均受众高达 210 多万人次。作为传统电视和平面媒体的延伸和补充，移动电视不仅成为一块有效的宣传阵地，也是党委、政府联系人民群众的重要纽带。

2017 年，宁波移动电视将抓经营、拓市场、谋发展、求创新，争取在舆论导向、广告经营、精品节目创新创优等方面取得好成绩。第一，深化节目创新、创优，提升节目的质量和影响力。通过创新运作模式，不断研发品牌节目与活动，助推运营稳步发展。第二，增加延时播系统，提升经济效益。利用延时播系统对直播类节目进行在线编辑加工，实现分屏广告功能，增加广告经营收，从而提升经济效益。第三，扩大商业、非商业及品牌自宣活动，全面提升移动电视行业关注度和美誉度。第四，合并节目部和业务部为营销节目部，采用全新制片人模式，以小组为单位，"全员营销"，并制定相关的绩效考核制度。宁波移动电视会以全新的姿态迎接 2017 年的新挑战。

苏州华视数字移动电视有限公司

苏州华视数字移动电视有限公司（以下简称苏州移动电视）是苏州地区唯一运用无线地面数字广播传输技术传播、地面数字接收方式播放的户外电视媒体。目前覆盖苏城 181 条主干公交线路，安装 2300 余个终端，辐射 11 个核心商圈。每天 17 小时滚动播出丰富的电视节目，汇集央视、卫视和苏州广电王牌栏目，新闻、娱乐、体育、生活服务、精彩集锦，满足 200 万出行人群观看需求。重大事件实时转播，秉承社会责任，彰显媒体意志力。

2017 年，苏州移动电视将做好流量变现（与电视广告关联）、与地铁公司合作（承包节目制作）及止住传统广告下跌和新客户开发等重点工作。

温州数字移动电视有限公司

2007 年 8 月，温州公交集团和温州广电传媒集团合股成立温州数字移动电视有限公司（以下简称温州移动电视），交运方提供平台，广电方负责运营。作为温州市政府重点扶持项目，移动电视公交平台采用 DMB-TH 国家标准，信号覆盖温州的鹿城、龙湾、瓯海三区和永嘉、瑞安部分地区。目前移动电视拥有公交车载终端 2000 个，BRT（快速公交）全线覆盖，水上巴士终端多个，社区巴士 200 辆，并逐年递增。移动电视全天播出节目 16 小时，内容涉及新闻资讯、政务信息、体育时尚、休闲娱乐、生活资讯等，日均收视人群超 120 万人次。

2008 年 3 月温州移动电视正式运行，广告由世通华纳公司全面负责代理。2014 年，广告市场低迷，世通华纳公司经营举步维艰，温州移动电视接手了部分行业广告，有效抑制了广告创收大幅下滑。2015 年，世通华纳公司提前终止了合作，温州移动电视广告开始全面自营，公司上下努力拼搏，年终营业收入达 1077 万元，利润总额 214.6 万元，利税 445.74 万元。2016 年全国电视广告业绩下滑成常态的形势逼人，温州移动电视仍保持盈利态势，2016年营业收入 1035 万元，利润总额 150 万元，利税 372.8 万元，成为为数不多的超额完成温州广电集团年度创收指标的单位。

作为户外主流媒体，移动电视积极发挥自身优势，服务大局，完成了温州市党代会、市两会、电视问政、世界温州人大会等并机直播活动。温州移动电视配合市文明办，做好巩固卫生城市系列公益广告的播出，内容包括礼让斑马线、无饮食车厢的公益宣传等，值得一提的是这一系列的公益广告在温州市文明办规定播出的时间段里，移动电视平台以每天 105 次的密集频率滚动播出，充分体现了一个媒体的社会担当。同时，温州移动电视通过与市、区各级部委办的合作，将遍布于温州市每个角落的收视终端变成公益宣传的"流动窗口"，据统计，每年累计播出尊老爱幼、勤俭节约、戒贪防腐、低碳节能等各类公益宣传超过 2 万分钟，有力弘扬了社会主流价值观，塑造了良好的城市风尚。

为取得经济效益与社会效益的双丰收，移动电视积极尝试举办各类活动，2015 年策划推出了"移动电视美食节"活动，邀请观众参与活动现场互动，精美的节目视频由微信公众号同步推送，目前已拍摄制作 31 期节目，在温州美食界引起了不小的轰动。移动电视现拥有《新闻巴士站》《我要找工作》《出发》三档自办节目。新闻资讯类栏目《新闻巴士站》立足本地资讯，融入监督报道，力求打造成户外强势媒体品牌。服务信息类栏目《我要找工作》，符合车上流动人群的实际需求，真正实现了公共信息共享。旅游类创收节目《出发》自开播以来，以精美的节目包装，时尚的节目内容得到了电视观众的好评。节目创优是提升平台影响力的重要手段。2014 年的《温州移动电视宣传片》在 2015 年被中国广播电视协会评为 2014 年度中国移动电视创优评析宣传片类一等奖。《移动电视美食节活动》在 2016 年被中国广播电视协会协评为 2015 年度中国移动电视创优评析生活服务节目类三等奖。

2015 年、2016 年温州移动电视积极跟进与铁投集团合作的市域铁路车载电视合作项目。采用 WiFi 分发技术，与交运长途客运、城际班车合作的移动电视平台，目前已进入设备安装阶段，已在 2017 年 4 月初试播。同时该技术也运用到了温州市洞头区公交线路的拓展中，一直为信号盲区的洞头区也将在近期完成安装工作。2016 年 4 月开始，温州移动电视在乐清公交进行了前期平台拓展的延伸测试，取得了满意效果，合作细节正在与乐清公交公司协商中。

西安移动电视频道

西安移动电视频道创办于 2003 年年初，是整合了资金、节目、技术等多方优势资源开发出的信息型移动户外数字电视传媒。在西安市委、市政府的大力支持和帮助下，在西安市公交总公司的积极配合下，于 2005 年正式上线试播。西安移动电视被列为 2005 年西安市政府为民"十件好事"之一，是全国最早开办移动电视的城市之一。2015 年 10 月，西安移动电视频道获得国家广电新闻出版总局批复的正式移动电视牌照，标志着西安移动电视频道正式成为西安广播电视台拥有的第七个频道。

目前，西安广播电视台已在西安市 70 多条黄金公交线路的 1800 辆公交车上安装了数字移动电视接收终端，覆盖整个西安城区，每天收视人群达百万人次。采用国家数字地面电视标准 D-TMB 技术，支持移动接收，能保证在时速不超过 180 千米的移动交通工具中稳定地接收到电视信号，且图像清晰度高、传播效果好。

西安移动电视频道作为西安市公正权威、公信力强的户外主流媒体，全天 18 小时滚动不间断播出，为宣传党的政策、宣传西安改革开放成就发挥着应有的喉舌作用，为受众提供及时、准确的新闻资讯、公益宣传和娱乐等市民喜欢的节目，节目内容积极向上、贴近市民、定位准确，充分发挥出城市服务媒体、应急媒体、交通媒体的优势。在努力建设人文西安、活力西安、和谐西安，加快向具有历史文化特色的国际性现代化大城市的宏伟目标迈进的进程中成为闪烁的一颗新星，受到了政府和社会的高度认可。

2017 年，"追赶、超越"移动电视频道全新起航。在原有媒体平台基础上，计划再新增 1000 块 32 英寸车载智能大屏，搭建新媒体融合的"新媒体融合平台互联网+智慧公交项目移动电视互动平台"，扩展现有移动电视频道播出网络，扩大视频终端网络覆盖，建成车载"视频播出网络+手机 APP"的新媒体互动平台，利用现有的移动电视媒体平台，面向广大市民提供公益性的移动终端的出行服务应用，结合公交广告推送系统，为广大民众带来移动互联网时代下信息全新体验，让市民在第一时间获得交通资讯，为市民的理性出行提供指引，最终实现公交车内"双屏互动"，更好地为市民服务。

西安移动电视频道作为新老媒体融合的代表已经成为新的经济增长点。频道还将进一步开发新的电视节目资源，丰富电视节目内容，积极开展数字电视、手机电视、手持终端、车载终端等崭新媒体的市场拓展工作，为西安市广播电视事业再立新功。

扬州电广新媒体传播有限公司

社会的进步、经济的发展加快了人们的生活节奏，同时更改变了人们对于媒体的接触习惯。公交线路的发达和旅途时间的增长，而乘客在乘车过程中大多无事可做，因此公交移动电视正好填补了这段因短暂停留而产生的零余时间，从而获得了很好的发展空间。

公共交通的发展是一座城市发展水平的标志，是城市文明形象的窗口，而建设一个与之相配套的移动信息平台，亦是城市信息化水平的重要标识。作为扬州市唯一具备广播电视节目制作传播资质的媒体，扬州广电传媒集团（总台）利用自身的技术和内容优势，从 2011 年起承担了建设和运营扬州城市智能公交管理系统与多媒体信息发布平台的任务，为进一步提高扬州市公交运营水平、完善城市应急信息发布体系，以及为建设"智慧扬州"做出了应有的贡献。

扬州电广新媒体传播有限公司成立于 2011 年 1 月，注册资本 1200 万元，是扬州广播电视集团（总台）全资子公司。扬州第一户外媒体——移动电视，是扬州广电新媒体重要的全媒体推广平台，拥有国际领先的 DTMB 无线数字传输技术进行多媒体展示，能够每日实现与 50 万城市主流人群的亲密接触；引入 BEACON 设备，通过手机蓝牙实现公交电视屏和手机屏的双屏互动，为公交乘客增加了乘车的趣味。

为确保扬州公交移动电视的终端正常播出，扬州电广新媒体传播还特地打造了一个终端拓展维护团队，并设立了 24 小时保修电话和报修奖励基金，通过各种手段保证及时发现终端异常，并规定在 24 小时内解决问题，保证播出。

为确保公交电视节目按要求不间断播出，扬州电广新媒体传播还精心打造了一支专业、高效的节目制作、编辑和播出控制的团队，并建立了严格的节目质量控制体系和节目制播控制流程。此外，扬州移动电视积极创新营销手段，利用整屏播出、媒体联动、整合推广，向客户提供私人订制方案，拓展产业延伸。

目前，扬州移动电视目前已在扬州市 1200 辆公交车上（包含公交公司包车、机场大巴）安装了 2400 台显示终端，在扬州大学医学院、广陵学院、工学院、荷花池校区、文汇路校区、淮海路校区、瘦西湖校区等高校食堂安装了 32 台显示终端，在政府机关、企事业食堂、餐饮大厅、医院、药房、酒店、美容健身场所、社保中心、市民卡中心等公共场所安装了 34 台显示终端，实现了多样化终端全方位覆盖。播出时间：公交电视是对晚间收视份额的有效补充和扩展，扬州移动电视实现全年 365 天不间断播出（无重播），每天播出 18 小时节目（早晨 6:00—晚间 12:00）。

扬州移动电视的节目内容来自扬州本台、中央台、网络娱乐视频、自办栏目，其中制播节目 8 个，直播节目 10 个，既有《新闻联播》《新闻 30 分》《体育晨报》等这样的外部主流栏目助阵，又有《扬州新闻》《今日生活》《关注》《新闻女生帮你忙》等扬州本台的王牌人气节目助力，更有自办栏目《移动快报》《绝对现场》等受欢迎的节目引人关注，目前已经完成从以新闻为主向新闻、娱乐并重的改版。

由于移动电视传输技术和节目内容的优势，扬州公交电视平台还实施了重大活动全程延时直播，这项举措在扬州重大新闻宣传中发挥了重要作用，同时更为长远的宣传和产业发展打下了坚实的基础。例如，2012 年 4 · 18 扬州烟花三月国际经贸旅游节开幕式及晚会、运博会开幕式、2013 年春节晚会、

2014 年扬州鉴真半程马拉松、中国电视演员形象榜、2015 年博鳌论坛、世乒赛决赛、羽毛球决赛、NBA 常规赛/总决赛/季后赛、2016 年春节晚会等重大、标志性的节目均延时直播过，极大地展现了移动电视比楼宇显示屏具有更高的关注度和更强的传播效果。

芜湖广电交通传播投资有限公司

芜湖广电交通传播投资有限公司成立于 2011 年 3 月 28 日，注册资本 500 万元，是芜湖市唯一一家在国家新闻出版广电总局备案，在移动车载及户外等公共场所发布新闻、资讯等各类信息的权威电视媒体。公司主要经营范围：电视综艺、电视专题、电视剧、电视动画片制作与发行及接收终端市场的开发、信息服务、技术开发服务、文化产业开发。

北京世巴传媒有限公司

北京世巴传媒有限公司（以下简称世巴传媒）成立于 2014 年，由北京巴士传媒股份有限公司和北京北广传媒移动电视有限公司合资成立。公司主营公交数字媒体业务，产品覆盖公交车载移动电视、电子站牌、场站信息服务显示屏等优质媒体资源，辅以公益活动推广，致力于打造"北京地区公交数字媒体运营平台"。

世巴传媒坚持"技术创新服务公交"的理念依法办企，经营团队将在公司董事会的领导下，带领全体员工开拓进取、真抓实干，以良好的经营业绩回报公交集团、回报社会、回报股东！

青岛地铁文化传媒有限公司

青岛地铁文化传媒有限公司成立于 2016 年，是由青岛地铁集团有限公司、青岛报业传媒集团有限公司、青岛广电影视传媒集团有限公司、青岛出版集团有限公司 4 家企业合资运营。作为青岛市唯一一家拥有报纸、电视、新媒体及地铁空间广告四大资源的全媒体经营平台，地铁文化传媒在对资源进行集约共享的同时，报纸、电视、新媒体互相借力、互相补充，进行立体化传播，增强对用户的吸引力，同时保证在碎片化媒体环境下，对用户的有效触达，保护资源的整体性，实现地铁全媒体运营推广，打造一条四通八达、潜力无限的地铁传媒生态链，形成"地铁全媒体生态圈"。

作为公司重要的组成部分，青岛地铁移动电视于2015年11月28日开播，通过地铁车站、车厢内的电视荧屏，为广大乘客实时传输新闻资讯、生活服务、休闲娱乐、体育赛事、综艺旅游等电视节目，具有环境干扰小、即时性传播、内容精简易吸收等独有特点。以目前运营的青岛地铁3号线的电视资源为例，列车及车站共有55英寸电子屏192块、46英寸电子屏264块、19英寸电子屏1152块（每列48块），共计1608块电子屏同步播出电视节目内容。未来，地铁电视信号将覆盖青岛全部开通的地铁线路，受众人群将达到480万人，是岛城又一综合性的权威强势媒体。

面对未来，青岛地铁移动电视将在以下几个方面发力：

❖ 重点提升媒体内容水平，依托全媒体平台，打造有深远影响力的国内知名地铁媒体品牌。

❖ 深度挖掘市场潜力，整合全媒体广告资源，探索产媒融合发展，公司经营创收不断增长，争取3～5年内成立传媒公司子集团，并力争在新三板上市，并将青岛模式向其他城市输送。

❖ 改革组织架构，探索扁平化管理体制，实行大中心制。在此基础上随着公司业务拓展扩大公司规模。

安徽广电移动电视有限责任公司

安徽广电移动电视有限责任公司由安徽广播电视台和合肥有线电视宽带网络公司发起成立，是2004年国家首批批准的城市移动电视频道运营单位，2015年经国家新闻出版广电总局批复同意开办安徽移动电视频道。公司负责安徽省内移动电视网络覆盖的设计、建设和运营，拥有强大的内容资源、强有力的技术保障及安全稳定的信号传输。

作为拥有在安徽省公交车、地铁、轻轨、出租车等公共交通上实现媒体覆盖资质的省级频道，安徽移动电视立足"媒体、移动、户外"三位一体的崭新定位，广泛整合优秀节目资源，充分发挥新媒体无线传输及时、快捷的传播优势，致力于打造集公共信息平台、城市应急服务平台、百姓生活资讯平台于一体的综合资讯平台。

安徽移动电视以合肥公交为起点，积极推进全省覆盖、全渠道覆盖。目前，合肥公交上的安徽移动电视终端总数已达 3000 辆，覆盖合肥市近 120 条主要公交线路，线路覆盖率达 97%，受众规模已超 400 万人次。安徽省各地市公交覆盖落地亦在稳步推进。

在此基础上，安徽移动电视频道以新闻资讯节目为支撑、文化娱乐、民生服务节目为两翼，日播节目长达 16 小时，形成了一套符合移动人群生活规律同时具有安徽本土特色的节目体系。《美食伴你行》《美丽汇》《魔幻厨房》《魔法大变身》《跑动全城》《聚焦合肥》《周游记》《天天健康》《爱心点亮归途》等众多品牌栏目贴近民生，与公益同行，致力于传播社会正能量，获得观众广泛好评。

与此同时，安徽移动电视接连推出了《安徽自由跑》《美食伴你行嘉年华》《最美安徽自由行》等全新线下活动，频道影响力和知名度日益增强。

未来，安徽移动电视将继续紧随时代改革创新步伐，树立全新频道运营理念，积极打造立足合肥、覆盖全省的移动电视品牌，以更大的视角、更丰富的节目形态反映民生、贴近民生，真诚期待与社会各界携手并进、共创辉煌！

上海东方明珠移动电视公司

东方明珠移动电视于 2003 年 1 月 1 日正式开播。现有员工 76 人，其中35 岁以下占 65%，具有高等学历的人员超过 75%。

经过 10 多年的开拓，移动电视已在公交车辆、1～13 号轨道交通的站厅、站台、车厢、公共建筑（包括银行、医院、学生公寓、旅游景点、行政楼宇等），以及政府部门的公务用车、水上巴士等共拥有 6 万多个收视终端。目前移动电视的视频终端已经辐射了上海的 19 个商圈，100%覆盖上海城区近2000 万移动人群，形成了上海极具影响力的无线数字广播网络，为城市信息化建设带来了新的传播途径。

移动电视的节目定位针对移动人群的收视特点，在每天 17 个小时的播出时间内，新闻资讯类节目每小时刷新，涵盖了国内外时政、民生、财经、体育、娱乐等各类资讯，凸显本地化户外媒体平台的传播优势。

移动电视在上级公司的领导下，立足自身，主要目标为：围绕培育和践行社会主义核心价值观，把握政治导向，承担社会责任，贯彻落实 SMG "忠诚、责任、创造、共赢" 的企业核心价值观，聚焦打造城市公共服务预警信息平台。